Zu diesem Buch

Böse Stiefmütter gibt es vielleicht nicht nur im Märchen. Die meisten Stiefmütter jedoch bemühen sich nach Kräften, der boshaften Märchenfrau ein positives Bild entgegenzusetzen. Und dennoch müssen sie oft erkennen, daß ihre Anstrengungen nur selten belohnt werden: Die Stiefkinder zeigen sich gleichgültig bis grob, der Vater und Ehemann gibt ihnen wenig Unterstützung, und der weitere Familienclan versucht sie auszugrenzen. Die Folge ist, daß viele Stiefmütter den Eindruck haben, sie hätten bei ihrer Lebensaufgabe gründlich versagt.
Irrtum, sagt Cherie Burns, die die Situation der Stiefmütter aus eigener Erfahrung kennt. Stiefmütter haben im allgemeinen nur viel zu hohe Ansprüche an sich und verzweifeln, wenn sie diesen unrealistischen Forderungen nicht genügen können, nämlich

- eine gute Ehefrau zu sein
- die Kinder zu lieben, als wären es ihre eigenen
- Mittelpunkt einer großen glücklichen Stieffamilie zu sein.

Cherie Burns hat sich mit Familientherapeuten und Eheberatern unterhalten, vor allen Dingen aber immer wieder Stiefmütter interviewt. Ihr erfrischend lebensnahes und praktisches Buch zeigt auf, wie es zu problematischen Konstellationen in Stieffamilien kommt. Es macht Stiefmüttern Mut, ihre Situation ohne verklärende Illusionen zu sehen und die eigene souveräne Person einzubringen, um so frei von Schuldgefühlen ein positives Bewußtsein als Stiefmutter zu entwickeln.

Cherie Burns ist freie Journalistin und lebt als Mutter und Stiefmutter in New York.

Cherie Burns

Liebe Stiefmutter

Erfahrungen in einer schwierigen Rolle
Ratschläge und Hilfen

Aus dem Amerikanischen von Roswitha Enright

rororo
Rowohlt

Die Originalausgabe erschien 1986 unter dem Titel «Stepmotherhood.
How to Survive Without Feeling Frustrated, Left Out Or Wicked»
bei Harper & Row, New York
Deutsche Erstausgabe
Redaktion Beate Laura Menzel

Veröffentlicht im Rowohlt Taschenbuch Verlag GmbH,
Reinbek bei Hamburg, April 1988

Umschlagentwurf Jürgen Kaffer / Peter Wippermann (Foto: Anselm Spring)
Satz Times (Linotron 202)
Gesamtherstellung Clausen & Bosse, Leck
Printed in Germany
1280-ISBN 3 499 18360 9

Inhalt

Einleitung oder
Die Kunst, eine gute Stiefmutter zu sein

Eine Stiefmutter sollte ideenreich, flexibel und ausdauernd sein. Sie muß wachsam sein, muß jeden Schritt gründlich überlegen, darf dabei ihren Humor nicht verlieren und sollte sich mit Leib und Seele ihrer Pflicht widmen. Sie wird von dieser schwierigen aber lohnenden Pflicht immer wieder gefordert, und es gibt nur die Alternative: entweder sie schafft es, oder sie wird geschafft.

Eine neue Stiefmutter ist in einer ähnlichen Situation wie eine junge Braut, die ihren Zukünftigen vor der Ehe kaum kennengelernt hat. Was vor ihr liegt, ist unbestimmt und scheint voller Risiko; sie hat keine Ahnung, was von ihr verlangt wird und wie sie sich in die neue Situation hineinfinden wird. Eine Stiefmutter muß sich mit mehr unbekannten Faktoren auseinandersetzen als eine junge Mutter, die sich wenigstens auf ein angeborenes Muttergefühl verlassen kann. Die Stiefmutter kann auf nichts aufbauen.

Eine Tatsache muß sie sich immer wieder deutlich machen: Sie ist diejenige, die in eine bestehende Familie hineingekommen ist. Diese Familie ist ein Verband von Menschen, die schon als Gruppe interagieren. Beziehungen der einzelnen zu einander bestehen bereits, eine Rollenverteilung hat stattgefunden, Einstellungen werden respektiert. Sie ist die «Neue», die junge, unerfahrene Braut, die sich anpassen muß, sich ihren Platz erobern und sich selbst behaupten muß. Die wenigsten Frauen wissen das, wenn sie einen Vater heiraten.

Ich hatte ja keine Ahnung, was auf mich zukommen würde! Ich selbst habe diesen Satz so oft gehört und ähnliches oft selbst bei mir gedacht, daß er mir wie ein Refrain im Kopf herumgeht. Die meisten Stiefmütter sind verzweifelt, weil es unmöglich war vorauszusehen, wie das Verhältnis zu den Kindern des Mannes aus einer anderen Ehe sich gestalten würde. Stiefkinder sind durch ihre «alte» Familie geprägt und tragen entsprechende Erwartungen und Vorurteile mit sich herum. Der Ehemann hatte bisher die Belange seiner ersten Frau und Kinder gemeinsam behandelt und muß nun lernen, seiner neuen Frau separat gerecht zu werden. Wenn sie bisher nie daran gedacht hatte, Kinder zu haben, steht sie vor einer ganz neuen Aufgabe, die ihren emotionellen Einsatz verlangt und die ihr «unter die Haut» gehen wird. Diese neuen Aufgaben verlangen ungeheure diplomatische Fähigkeiten, denn manchmal übt die Mutter der Kinder weiterhin einen starken Einfluß aus, selbst wenn sie nicht mit ihnen zusammen lebt.

Jeder dieser Faktoren für sich genommen kompliziert eine neue Beziehung; wenn aber mehrere Faktoren zusammentreffen, wie es meistens in einer Stiefmuttersituation der Fall ist, dann verläßt selbst die stärksten Frauen der Mut. Wenn man die üblichen problematischen Familiensituationen bedenkt, die sich in den Ferien, an Feiertagen, aus Geldsorgen und täglichen Ärgernissen heraus ergeben, dann kommt es der Stiefmutter oft so vor, als ob sie sich täglich aufs Neue durch ein emotionelles Minenfeld hindurchkämpfen muß.

Ich war 26, als ich einen Mann mit zwei Töchtern (16 und 13) heiratete. Ich dachte viel mehr ans Heiraten als daran, daß ich zwei Stieftöchter bekommen würde, und ich habe seitdem auch von anderen Frauen gehört, daß der Gedanke an die Kinder des Mannes meistens einen kleineren Raum einnimmt als die Vorstellung von der Ehe selbst. Ich dachte allerdings, daß ich vorbereitet sei; in meiner Naivität betrachtete ich die Kinder als Teil der neuen Situation, so wie eben eine Garage zu einem Haus dazugehört, das man kauft.

Es gab die üblichen Schwierigkeiten wie vor nahezu jeder zweiten Ehe: die erste Frau, Besuchsrecht und so weiter, aber ich glaubte, wenn er und ich erst verheiratet seien, würde sich auch das Verhältnis «der Mädchen», wie wir sie nannten, zu ihrem Vater wieder normalisieren, und sie würden mich akzeptieren, ja sogar mögen.

Heute, sieben Jahre später, muß ich gestehen, daß ich auf all die Schwierigkeiten nur mangelhaft vorbereitet war, die folgten. Ich hatte meine Einstellungen und Erwartungen notgedrungen revidieren und mich mit meinen Problemen und Unsicherheiten meistens alleine herumschlagen müssen. Ich kannte niemanden, der in einer ähnlichen Situation war wie ich, und nahm an, daß nur ich allein Probleme mit meinen Stiefkindern hatte. Das stimmte natürlich nicht.

Ich hatte geglaubt, daß ich als Stiefmutter zu einem verschwindend kleinen Prozentsatz der Bevölkerung gehörte, bis ich anfing, dieses Thema im Gespräch mit anderen Frauen anzuschneiden. Ich stellte zu meiner Überraschung fest, daß beinahe jede etwas zu einer solchen Unterhaltung beisteuern wollte, daß es viele Stiefmütter gibt, die ihre Erfahrungen mitteilen und aus denen der anderen lernen wollten. Selbst die schüchternste Frau kam im Gespräch aus sich heraus, als sie merkte, daß sie nicht die einzige war, die Probleme mit ihren Stiefkindern hatte. Dieses Thema brach das Eis unabhängig von Alter, Beruf oder gesellschaftlicher Stellung. Manchmal suchten Frauen, die ich bisher von weitem bewundert hatte, das Gespräch mit mir, wenn sie erfahren hatten, daß ich an einem Buch über Stiefmütter arbeitete: «Hat jeder mit seinen Stiefkindern Schwierigkeiten? Soll ich Ihnen von meinen erzählen?»

Jeder hat etwas beizutragen, wenn es darum geht, wie sich Stiefkinder verhalten, ob es sich dabei um Danke-Sagen, um gemeinsame Ferien, um Studienkosten oder um das Benehmen bei Besuchen handelt. Selbst selbstbewußte, ausgeglichene und souveräne Frauen müssen feststellen, daß es sie bis zur Weißglut ärgern oder auch deprimieren kann, wenn ein Stiefkind es nicht fertigbringt, sich freundlich zu verabschieden oder ihnen offen ins Gesicht zu sehen. Und ihre eigene Reaktion auf diese eigentlich unwichtigen Verhaltensweisen läßt sie dann an sich selber zweifeln. Diese Reaktionen sind nur allzu verständlich und können mit Humor akzeptiert werden, wenn die Stiefmutter es fertigbringt, die Situation mit etwas Abstand zu betrachten. Dann stellt sie fest, daß es eher komisch ist, wenn sie in Tränen ausbricht, nur weil ihr neunjähriger Stiefsohn ihre Pilzsauce nicht mag oder ihren Geburtstag vergessen hat.

Jede Stiefmutter kennt Situationen, in denen sie besonders emotional reagiert. Eine Frau, die sonst in jeder Beziehung gefestigt wirkt, gestand mir, wie nervös sie immer sei, wenn sie darauf wartet, daß ihr Mann sie nach der Arbeit abholt, weil er auch manchmal seinen Sohn, einen jungen Mann in den Zwanzigern, nach Hause fährt. «Wenn ich das Auto sehe, dann kommt es mir nur darauf an, ob er allein darin sitzt. Wenn ich einen zweiten Kopf sehe, dann sinkt mir das Herz, dann ist meine gute Laune dahin.» Sie wundert sich selbst über diese starke Reaktion: «Es klingt so schrecklich kleinlich». Es gibt allerdings Gründe für ihr Empfinden; ihr Stiefsohn hat kein besonders warmes Verhältnis zu ihr. Selbst nachdem sie schwer krank gewesen war, begrüßte er sie nur wie üblich mit einem knappen «Tag». Manchmal sind es gerade die kleinen Dinge, die am meisten weh tun. Man kann sich dann von dem Eindruck nicht freimachen, daß man von den Stiefkindern nicht akzeptiert wird, daß sie nicht anerkennen, was man für sie tut. Man fühlt sich eben in seiner Rolle als Stiefmutter immer noch unwohl und unzulänglich.

Problematisch ist vor allen Dingen, ob man selbst diese Rolle akzeptieren kann. Ich weiß, wovon ich spreche, denn ich befand mich selbst in dieser Situation, als ich meine 16jährige Stieftochter zu einem Rockkonzert begleitete. Als sie mich ihren Freundinnen als ihre Stiefmutter vorstellte, hätte ich am liebsten gesagt: «Nein, damit kannst du sie mich doch nicht meinen!» Aber ich fing an, darüber nachzudenken; ja, ich war schließlich ihre Stiefmutter, das war die richtige Bezeichnung, und warum sollte sie sagen: «Die Frau meines Vaters» oder sonst etwas anderes, was unsere Beziehung umschrieb? Woraus bestand denn diese Beziehung von Stiefkindern zu Stiefmutter eigentlich?

In diesem Buch soll versucht werden, eine Antwort auf die Frage «was ist eine Stiefmutter?» zu finden. Es werden dabei nicht nur die Schwierigkeiten und Leiden aufgezählt, obgleich Stiefmütter oft genug Grund zum Klagen haben. Statt dessen soll das Verhältnis der Mitglieder einer Stief-Familie zueinander und die Rolle der Stiefmutter heute neu untersucht werden.

Obgleich es wohl wenige Frauen gibt, die sich um eine Stellung als «Stiefmutter» bewerben würden, wenn sie eine Stellenbeschreibung im Anzeigenteil der Zeitung lesen würden, so nimmt die Zahl der Frauen, die sich in dieser Rolle versuchen, weiterhin zu. Immer mehr Männer und Frauen heiraten nach einer Scheidung oder dem Tod des Ehepartners wieder. Vermutlich wird 1990 die Anzahl der Familien mit nur einem Elternteil oder einem Stiefelternteil größer sein als die der normalen, traditionellen Familie, die im Kern aus Kindern und beiden leiblichen Eltern besteht. Auf Anmeldeformularen von Schulen wird bisweilen heute schon nach Stiefeltern und nach leiblichen Eltern gefragt, ein weiteres Zeichen dafür, daß die leibliche, vollständige Familie nicht mehr die Norm darstellt. Die Stiefmutter wird von unserer heutigen Gesellschaft inzwischen als gegeben akzeptiert und was noch wichtiger ist, mehrere Millionen von Stiefkindern sind davon abhängig, ob und wie sie ihre Rolle meistert.

Es ist nicht nur so, daß die Frau plötzlich mit fertigen Kindern konfrontiert wird, sondern auch die Kinder müssen sie ab jetzt als Faktor in ihrem Leben begreifen. Sie wird einen Einfluß auf ihr Zuhause haben, wird vielleicht verändern, was für sie «Familie» bedeutete, die Beziehung zu ihrem Vater wird anders und auch besondere Festtage wie Weihnachten, Geburtstag oder Hochzeiten laufen jetzt etwas anders ab. Sie ist jetzt nahezu immer dabei, kann nicht mehr als unwichtig abgetan werden, sondern hat einen Platz im Leben der Stiefkinder, selbst wenn diese bei ihrer Mutter leben.

Das bedeutet aber nicht notwendigerweise, daß sie nun automatisch eine gewisse Macht besitzt oder an Selbstsicherheit gewonnen hat. Im Gegenteil, sie weiß häufig nicht, was von ihr verlangt wird, fühlt sich unzulänglich, unsicher und ungeschickt in ihrem Verhalten mit den Kindern. Sie ist dabei, einem Familienverband beizutreten und hat keine Ahnung, wie sie das am besten macht. Sie schaut der fertigen Familie von außen zu und fühlt sich einerseits angezogen und dann wieder abgestoßen. Hat sie denn überhaupt das Recht, sich einzumischen, kann sie hoffen, daß man sie akzeptiert? Eigentlich hatte sie ja keine ganze Familie heiraten wollen: «Ich wußte nicht, daß es so sein würde!»

Scheidung und die damit verbundenen Schwierigkeiten für Eltern und Kinder sind in den letzten Jahren ausführlich untersucht worden. In diesem Buch soll das Ausmaß des Leidens nicht geschmälert werden, das die Mitglieder einer Familie durch eine Scheidung erleben müssen. Das ist eine Tatsache, bedeutet aber nun nicht, daß die Stiefmutter keine echten Gefühle und Bedürfnisse hat. Man sollte von einer Stiefmutter zwar erwarten können, daß sie eine gewisse Reife hat, daß sie in ihrer neuen Rolle dazulernt und die Verantwortung für die Person übernimmt, die sie in ihrer neuen Familie darstellt. Doch geschiedene Paare und ihre Kinder sind nicht die einzigen, die frustriert und verletzlich sein dürfen.

Bis vor kurzem konnten sich Stiefmütter nicht einmal Rat bei «Experten» holen. Es fiel mir immer wieder auf, wie hoch die Ansprüche waren, die in Artikeln und Büchern an die Stiefmutter gestellt wurden. Manche Familientherapeuten schlagen sogar vor, daß die Stiefmutter ihre eigenen Bedürfnisse immer hinter die von Stiefkindern und Ehemann zurückstellt, «da die ja den enormen Verlust der eigentlichen Familie erlitten hätten». Die Stiefmutter wird als ein Mensch dargestellt, der im wesentlichen anderen Beistand und Hilfe zu leisten hat. Man erwartet von ihr, daß sie immer nur auf Geben programmiert ist und daß sie selbst überhaupt keine Bedürfnisse hat.

Erst seit kurzem interessieren sich Psychologen auch für den Standpunkt der Stiefmutter und geben zu, daß sie wichtig ist. Der Stiefmutter heute geht es in mancher Beziehung besser als ihrer Leidensgenossin früher. Eine feste, aufrichtige und liebevolle Beziehung zu dem Vater der Kinder, der aus seiner ersten Ehe neue Erkenntnisse über sich und sein Verhältnis zu Frauen gewonnen hat, ist der wichtigste Faktor, selbst wenn der Vater im Umgang mit seinen Kindern ungeschickt ist. Wenn sie sich dazu noch auf Schwierigkeiten in ihrer Funktion als Stiefmutter vorbereitet und dann ihre manchmal unerfreulichen Erfahrungen entsprechend einordnet, wird sie sich durch die problematischen Situationen weniger leicht in ihrer Lebensfreude einschränken lassen: Sie gibt sich nicht mehr automatisch die Schuld an allem, was schiefläuft. Ich hoffe, daß dieses Buch ihr dabei hilft.

Für dieses Buch habe ich mehr als 40 Frauen interviewt, die wie ich Stiefmütter sind. Ich bin besonders dankbar, daß sie ganz offen waren, denn nur so konnte ich auch ehrlich über das Thema Stiefmütter schreiben.

Wenn ich mich nach dem Interview verabschiedete, sah mich manche Frau zweifelnd an und sagte: «Ich hoffe, Sie beschönigen nichts.» Ich versprach, mein Bestes zu tun. Eine war besonders skeptisch: «Es ist nicht immer eine angenehme Geschichte.» Ich wußte, daß es nicht immer leicht sein würde, das Bild der Stiefmutter so akkurat wie möglich zu zeichnen.

Ich habe mich besonders bemüht, auf beruhigende Floskeln zu verzichten und falsche Fröhlichkeit zu vermeiden. Die Rolle der Stiefmutter kann einer Frau erst dann eine gewisse Befriedigung bringen, wenn sie bestimmte, nicht immer schöne Tatsachen akzeptiert hat. Viele Probleme können gelöst werden, wie wir aus den

Interviews gelernt haben, aber manchmal kann eine Stiefmutter nicht alle gefühlsmäßigen Interaktionen in ihrer Familie im Griff haben. Manchmal muß sie lernen, mit Fehlern zu leben, ohne sich davon kaputtmachen zu lassen. Das ist die eigentliche Geschichte der Stiefmutter, denn das ist meistens die Realität.

1. Was ist eine Stiefmutter?

> «Man kann nicht Kamerad sein, ist aber auch nicht Mutter. Ich brauchte fünf Jahre, um das zu begreifen.»
> «Ich stand am Fenster unseres Hauses, sah meinem Mann zu, wie er mit seinen Kindern und seinen Eltern ein Spiel spielte und dachte nur: ‹Ich mag diese Leute nicht; ich gehöre nicht dazu.› Mein Leben drehte sich nur um sie, nur darum, was das beste für die Kinder war. Es war unmoralisch, anders zu denken. Aber ich wollte so nicht leben.»

Die Stiefmutter gilt anfangs, ob zu Recht oder zu Unrecht, als Rivalin der Mutter, der traditionell am meisten geehrten und geliebten Person in der biologischen Familie. Wenn diese Ausgangsposition allein in ihrem Leben noch nicht genügend Probleme schafft, andere Aspekte des Stiefmutterdaseins werden schon dafür sorgen, daß es ihr nicht langweilig wird.

Sie kommt als letzte in einen schon vorhandenen Familienverband hinein und ist meistens auch die letzte, die begreift, was das für ihr Leben und das der anderen bedeutet. Ein Familienleben hat schon vor ihr bestanden, und sie kommt nun hinzu, voller Hoffnung und Optimismus, mit einer romantischen Vorstellung von ihrer neuen Familie und dem Wunsch, alles richtig zu machen. Alle anderen (ihr Mann, seine Kinder und deren Mutter) sind da realistischer. Sie kennen einander besser mit allen Stärken und Schwächen, Fähigkeiten und Grenzen. Die Stiefmutter ist der Neuling und nicht von vorneherein bei jedem Mitglied der Familie willkommen.

Kein Wunder, daß wir Stiefmütter uns so unbehaglich fühlen. Wir haben keine Vorbilder, denen wir nacheifern können; es gibt keine Familienserie im Fernsehen mit guten Stiefmüttern, und in der Werbung kommt die Stiefmutter nicht vor. Das einzige Vorbild für die Stiefmutter in Bezug auf ihre neue Aufgabe ist die biologische Mutter, und es wäre eine Katastrophe, wenn sie ihr nacheifern wollte.

«Vaters neue Frau» ist innerhalb der Familie nicht unbedingt von Anfang an beliebt; keiner weiß so recht, was er von ihr halten soll,

und sie weiß oft selbst nicht, wo ihr Platz in dieser Familie ist. Ein Psychologe wies darauf hin, daß die moderne Stiefmutter nicht mehr automatisch die Aufgaben der Mutter übernimmt, wie es in der Vergangenheit üblich war, als ein Mann nur wieder heiratete, wenn seine Frau gestorben war. Damals war ihre Rolle klar definiert, sie sollte den Kindern die Mutter und dem Mann die Frau ersetzen. Aber wie wir aus Märchen wie Aschenputtel und Schneewittchen lernen, auch damals hatte die Stiefmutter eher ein negatives Image, und die Kinder haßten sie. Es war eine schier unmögliche Aufgabe, Kindern die leibliche Mutter zu ersetzen. Heute kommt dazu, daß die Stiefmutter oft in die Rolle der Rivalin der leiblichen Mutter gedrängt wird, eben weil die leibliche Mutter in den meisten Fällen noch lebt.

Stiefmutter sein ist nicht einfach, und es ist nicht klar ersichtlich, wo ihre Aufgaben liegen. Die Rolle der Stiefmutter ist nicht ausreichend definiert; die Frau weiß nicht recht, was von ihr erwartet wird und verliert ihr Selbstbewußtsein. Sie hat schließlich nur geheiratet, und zwar einen Mann mit Kindern, und sieht sich jetzt einer Vielzahl von psychologischen und emotionellen Problemen gegenüber.

Alles geht so schnell, wir Stiefmütter werden von den neuen Anforderungen überrollt und vergessen darüber unsere eigene Person. Unsere eigenen Bedürfnisse scheinen so unwichtig, wenn man sie an den Problemen der Kinder mißt, die unter der Scheidung ihrer Eltern leiden müssen.

Was also ist eine Stiefmutter? Sie kann ganz einfach definiert werden als eine Frau, die einen Mann mit Kindern aus einer früheren Verbindung geheiratet hat. Aber was stellt sie wirklich dar? Was für eine Rolle spielt sie, was wird von ihr erwartet? Darüber scheint man sich auch heute noch nicht einig zu sein.

Eine Stiefmutter nimmt eine neue Position in einem schon bestehenden Familienverband ein und stellt eine Beziehung zu den Kindern her, die für beide Seiten neu ist. Die meisten Frauen haben besonders an dem letzten Teil ihrer neuen Bezeichnung zu knakken: dem «Mutter» in Stief-Mutter; das gilt besonders für Frauen ohne eigene Kinder.

Es hilft meistens nichts, wenn man nur eine ungeliebte Bezeichnung verändert; statt dessen müssen wir die klischeehaften Bilder verändern, die diese Bezeichnung hervorruft.

Die Zeit der Stiefmütter ist gekommen. Durch Scheidungen und Wiederverheiratungen gibt es heute mehr Stiefmütter als jemals zuvor, und sie haben heute auch schon andere Funktionen, selbst wenn sich ihr Bild in der Gesellschaft nur langsam ändert. Die altmodische Vorstellung von der strengen, verkniffenen Stiefmutter wird durch das Heer von modernen jungen Frauen abgelöst, die jährlich Stiefmütter werden. *Eine Stiefmutter ist nicht mehr eine schuldbeladene Randfigur im Leben einer Familie.* Sie ist ein gleichberechtigtes Mitglied einer neuen Art von Familie, bei der es mehr auf eine neue Gestaltung von Bedürfnissen und Beziehungen untereinander ankommt als auf ein verbissenes Festhalten am traditionellen Familienmuster. Die moderne Stiefmutter versucht weder die Rolle der leiblichen Mutter einzunehmen, noch läßt sie sich als jemand abschieben, der nicht so ganz zur «richtigen Familie» dazugehört, wie früher eine unverheiratete Tante oder eine freundliche Nachbarin, die bei der verwaisten Familie aushalf.

Obgleich der Begriff Stiefmutter manche Frauen stört, wird damit doch die Beziehung von der Frau zu den Kindern ihres Mannes ausreichend bezeichnet. Damit, daß die Anzahl der Stiefmütter zunimmt, verliert das Wort selbst auch seinen etwas negativen Beigeschmack, vor allen Dingen, da man feststellt, daß es häufig die Stiefmütter sind, die die Familien zusammenhalten, die vorigen, die jetzigen und die zukünftigen.

Eine Stiefmutter wird in ihrem Verhältnis zu den Kindern ihres Mannes immer durch Höhen und Tiefen gehen müssen, auch wenn ihre Rolle jetzt mit mehr Respekt betrachtet wird und sie sich auf ihre Aufgabe vorbereitet hat. Die Qualität jeder Beziehung hängt von den entsprechenden Personen ab; eine Stiefmutter unterschätzt häufig, daß sie mit der Heirat eine Beziehung zu einer relativ festgefügten Gruppe aufnimmt, daß sie nämlich mit ihrem Ja vor dem Altar automatisch zur Stiefmutter der Kinder ihres Mannes wird. Sie hat es mit zwei (oder mehr) Menschen statt nur mit einem zu tun und hat keine Wahl. Eine Frau sagte nach sechs Monaten Stiefmutterdasein:

«Ich kam unbeschwert in die Ehe, nahm nur eine kleine Reisetasche auf meine weitere Lebensreise mit; er dagegen hatte das ganze Auto vollgeladen, ohne daß ich recht wußte, wie mir geschah.»

Auch eine Beziehung zu den Eltern des Mannes läuft bei einer Heirat nicht unbedingt ohne Probleme ab; aber hier hilft die Tradition, daß der Mann seiner Frau eine Vorrangstellung vor seinen Eltern einräumt. Hier handelt es sich nur um Erwachsene, und man findet es im allgemeinen richtig, daß ein Sohn das Haus seiner Eltern verläßt und mit seiner Frau einen neuen Hausstand gründet. Weniger leicht wird akzeptiert, daß ein Vater die Rechte seiner neuen Frau vor die seiner Kinder stellt. Im Gegenteil, die Gesellschaft verlangt von ihm, daß die Wünsche und Bedürfnisse seiner Kinder absoluten Vorrang haben, vor allen Dingen, wenn er von ihrer Mutter geschieden ist. Die Unsicherheit, welchen Platz sie wohl in der Familienhierarchie einnehmen wird, läßt die Stiefmutter noch frustrierter werden. Klischeevorstellungen, sowohl der Gesellschaft als auch der zukünftigen Stiefmutter selbst, können nur zu noch größeren Schwierigkeiten und Enttäuschungen führen. Die meisten Stiefmütter gehen mit Schwung an die neue Aufgabe heran und erwarten, ihre Stiefkinder zu lieben und von ihnen wiedergeliebt zu werden. In Wirklichkeit ist eine gegenseitige liebevolle Beziehung zwischen Stiefmutter und Stiefkindern ausgesprochen selten. Die idealen Vorstellungen, die wir in die Praxis umsetzen wollen, haben wenig mit der Realität der Situation zu tun.

Das Verhältnis von Stiefkindern und Stiefmutter gleicht eher der Partnerschaft in einer arrangierten Ehe. Beide Beteiligten müssen nehmen, was für sie bestimmt wurde. Eine Frau, seit acht Jahren Stiefmutter, meinte:

«Vor meiner Ehe waren meine Beziehungen zu anderen Menschen immer ‹ganz oder gar nicht› gewesen. Ich lernte einen Menschen kennen und wenn er auf meiner Linie lag, ging ich die Beziehung ein, wenn nicht, kümmerte ich mich nicht weiter um ihn. Der Sohn meines Mannes gehört so ziemlich in die zweite Kategorie, und ihn konnte ich nicht so einfach loswerden; ich weiß nicht, was ich tun soll. Ich habe auch heute immer noch den Eindruck, daß wir einfach zu verschieden sind. Das Schlimmste war, daß es kein Entrinnen vor dem anderen gab. Wir haben uns sicher beide gefragt, wie wir nur eine halbwegs freundliche Beziehung zum anderen unterhalten können, wo wir so verschieden sind. Er war der erste Mensch, den ich in mein Privatleben aufnehmen mußte, obgleich er nicht hineinpaßte. Heute kann ich sagen, daß wir uns aneinander gewöhnt haben, daß wir uns akzeptieren, aber ich kann nicht sagen, daß ich ihn liebe.»

Sie holte tief Luft und fuhr nach einer Pause fort:

«Wenn man mir das vor acht Jahren gesagt hätte, wäre ich verzweifelt. Ich dachte immer, man liebt seine Stiefkinder und wird von ihnen geliebt; ich hatte Unrecht. Mein Stiefsohn und ich haben eigentlich ein ganz normales Verhältnis; ich mag und respektiere ihn, und ich glaube, er mich auch. Aber am Anfang habe ich viel zuviel erwartet.»

Es bedeutet einen großen Schritt vorwärts, wenn die Stiefmutter *die romantischen Klischeevorstellungen als unrichtig entlarvt*; wenn sie das nicht fertigbringt, können ihre Bemühungen ein trauriges Ende finden. Eine Frau, die nur ein Jahr lang mit einem Mann mit drei Kindern aus erster Ehe verheiratet war, meinte:

«Mein Mann und ich hatten keine Ahnung, wie wir diese Situation richtig handhaben konnten. Ich krempelte die Ärmel hoch und spielte Mutter, bereitete die Mahlzeiten zu und sagte ihnen, was sie zu tun und zu lassen hatten. Mein Mann erwartete das von mir, also tat ich es. Die Kinder konnten es nicht ausstehen, und allmählich fand ich die Situation auch unerträglich. Ich gab meinem Mann die Schuld, dabei war es weder seine noch meine Schuld. Wir wußten einfach nicht, wie wir es richtig machen konnten. Wenn wir unsere Hilflosigkeit zugegeben und uns Rat geholt hätten, wäre vielleicht alles anders geworden. Aber wir hatten erwartet, über Nacht eine glückliche Familie zu sein und hielten eisern an dieser Vorstellung fest. Entweder alles oder nichts.»

Viele Stiefmütter fühlen sich mit ihren Sorgen allein gelassen. Obgleich sie ein in jeder anderen Beziehung enges Verhältnis zu ihrem Mann haben, zögern viele Frauen am Anfang ihrer Ehe, ihn gleich mit ihren Bedenken wegen seiner Kinder zu «belästigen». Andere Menschen zeigen selten Verständnis für ihre Lage. «Meine Mutter meinte nur ‹was hast du denn erwartet?›» sagte eine Frau, «und dabei waren wir immer die besten Freundinnen gewesen.» Die Haltung «wie man sich bettet, so liegt man» findet man häufig bei Menschen, die nicht wissen, was sie einem sonst raten können, vielleicht besonders häufig bei Müttern.

Freunde, die die Situation der Stiefmutter nicht aus eigener Erfahrung kennen, können Klagen über die neue Familie oft als ein Zeichen mißinterpretieren, daß es in der jungen Ehe kriselt. Zuviel Mitleid mit der Stiefmutter läßt diese schließlich mißtrauisch werden und ihren Mund halten.

Und die Frau mit Stiefkindern ist sich selbst auch nicht unbedingt eine große Hilfe. Es gibt Zeiten, in denen viele verschiedene Emotionen über uns hereinbrechen: Wir haben ein schlechtes Gewissen, weil wir unsere Stiefkinder nicht richtig lieben können, verachten uns selbst, weil wir nicht selbstloser sein können, verzweifeln an der Ehe, sind ärgerlich auf die Männer, die uns in diese Situation gebracht haben, und fühlen uns total hilflos. Auch wenn nicht all diese negativen Empfindungen auf einmal auftreten, es reicht schon eine Kombination aus zweien, um uns zu deprimieren. Aus Angst, den Mann zu enttäuschen und vor uns selbst zu versagen, schlucken wir Wut und Ängste hinunter, bis sich die Emotionen unweigerlich Luft machen müssen:

> «Ich war immer ein vernünftiger, ausgeglichener Mensch, aber wenn es um die Tochter meines Mannes geht, dann kann ich mich einfach nicht mehr beherrschen. Ich wußte nicht, daß ich zu einem solchen Ausbruch überhaupt fähig sein konnte. Ich fluchte, ich haßte, ich beschuldigte und verachtete mich selbst für meine Unbeherrschtheit. Ich wirkte lächerlich und war verzweifelt. Ich hatte mir soviel Mühe gegeben, und ich hatte verloren.»

Verzweifelte Ausbrüche wie dieser sind nicht selten und wirken sich oft reinigend auf die Familienatmosphäre aus. Endlich hat es mit den falschen Erwartungen und den unangenehmen Überraschungen ein Ende; ab jetzt weiß eine Stiefmutter wenigstens, womit sie rechnen muß.

Es gibt natürlich auch Stiefmütter, die keinerlei Schwierigkeiten haben, aber ich kann nicht sagen, daß ich die wenigen, die ich kennenlernte, bewundern konnte oder ihre Methoden nachahmenswert fand. Eine dieser Frauen meinte ehrlich: «Eigentlich mag ich

Kinder nicht; aber es macht mir Spaß, meiner Stieftochter Puppen zu kaufen und mit ihr in den Zirkus zu gehen.»

Die Neunjährige mußte immer ganz pünktlich gebracht und abgeholt werden und wurde dazu angehalten, sich perfekt zu benehmen. Stolz zeigte die Frau auf das Bett des kleinen Mädchens, auf dem viele Puppen saßen, ihr Beitrag als Stiefmutter. Sie hatte auch keinerlei Schwierigkeiten mit der ehemaligen Frau ihres Mannes; kein Wunder, die Mutter hatte natürlich richtig erkannt, daß es sich hier um keine echte Rivalin handelte. Diese Stiefmutter hatte ganz sicher eine positive Einstellung und auch nur positive Erfahrungen, weil sie nichts von dieser Beziehung erwartete.

Aber die meisten Stiefmütter sind anders. Wenn sie ihre Aufgabe realistisch, geduldig und mit Toleranz angehen, dann werden sie wahrscheinlich auch mehr Befriedigung aus ihrer Beziehung zu den Kindern ihres Mannes schöpfen. Es gibt einfach kein Patentrezept.

Psychologen sind sich einig, daß Stiefmütter vor allen Dingen eine gewisse Reife und viel Geduld besitzen sollten. Gute Beziehungen aufzubauen braucht Zeit, und die Stiefmutter sollte weniger auf den momentanen Stand der Dinge Wert legen als auf den Prozeß, auf die Entwicklung einer für alle Teile befriedigenden Situation. Beziehungen zwischen Menschen ändern sich, wenn man sich Mühe gibt und Zeit läßt. Es nützt nichts, wenn man nur still leidet und hofft, daß es irgendwie besser werden wird. Es gibt keine klaren Rollenvorstellungen, die sich Stiefmutter und Stiefkind zum Vorbild nehmen können. Sie müssen beide an ihrer Beziehung arbeiten, müssen für sich ausprobieren, wie sie am besten miteinander auskommen.

Selbst Psychotherapeuten geben zu, daß die Rolle der Stiefmutter besonders schwierig und psychisch belastend ist. «Ich weiß nicht, wie Stiefmütter das schaffen», sagte ein Psychologe, und andere bezeichnen die Familiendynamik in einer Stief-Familie schlicht als chaotisch. Eine Wiederverheiratung des Vaters, des Oberhauptes der Familie, gleicht einer Veränderung im Topmanagement einer Firma: die etablierten Positionen der Mitglieder der Gruppe, in Familie oder Firma, scheinen plötzlich in Frage gestellt, Machtpositionen und Loyalitäten verschieben sich, Familienmitglieder oder Mitarbeiter sind unsicher, unzufrieden mit der Veränderung, man versucht, sich durch Schmeicheleien bessere Positionen zu schaffen und ausgesprochene Meutereien sind nicht selten, bis alle sich an das neue System gewöhnt haben. Die Stiefmutter, der neue Manager, leidet am meisten unter diesem Chaos. Sie weiß nicht mehr, wo sie beginnen soll, gerät in Panik, läßt sich entmutigen und fühlt sich in die Defensive gedrängt. Diese Verteidigungsreaktion bewirkt allerdings eher das Gegenteil. Geduld, eine realistische Beurteilung der Situation und Verständnis für die Gefühle aller Beteiligten, einschließlich der eigenen, wird am ehesten zum Erfolg führen.

Eine fertige Familie, die alles andere als ideal ist, zu akzeptieren und sich zu integrieren, erfordert von der Frau eine gehörige Portion Mut, Einsatz und eine gute Kenntnis der eigenen Person. Es geht nicht nur darum, daß sie sich an ein paar Kinder gewöhnen muß. Höchstwahrscheinlich hat sie auch ganz andere Vorstellungen vom Familienleben, von Rollenverteilung und Lebenszielen; jetzt muß sie erkennen, daß mehr erwartet wird, als nur den Tisch für eine Person mehr zu decken. Sie muß versuchen, Familienbeziehungen aufzubauen, die so weit wie möglich dem einzelnen gerecht werden.

Am besten ist es, wenn sie an diese Aufgabe realistisch herangeht und nicht irgendwelchen romantischen Träumen von Familienidyllen nachhängt. Keine Frau ist allerdings jemals ganz darauf vorbereitet, wie es sein wird, wenn sie sich um Stiefkinder kümmern muß. Sie konnte sich nicht vorstellen, welche psychischen und körperlichen Anforderungen an sie gestellt werden. Die meisten Stiefmütter haben anfangs keine Ahnung, wie sie mit ihren Schuldgefühlen, aber auch mit alltäglichen Problemen wie z. B. Planen der Ferien, Disziplin, Besuchszeiten, Feiertagen, Beziehungen zur ehemaligen Frau und finanziellen Angelegenheiten umgehen sollen.

An solche Dinge denkt sie nicht, wenn sie sich das Leben mit ihrer neuen Familie vorstellt. Deshalb müssen wir ein neues, realistisches und flexibles Bild der Stiefmutter entwickeln. Nur dann können wir mit den Enttäuschungen und Ängsten fertigwerden, die uns zu überfallen drohen, wenn die Realität der Stieffamilie wieder einmal nicht dem ersehnten Ideal gleicht. Die Realität ist anders, aber nicht unbedingt schlechter.

Eine Stiefmutter, die ihre Aufgabe aus der richtigen Perspektive und mit realistischen Erwartungen anpackt, kann mehr Befriedigung finden als eine Mutter oder eine Stiefmutter, die glaubt, alles muß nach klischeehaften Vorstellungen ablaufen. Wir wollen als erstes den Unterschied zwischen Idealbild und Realität feststellen.

2. Unrealistische Erwartungen

Frauen, die Männer mit Kindern heiraten wollen, haben meistens eine vorgefaßte Meinung von dem, was sie erwartet. Sie glauben:

- Meine Stiefkinder werden keinen besonders großen Raum in unserer Ehe und unserem gemeinsamen Leben einnehmen oder:
- Ich werde eine enge Beziehung zu den Kindern haben; wir werden eine einzige große Familie sein.
- Ich werde meine Stiefkinder lieben, als wenn es meine eigenen wären.

Schon nach kurzer Zeit merken wir, daß unsere Erwartungen vollkommen unrealistisch waren. Andere romantische Vorstellungen sind zum Beispiel:

> «Ich dachte, die Tochter meines Mannes und ich könnten ein schwesterliches Verhältnis haben»; oder «wir kamen überein, daß wir keine Kinder haben würden, und ich dachte, das Kind meines Mannes würde wie mein eigenes sein.»

Diese Vorstellungen übersehen die Tatsachen, daß die Stiefmutter zum Beispiel mit dem Vater des Kindes schläft (was eine schwesterliche Beziehung irgendwie unmöglich macht), oder daß Stiefkinder nur in ganz seltenen Fällen ein emotioneller Ersatz für biologische Kinder sein können.

«Die Kinder werden mein Eheleben nicht beeinträchtigen»

Viele frischverheiratete Frauen können nicht akzeptieren, daß sie mit dem Mann auch seine Kinder geheiratet haben; das ist zu unromantisch für den Beginn einer Ehe. Dennoch ist es außerordentlich wichtig, daß man sich gerade in diesem Punkt nichts vormacht. Eine Frau meinte:

> «Für mich waren seine Kinder nicht Teil unseres Lebens. Ich dachte zwar, daß sie uns oft besuchen würden, daß wir ihnen etwas zu Weihnachten und zum Geburtstag schenken würden, aber sie waren für mich kein Faktor in unserem gemeinsamen Leben.»

Dieser Fehler wird häufig gemacht, weil die Frau nicht weiß, was sie erwartet. Aus dieser Unwissenheit wird Enttäuschung, ja häufig Bitterkeit. Sie fährt fort:

> «Wie konnten wir als Jungverheiratete verliebt zusammensein, wenn seine Kinder von Anfang an dabei waren? Ich hatte bisher mein Leben unabhängig gelebt, wollte nicht heiraten und Kinder haben, damit ich machen könnte, was ich wollte, reisen, mich amüsieren, mein Leben genießen. Dann begegne ich diesem wunderbaren Mann, verliebe mich und heirate ihn, um mit ihm mein Leben zu teilen. Aber seine Kinder machten mir bei allem, was ich wollte, einen Strich durch die Rechnung. Ich fühlte mich unterlegen und betrogen.»

Diese Reaktion zeigt nicht, daß Stiefmütter grausam sind oder keine Kinder mögen; sie ist statt dessen ein Beweis dafür, daß *sie ihre Rolle vollkommen unvorbereitet übernehmen.*

> «Als ich heiratete, dachte ich, daß seine Tochter zwar im Leben meines Mannes eine Rolle spielen würde, aber nicht in meinem. Vor unserer Ehe traf er sich allein mit ihr, und ich hatte geglaubt, das würde auch so bleiben. Dann aber war sie plötzlich doch da, und ich sollte sie in meine Pläne miteinbeziehen. Das gefiel mir nicht, und ich tat so, als ob sie gar nicht da wäre und klammerte mich verzweifelt an meine alte Vorstellung, wie eine junge Ehe ohne Kinder zu sein hatte.
>
> Aber ich fühlte mich unwohl und meinem Mann entfremdet,

solange ich mich dagegen sträubte, zu einem Teil die Verantwortung für Maria zu tragen. Ich regte mich wegen jedem bißchen auf, ich nahm ihr und ihrem Vater alles übel. Sie brauchte nur da zu sein, und schon konnte ich mich nicht mehr richtig meines Lebens freuen. Ich sah sie an und dachte, ‹was macht dieses Kind eigentlich hier?›»

Die Schwierigkeiten ließen erst nach, als diese Stiefmutter sich bewußt dazu durchrang, ihre Stieftochter als Faktor in ihrem Leben zu akzeptieren:

«Ich konnte sie einfach nicht länger ignorieren. Meine negative Einstellung zu ihr verdarb auch mein Eheleben. Ich beschloß nicht mehr das Opfer der Situation zu sein, sondern aktiv an den Planungen für ihren Besuch teilzunehmen. Ich behandelte sie nicht mehr als Feind, sondern versuchte das beste aus der Situation für mich zu machen. Wenn sie zum Beispiel ein ganzes Wochenende bei uns war, bestellte ich für den Abend einen Babysitter, damit mein Mann und ich allein zum Essen ausgehen konnten. Ich erkundigte mich rechtzeitig, wann sie kommen würde, damit ich meine Pläne machen konnte.»

«Gleichgültig was man sich anfangs vorgestellt hat, es wird immer so sein, daß die Stiefkinder ein Teil deines Lebens werden.» Das sagte eine Frau, die eine achtjährige Erfahrung als Stiefmutter hatte. «Ich wünschte, mir hätte das jemand gesagt. Ich hätte mich schneller darauf einstellen können. Für mich war die Erfahrung wie ein Sprung ins kalte Wasser.»

«Wir werden eine große glückliche Familie sein»

Manche Stiefmütter übertreiben es in die andere Richtung. Klaglos nehmen sie das Vorhandensein ihrer Stiefkinder hin; sie haben ein offenes Herz und glauben, daß Liebe und Gutmütigkeit sich den Kindern mitteilen und schließlich von ihnen erwidert werden. Vor ihrem geistigen Auge sehen sie einen fröhlichen Haushalt, wo immer etwas los ist, und geben dafür die romantische Vorstellung einer jungen Ehe gerne auf.

Der Haken an diesem schönen Bild der glücklichen Familie ist, daß es voraussetzt, daß Stiefmutter und Stiefkinder einander mit derselben Intensität lieben, wie es bei Kindern und ihrer leiblichen Mutter im allgemeinen der Fall ist. Es berücksichtigt nicht, daß Stieffamilien anders sind. Eine Stiefmutter berichtet:

«Mein Mann Bob und ich erwarteten, daß seine Kinder und ich einander lieben würden, wenn wir erst einmal zusammen wohnten. Wir glaubten, daß unsere Liebe zueinander bewirken würde, daß sie einfach in dieses Glücksgefühl miteingeschlossen würden und ähnlich empfinden müßten wie wir. Nach zwei Monaten Ehe wußte ich, daß wir Unrecht hatten. Meine Reaktionen, was die Kinder betraf, waren einfach nicht so, wie ich sie mir vorgestellt hatte. Ich mochte sie zwar, aber ich liebte sie nicht, wie ich ihren Vater liebte. Ich konnte ihre Fehler nicht übersehen, und im täglichen Leben gingen sie mir mit ihren Angewohnheiten manchmal ausgesprochen auf die Nerven. Ich mußte feststellen, daß auch sie mich nicht wie eine neue Mutter liebten. Wir kamen zwar ganz gut miteinander aus, aber sobald Bob oder ich nur andeuten, daß wir doch jetzt eine glückliche, neue Familie geworden seien, ziehen sie sich zurück. Allein das Wort ‹Familie› stört sie schon.»

Die Gefühle ihrer Stiefkinder wurden dieser Stiefmutter besonders bewußt, als sie sich ihren neuen Nachbarn als Familie vorstellten. «Warum nennen wir uns Familie, wenn wir es gar nicht sind?» meinte ihre 13jährige Stieftochter aufgebracht. «Wir sind Vaters Kinder, und du bist Vaters Frau, aber du bist nicht unsere Mutter.»

Die Frau war wie vor den Kopf gestoßen; als sie sich das Ganze aber nüchtern überlegte, kam sie zu dem Schluß: «Stiefmutter sein sollte genügen. Das bezeichnet eine realistische, ehrliche Beziehung innerhalb einer Familie. Wir müssen nicht so tun, als ob es mehr wäre.»

Sie sprachen mit den Kindern darüber, als was sie sich denn in Zukunft vorstellen sollten. Ihr Vater konnte sie überzeugen, daß sie bei Fremden und oberflächlichen Bekannten ruhig weiterhin als Familie gelten könnten, denn die meisten Menschen interessieren sich nicht für ausführliche Familiengeschichten oder -zusammenhänge. Aber es wurde nicht mehr das Bild der harmonischen, großen Familie heraufbeschworen; jeder wußte, welche Beziehung er zu dem anderen hatte, und es kam vor allen Dingen darauf an, daß alle Mitglieder der Familie miteinander ehrlich und entspannt umgehen konnten.

Am besten sollte man also das Phantombild der großen, glücklichen Familie aus seinen und ihren Kindern, wie es uns in rührenden Filmen und Fernsehserien gemalt wird, vergessen. Diese Klischeevorstellungen von Harmonie kann man kaum in einer natürlichen Familie verwirklichen; für eine Stieffamilie ist es unmöglich.

«Ich werde meine Stiefkinder lieben wie meine eigenen Kinder»

Viele zukünftige Stiefmütter erwarten, daß ihnen ihre Stiefkinder bald wie eigene Kinder ans Herz gewachsen sind; vor allen Dingen, wenn sie selbst keine Kinder haben, hoffen sie, daß ihre Stiefkinder sie wie die eigene Mutter lieben werden. Solche Erwartungen werden selten erfüllt.

Ein ehrliches, gutes Verhältnis zwischen Stiefmutter und Stiefkind wird im Gegenteil häufig dadurch erschwert, daß *überhöhte Erwartungen an die Beziehung* gestellt werden. Man konzentriert sich auf die Enttäuschungen statt auf die positiven Aspekte. Wenn eine Frau auf eine innige Mutter-Kind Beziehung hofft, wird sie sich nicht mit einer freundschaftlich-herzlichen Beziehung zufriedengeben. Eine echte Freundschaft zu dem Stiefkind ist aber eine wunderbare Sache.

Eine Stiefmutter machte folgende Erfahrung: Wenn ihre 12jährige Stieftochter zu Besuch war, kochten sie oft gemeinsam, und in dieser gemütlichen Zeit miteinander fühlte sich die Frau ihrer Stieftochter sehr nah und erzählte ihr viele Geschichten aus ihrer eigenen Kindheit. Eines Tages fragte das Mädchen: «Hättest du gern eine Tochter?», worauf ihre Stiefmutter antwortete: «Ich habe doch eine; ich liebe dich wie mein eigenes Kind.» Das Mädchen sagte darauf nichts, aber bei ihrem nächsten Besuch meinte sie: «Ich habe meiner Mutter erzählt, was du gesagt hast, und sie behauptet, eine Stiefmutter könnte ein Kind nicht so liebhaben wie die eigene Mutter.» Die Stiefmutter schwor, daß das bei ihr anders sei; später weinte sie sogar und sagte: «Immer wenn man meint, die Stiefkinder seien einem so lieb wie eigene, müssen sie einen auf irgendeine Weise daran erinnern, daß sie schon eine Mutter haben.» Selbst wenn ein Kind seine Stiefmutter liebt, es hat trotzdem noch eine Mutter.

Auch in einer sehr engen Beziehung zwischen Frau und Stiefkindern wäre es falsch so zu tun, als ob es die eigenen Kinder wären. Es sind nicht die eigenen Kinder, und sie werden es nie sein. Die Stiefmutter muß sich von diesem Wunsch freimachen, wenn sie nicht immer wieder Enttäuschungen erleben möchte.

Niemand, der es nicht selbst erfahren hat, kann das besondere Verhältnis zwischen Kindern und Eltern ganz verstehen. Eine Familientherapeutin, die selbst keine Kinder hatte, meinte dazu: «Ich kann Gefühle zwischen Eltern und Kindern nicht nachvollziehen. Auch wenn man das Kind einer anderen Frau noch so liebt, es ist nie dasselbe.»

Eine Stiefmutter hatte für ihre Stieftochter liebevoll gesorgt, selbst als sie schon von ihrem Vater geschieden war, und hatte ihr sogar durch das Trauma einer Abtreibung hindurchgeholfen. Jetzt mußte sie erleben, daß die junge Frau sie nicht einmal zu ihrer Hochzeit einlud. «Obgleich sie ihren Vater mehrere Jahre lang nicht gesehen hatte, wollte sie aber an seinem Arm in die Kirche geführt werden. Ihre Herzlosigkeit erstaunte mich sehr.» Herzlos vielleicht, aber ganz sicher ist so etwas schon oft passiert. Das Verhältnis einer Stiefmutter zu ihren Stiefkindern basiert nicht auf denselben Bindungen, die ein Kind mit seinen Eltern verknüpft und die die Eltern motivieren, für ihr Kind zu sorgen. Sie muß sich damit abfinden, daß sie das Leben dieses Kindes auf eine andere Weise beeinflußt und muß sich bewußt davor schützen, zuviel zu erwarten. Das ist nicht immer leicht.

Es geht nicht immer nur darum, was wir von unseren Stiefkindern erwarten, sondern auch die *Erwartungen, die wir an uns selbst in unserer neuen Rolle als Stiefmutter* stellen, sind sehr oft sehr unrealistisch. Frauen sehen diese Aufgabe häufig als Test, wieviel sie aus Liebe zu ihrem Mann aufgeben würden. Sie stellen also ihre eigenen Bedürfnisse ganz hinter die von Ehemann und seinen Kindern und hoffen, daß mit Liebe alles zu erreichen ist. Wenn eine solche Stiefmutter also ihre Liebe zu Mann und Kindern am besten dadurch zu zeigen meint, daß sie die beiden Kleinkinder mit auf die Hochzeitsreise nimmt, dann tut sie auch das.

Es ist kein Wunder, daß viele Stiefmütter dann enttäuscht sind, wenn sich die Beziehungen zu den Stiefkindern nicht so problemlos entwickeln, wie sie erwartet haben. Ein Familientherapeut berichtet von immer ähnlichen Erfahrungen dieser Frauen:

> «Sie hat besonders hohe Erwartungen und ist auf Enttäuschungen nicht vorbereitet. Sie erwartet auch von sich zuviel und stellt fest, daß sie mit Rückschlägen nicht so gut fertigwerden kann, wie sie geglaubt hatte. Sie wußte zwar schon vor der Hochzeit, daß es anfangs nicht ganz leicht sein würde, hatte aber nicht damit gerechnet, daß die Schwierigkeiten kein Ende nehmen würden. Sie fragt sich, ob sie dieser Aufgabe und damit ihrer Ehe überhaupt gewachsen ist. Sie traut sich nichts mehr zu.»

Die Kinder selbst sind häufig nur ein Teil der Schwierigkeiten. Eine Frau hatte einen Mann mit zwei Kleinkindern geheiratet: «Ich glaubte, daß ich mit den Kindern schon fertigwerden würde.» In ihrem Fall waren es auch weniger die Kinder, die ihr Leben so schwierig machten, als alles, was mit dieser Situation zusammenhing: die Besuchszeiten, die Mutter der Kinder, finanziellen Sorgen und damit auch Spannungen zwischen den Eheleuten. Sie war beschämt und erschreckt, daß sie nicht so kühl und ausgeglichen sein konnte, wie sie erwartet hatte:

> «Die Spannungen waren unglaublich, es war der reine Alptraum. Ich war kurz davor aufzugeben, meinte: ‹Gut, ich habe mich also in mir selbst getäuscht, ich schaffe es einfach nicht. Ich weiß, ich kann nicht verlangen, daß mein Mann auf seine Kinder verzichtet, also muß ich eben auf ihn verzichten und mich scheiden lassen.› Ich sah das Ende meiner Ehe als Strafe dafür an, daß ich versagt hatte.»

Sie gab aber doch noch nicht auf, und nach zwei Jahren ging alles besser. «Es hätte aber nie geklappt, wenn ich nicht meine Erwartungen gewaltig heruntergeschraubt hätte.»

Zu hohe Erwartungen sind meistens verantwortlich für die Enttäuschungen der Stiefmutter. Emily und John Visher arbeiten auf dem Gebiet der Familientherapie. Sie sind beide Stiefeltern und weisen in ihrem Buch «Stepfamilies: A Guide to Working with Stepparents and Stepchildren» immer wieder darauf hin, daß Stiefmütter im allgemeinen zu hohe Ansprüche an die Beziehung stellen. Sie versuchen, ihre Stiefkinder dafür zu entschädigen, daß sie durch die Scheidung ihrer Eltern soviel Kummer erfahren mußten; sie wollen ihnen eine neue Familie schaffen, jetzt, wo die alte zerbrochen ist. Sie versuchen, es jedem recht und jeden glücklich zu machen.

Die Vishers halten diese Ziele für vollkommen unrealistisch. «Eine solche Erwartungshaltung muß die Zufriedenheit einer Stieffamilie gefährden.»

Woher kommt diese Erwartungshaltung? Jede Frau, die wir für dieses Buch interviewten, hatte Angst, für eine böse Stiefmutter gehalten zu werden und versuchte, mit allen Mitteln zu beweisen, daß sie es nicht war. Wir sind mit zu vielen Geschichten von bösen Stiefmüttern aufgewachsen, sie sind fest in unserem Bewußtsein verankert.

Die Frau, die sich zwischen Mutter und Kind stellt und sei es nur am Wochenende, fühlt sich verpflichtet, alles perfekt zu machen. Die meisten Stiefmütter könnte man in ihrer Rücksicht auf Mann und Kind schon beinahe masochistisch nennen, so verzweifelt wollen sie sich und anderen beweisen, daß sie nicht zu den bösen Stiefmüttern gehören.

Annie hatte mit ihrem Mann ein Kind, das zwei Jahre lang bei ihnen im Schlafzimmer schlief, obgleich in ihrem Haus noch zwei Schlafzimmer leerstanden. Die allerdings wurden am Wochenende von den drei Kindern ihres Mannes benutzt. «Ich wollte nicht, daß meine Stiefkinder das Gefühl bekommen, unser Sohn verdränge sie.» Wenn die drei Kinder aber Annies eigenen gewesen wären, hätten sie natürlich ihre Zimmer mit dem neuen Geschwister teilen müssen, doch von ihren Stiefkindern wollte Annie das nicht verlangen. Sie wollte auf keinen Fall als gemeine oder böse Stiefmutter gelten.

Um unsere Erwartungen auf einen realistischen Stand herunterzuschrauben, müssen wir *von dem Traum des harmonischen Familienidylls Abschied nehmen* und versuchen, Tatsachen zu verstehen und zu akzeptieren. Das ist nicht ganz leicht. Als erstes muß man seine unrealistischen Vorstellungen als solche identifizieren, um sie dann abbauen zu können. Dabei sollte die Stiefmutter nicht den

Fehler begehen ihre Aufgabe zu negativ zu sehen, aber sie sollte realistisch sein. Nur so schützt sie sich wirklich vor dauernden Enttäuschungen und kann in ihren Beziehungen zu den Stiefkindern schließlich Freude und Befriedigung finden, womit sie nicht gerechnet hatte.

3. Schuldgefühle der Stiefmutter

Schuldgefühle kennt jede Stiefmutter. Wenn sich die Beziehungen in ihrer neuen Familie nicht so entwickeln, wie sie es gehofft und erwartet hatte, hält sie sich selbst für unfähig, verantwortlich und schuldig. Wenn sie ihre Stiefkinder nicht zärtlich liebt, fühlt sie sich schuldig. Manchmal wünscht sie die Kinder weit weg und hat gleich ein schlechtes Gewissen. Wenn sie sich mit ihrem Mann darüber streitet, wie die Kinder behandelt werden sollen, meint sie im Unrecht zu sein. Besonders, wenn sie ihren Mann schon vor oder während seiner Scheidung kennengelernt hat, hat sie Schuldgefühle. Sie weiß zwar eigentlich, daß sie an der Scheidung keine Schuld trägt (und sagt sich immer wieder, daß niemand in eine wirklich gute Ehe einbrechen kann), dennoch sieht sie, daß die Kinder durch die Scheidung leiden müssen und doch daran schuldlos sind. Schon die Verzweiflung der Kinder kann bewirken, daß sich die neue Frau wie eine Ehebrecherin fühlt.

Dazu kommt, daß die Kinder ihr meist auch diese Rolle zudiktieren, was die Sache nicht leichter macht. Wenn der Mann schon geschieden war, als sie ihn kennenlernte, fühlt sie sich dennoch dafür verantwortlich, daß die Kinder sich nun wieder an eine neue Situation, an einen neuen Erwachsenen in ihrem Leben gewöhnen müssen. Selbst Frauen, die Witwer heiraten, haben Schuldgefühle, weil auch sie sich irgendwie in eine Mutter-Kind Beziehung einmischen, selbst wenn die Mutter gestorben ist.

Verantwortlich für alles?

Eine Frau berichtete uns, daß sie sich persönlich dafür verantwortlich fühlte, daß ihr Stiefsohn sich nur schlecht an sein Studentenleben in einer anderen Stadt gewöhnen konnte:

«Ich hatte immer geglaubt, daß seine Schwierigkeiten daher kamen, daß seine Eltern geschieden waren und sein Vater mich geheiratet hatte. Ich gab mir selbst die Schuld; immer wenn ich gerade besonders mit meinem Leben zufrieden war und wir Daniel besuchten, wurde ich durch seine Depressionen in tiefe Schuldgefühle gestürzt. Als er dann aber schließlich allein lebte, stellte ich fest, daß seine Probleme weniger mit mir oder seinem Vater zu tun hatten, sondern daß er Schwierigkeiten hatte, Beziehungen zu anderen Menschen aufzubauen. Er hatte zu wenig Selbstbewußtsein, und er tat mir leid. Mein Mann und ich versuchen ihm zu helfen, aber ich gebe mir nicht mehr die Schuld, wenn er unglücklich ist. Es war eine große Erleichterung für mich, als meine Schwiegereltern mir sagten, daß der Junge auch als Kind eher still und introvertiert war, als die Ehe seiner Eltern noch intakt war. Es war also nicht meine Schuld.»

Eine Stiefmutter kennt ihr Stiefkind nicht gut genug; sie weiß nicht, warum es in der Vergangenheit bestimmte Verhaltensweisen entwickelte, die absolut nichts mit ihr zu tun haben. Dennoch neigt sie dazu, die Verantwortung für die Probleme des Stiefkindes zu übernehmen und fühlt sich schuldig an seinem Unglücklichsein.

Stiefmütter möchten ihre Stiefkinder am liebsten ganz schnell kennenlernen und durchschauen, möchten verstehen können, warum das Kind in einer bestimmten Situation so reagiert, möchten seine Stimmungen ergründen können, um sich ihm ganz schnell ganz nah fühlen zu können. Aber der Wunsch allein genügt nicht, man muß sich auch viel Zeit lassen, um ein Kind und seine Psyche verstehen zu können. Es nützt also gar nichts, wenn man sich für etwas verantwortlich macht, woran man keine Schuld trägt. Man hat dann nur größere Schwierigkeiten, die wahren Gründe für das Verhalten des Kindes zu erkennen und ihm zu helfen.

Wenn ein Kind regelmäßig mit seiner Umwelt in Konflikt kommt, braucht es vielleicht Hilfe von außen, um erkennen zu können, welche Schwierigkeiten mit der Stieffamilie zu tun haben und welche nicht; die Stiefmutter sollte aber niemals zum Sündenbock gemacht werden. Viele Kinder leben glücklich und zufrieden in Stieffamilien. Auch sie brauchen Unterstützung, Hilfe und Verständnis, aber eine Stiefmutter sollte sich nie als günstige Ausrede mißbrauchen lassen, wenn das Kind unglücklich ist oder versagt hat. Sie ist daran unschuldig.

Aufopfernd bis zur Selbstaufgabe

Schuldgefühle lassen eine Frau oft die falsche Einstellung zu ihren Stiefkindern haben: Sie versucht, selbstlos und aufopfernd für sie zu sorgen, um so ihre Zuneigung und ihr Vertrauen zu gewinnen. Der Erfolg ist meistens minimal, sie bekommt nicht zurück, was sie investiert hat. «Es ist eine undankbare Aufgabe», meint eine Therapeutin, «was man auch tut, kein Kind wird einem je dafür dankbar sein, daß man seinen Vater oder seine Mutter geheiratet hat.»

Häufig fühlt sich die Stiefmutter dafür verantwortlich, daß Vater und Kinder jetzt ein weniger enges Verhältnis zu haben scheinen als früher. «Seine Kinder könnten die erste Stelle in seinem Leben einnehmen, wenn er nicht wieder geheiratet hätte», sagte eine Stiefmutter, die ein schlechtes Gewissen hatte, weil ihr Mann nicht mehr mit seiner ersten Familie zusammenlebte.

Eine Stiefmutter sollte nicht sich allein dafür verantwortlich machen, daß alte Familienmuster verändert wurden; schließlich gehören zu der neuen Stieffamilie ja auch noch andere Menschen. Es ist falsch, jede Schwierigkeit auf sich persönlich zu beziehen; dann kann sie die echten Gründe für die Probleme nicht erkennen und auch keine Lösung finden. Viele Schuldgefühle rühren her aus der Enttäuschung darüber, daß die Kinder oder auch man selbst sich nicht so verhalten haben, wie man es erwartet hatte. Am unvernünftigsten ist die Vorstellung: ich werde sie lieben, und sie werden mich wiederlieben.

Claudia ist eine ausgeglichene und vernünftige Frau; sie sprach ruhig und gefaßt über ihre Enttäuschungen mit den erwachsenen Kindern ihres Mannes: «Ich wollte, daß sie sich bei uns zu Hause fühlen, daß sie nicht das Gefühl haben, uns zu stören.» Auch heute noch kauft sie vor einem Besuch der Stiefkinder das ein, was sie am liebsten essen, sie gibt sich viel Mühe mit Weihnachts- und Geburtstagsgeschenken und bewirtet Freunde und Gäste ihrer Stiefkinder. Claudia hört nur selten ein Dankeschön für ihre Mühen, und ein persönliches Geschenk hat sie von ihren Stiefkindern noch nie bekommen.

«Da sie die Kinder meines Mannes sind, behandele ich sie wie Freunde, aber es ist eine Qual. Wenn andere Menschen sich mir gegenüber so benehmen würden, würde ich mit ihnen nichts mehr zu tun haben wollen.»

Ihr Mann findet auch, daß sich seine Kinder seiner Frau gegenüber schlecht benehmen, aber er greift nicht ein. Und so ist es immer wieder Claudia, die sich die schwersten Vorwürfe macht, daß sie so empfindet. Sie war den Tränen nahe, als sie gestand: «Ich liebe sie einfach nicht.»

Es ist vollkommen unrealistisch, wenn man meint, daß man seine Stiefkinder lieben muß, auch wenn man für sie sorgt. Es ist schön, wenn man diese Liebe empfindet und sie auch erwidert wird, aber das ist eher die Ausnahme. Eine glückliche Ehe ist auch ohne diese enge Beziehung zu den Stiefkindern möglich. Eine Stiefmutter sollte ihren Stiefkindern freundlich, mit Verständnis und Respekt begegnen, aber sie muß sie nicht lieben. *Sie ist mit dem Vater verheiratet, ihn versprach sie zu lieben, nicht seine Kinder.*

4. Die Situation des Mannes

Der Mann ist im wesentlichen dafür verantwortlich, wie seine neue Frau mit seinen Kindern zurechtkommt. Wenn die Kinder sich unmöglich benehmen, er seine Frau aber in ihren Bemühungen unterstützt und sich auch selber kümmert, dann kann sie die Aufgabe auch bewältigen. Andererseits: auch wenn die Kinder die reinen Engel sind, er sich aber vollkommen von jeglicher Verantwortung fernhält, kann die Frau mit der Aufgabe der Stiefmutter überfordert sein.

Anders als bei der leiblichen Familie kann die Kindererziehung in einer Stieffamilie nur von dem Ehepaar gemeinsam gemeistert werden. Eine Stiefmutter hat nur über ihren Mann, dem Vater, eine familiäre Verbindung zu den Kindern. Es sind seine Kinder, nicht ihre, er ist für ihr Vorhandensein verantwortlich, nicht sie. Von ihm hängt es vor allen Dingen am Anfang ab, wie sich die Beziehung seiner Kinder zu seiner Frau entwickelt. Besonders wenn es um Autorität und Disziplin geht, muß er seiner Frau den Rücken stärken, damit sie bei seinen Kindern etwas erreichen kann. Ohne seine Unterstützung ist sie machtlos, selbst wenn sie sich noch so viel Mühe gibt.

Seine Rolle in der «neuen» Familie

Das Leben eines wiederverheirateten Mannes ist nicht unbedingt einfach. Er scheint plötzlich vor vielen konfliktreichen Situationen zu stehen, die mit Diplomatie gelöst werden müssen. Nicht jeder Mann ist einer solchen Aufgabe gewachsen. Alles hängt von ihm ab.

Seine neue Frau erwartet, daß er ihr hilft und seinen Einfluß auf seine Kinder geltend macht. Wenn sie Schwierigkeiten mit der neuen Familie hat, muß er Verständnis für sie haben, auf ihrer Seite stehen, denn er ist ja indirekt für diese Schwierigkeiten verantwortlich. Viele Männer fühlen sich aber in dieser Rolle höchst unwohl. *Schuld- und Loyalitätsgefühle wechseln sich ab*, wenn sie von einer Ehe- und Familienkrise in die nächste fallen. Sie waren nicht darauf vorbereitet, wie empfindlich und explosiv Familienbeziehungen sein können. Sie haben sich ja früher wenig mit emotionellen Angelegenheiten innerhalb der Familie beschäftigt. Ihre Frauen haben bisher für die leiblichen und seelischen Bedürfnisse der Kinder gesorgt; Familienferien zum Beispiel waren kein Problem, weil jeder dasselbe wollte.

Der neuverheiratete Vater stellt bald fest, daß es höchst unbequem ist, immer zwischen zwei Feuern zu stehen. Seine Schwierigkeiten sind denen seiner neuen Frau nicht unähnlich: beide sind auf diese neue Situation nicht ausreichend vorbereitet. Eine Frau, deren Mann zwei Teenager aus erster Ehe hatte, berichtet:

> «Mein Mann war sich zwar bewußt, daß jeder Ansprüche an ihn stellen würde, aber er war nicht darauf vorbereitet, wie schwierig es wirklich sein würde. An Weihnachten versuchte er verzweifelt, es jedem recht zu machen. Er besuchte seine Kinder, die 70 Kilometer entfernt bei seiner ersten Frau wohnten, aß mit ihnen und hetzte dann wieder zu mir zurück, um mit mir Weihnachten zu feiern. Aber seine Kinder fanden, daß er nicht lange genug geblieben war, ich war sauer, und er war total erschöpft. Man kann es nicht jedem recht machen.»

Diese Männer sind oft überrascht, wieviel Mühe es macht, nur einigermaßen den Frieden in der Familie aufrechtzuerhalten, und manchmal haben sie wie ihre neuen Frauen den Eindruck, daß es einfach nicht möglich ist. Auch sie brauchen Hilfe, um festzustellen, in welchen Punkten Frauen und Kinder besonders empfindlich sind.

Die Stiefmutter stellt sehr schnell fest, daß ihre Stellung bei den Kindern stark davon abhängt, was für ein Verhältnis der Mann zu seinen Kindern hat und daß dadurch auch ihre Ehebeziehung geprägt wird, auch wenn der Mann das anfangs nicht einsehen kann. Die Stiefmutter ist nicht selten schmerzlich überrascht, wie sehr unterschiedliche Ansichten über Kindererziehung sie von ihrem Mann entfremden können. Vor allen Dingen zu Anfang der neuen Ehe werden solche Meinungsverschiedenheiten oft überspielt, und später sind daraus dann oft schon echte Probleme geworden.

Die Art und Weise, in der ein Vater mit seinen Kindern umgeht, wird auch das Verhältnis seiner Frau zu ihnen beeinflussen. Seine Beziehung zu den Kindern ist beinahe so ausschlaggebend dafür, wie die Frau mit ihnen zurechtkommen wird, wie die Persönlichkeiten der Kinder selbst. «Es ist nicht leicht, mit meiner Stieftochter auszukommen, aber noch schlimmer ist, wie mein Mann mit ihr umgeht.» Das erzählte eine Frau, deren 10jährige Stieftochter bei ihr lebte. Ihrer Meinung nach war die Liebe ihres Mannes zu seiner Tochter schon beinahe neurotisch.

«Er stellt sich immer auf ihre Seite; wenn ich sie ausschimpfe, weil sie eine solche Unordnung im Wohnzimmer gemacht hat, mischt er sich ein und verteidigt sie. Mit ihr allein könnte ich schon zurechtkommen, aber mit ihm ist es unmöglich. Für ihn ist sie fehlerlos.»

Solche Eifersüchteleien und Konflikte findet man natürlich auch in einer traditionellen Familie, aber in Stieffamilien können sie sehr viel mehr Schaden anrichten. Betty und ihr Mann bekommen regelmäßig Besuch von seinem 11jährigen Sohn:

«Ich komme mit meinem Mann Robert gut aus, und ich komme mit meinem Stiefsohn gut zurecht. Ich mag Andreas wirklich gern. Aber beide zusammen sind zuviel für mich. Meiner Meinung nach verwöhnt Robert seinen Sohn zu sehr, ja er will ihn abhängig und unselbständig halten. Er möchte immer von ihm gebraucht werden.

Vielleicht spiele ich zu oft die Psychologin, aber ich glaube doch, daß ich die Situation objektiver beurteilen kann. Wenn ich aber Vorschläge mache, wie man den Jungen etwas mehr zur Selbständigkeit erziehen kann, behauptet mein Mann, daß ich nur eifersüchtig sei. Wenn es um Andreas geht, ist Robert vollkommen uneinsichtig. Einmal erzählte Robert Freunden in Andreas' Beisein, daß er eine Versetzung nicht annehmen würde, weil Andreas Angst vorm Fliegen habe und dann nicht zu Besuch kommen könnte. Statt daß er ihm Mut macht, ihm klarmacht, wie sicher Fliegen heutzutage ist, bestärkt er das Kind nur noch in seiner Angst. Er ließ ihn über seine berufliche Zukunft und unser Leben entscheiden, ich war wütend. Als ich später versuchte, mit Robert über dieses Thema zu sprechen, beschuldigte er mich, daß ich nur von Andreas fort wolle. Ich wußte nicht, was ich sagen sollte und sprach nicht mehr davon, aber ich habe es nie vergessen.»

Ihre negativen Gefühle haben sich natürlich auch auf ihr Verhältnis zu Andreas übertragen. Sie gestand: «Ich muß jetzt immer recht haben. Wenn wir mit dem Auto unterwegs sind und Andreas behauptet, er habe eine Gemse gesehen, sage ich, nein es war ein Reh.» Beim Scrabble-Spielen muß Betty immer gewinnen und widerspricht ihrem Stiefsohn bei jeder Gelegenheit.

Wenn eine Frau sich in ihrer Ehe und in ihrer Rolle als Stiefmutter mißverstanden fühlt, schmerzt es besonders, wenn ihr Mann meint, sie kümmere sich nicht um das Kind. Sie fühlt sich von dem ihr nächsten Menschen verraten und versucht manchmal sich zu rächen, indem sie nun das tut, dessen er sie anklagt: sie gibt sich weniger Mühe mit dem Kind. So schließt sich der Teufelskreis.

Es ist verständlich, daß der Vater seine Beziehung zu seinem Kind von der zu seiner Frau trennt. Er hält sich vielleicht für die einzige Bezugsperson, die sein Kind hat, vor allen Dingen, wenn dessen Beziehung zu der leiblichen Mutter schlecht ist. Er ist sogar froh, daß er als einziger weiß, was sein Kind braucht, und erwartet von seiner neuen Frau gar nicht, daß sie Ersatzmutter spielt. Sie dagegen fühlt sich ausgeschlossen, und es tröstet sie nur wenig zu wissen, daß das Problem eigentlich bei ihrem Mann liegt und nicht bei ihr.

Schuldgefühle des Vaters

Beide Eltern haben im Falle einer Scheidung ein schlechtes Gewissen ihren Kindern gegenüber, aber Väter, die wieder heiraten und sich damit endgültig von ihrer alten Familie lossagen, fühlen sich nicht selten besonders schuldig; diese Gefühle prägen seine Beziehung zu seinen Kindern und nicht selten auch die zu seiner neuen Frau.

Schuldgefühle sind dafür verantwortlich, daß eine Stiefmutter nur schwer mit ihrem Mann über Probleme mit seinen Kindern sprechen kann. Schuldgefühle machen geschiedene Väter blind, hemmen sie im Umgang mit ihren Kindern. Ein Familienpsychologe stellte fest, daß ein solches Verhalten des Vaters die Kinder nur negativ beeinflussen kann:

«Manche Väter gehen praktisch vor ihren Kindern auf die Knie, die dadurch dann erst auf die Idee kommen, daß man ihnen ein schreckliches Unrecht angetan hat. Damit ist niemandem geholfen.»

Wenn ein Elternteil sich scheiden läßt und wieder heiratet und dadurch das Leben des Kindes verändert wird, stellen sich Schuldgefühle ein, selbst wenn die persönlichen Alternativen nicht akzeptabel waren. Wieder verheiratete Männer können ihr persönliches Glück und ihre Vatergefühle nicht auf einen Nenner bringen und opfern sich und häufig auch die Bedürfnisse ihrer neuen Frau, um ihren Kindern gerecht zu werden. Männer, deren Kinder bei der Mutter leben, leiden am meisten. Sie haben große Angst davor, ihre Kinder ganz zu verlieren und versuchen nun, sie mit allen Mitteln für sich zu gewinnen. Sie werden zu Supervätern, die alles erlauben, denen es nur darauf ankommt, daß die Kinder ihren Spaß haben. Die Disziplin wird vernachlässigt, und Männer, die früher eisern darauf bestanden, daß Befehle befolgt wurden, haben jetzt Hemmungen darum zu bitten, daß die Kinder ihre schmutzigen Teller selbst in die Küche tragen.

Für die neue Frau sind Superväter schwer zu ertragen. Männer vergessen, daß ihre Frauen Zeit mit ihnen allein brauchen; selbst Sex wird vernachlässigt, wenn es Probleme mit den Kindern gibt. Eine Frau berichtete:

«Als mein Mann und ich endlich einmal Ferien ohne seinen Sohn machten, sagte er dauernd: ‹Wäre es nicht schön, wenn Stefan hier wäre?› Ich war froh, daß er nicht dabei war, aber hütete mich natürlich, das zu sagen. Wenn ich andeutete, daß wir manche Reisen am besten nur zu zweit machen sollten, war er immer anderer Meinung. Stefan würde doch soviel Spaß haben, am Meer oder in den Bergen oder wo wir gerade waren. Wenn ich mich wehrte, war ich natürlich die Böse. Ich glaube, daß er eigentlich auch nicht möchte, daß Stefan immer dabei ist, aber als guter Vater würde er das natürlich nie zugeben.»

Eine Frau reagiert oft negativ, wenn sie merkt, daß ihr Mann seine Kinder aus lauter Schuldgefühlen zu sehr verwöhnt. Es beunruhigt sie, daß er eine solche Schwäche in seiner Beziehung zu den Kindern zeigt, denn er ist schließlich die einzige Verbindung zu der neuen Familie, ist derjenige, der die Position der Stiefmutter verteidigen sollte. «Ich kann es nicht mehr hören, wie wunderbar seine Kinder sind», sagte eine Frau, die seit einem Jahr mit einem Vater von zwei Kindern verheiratet war, «wenn man meinen Mann hört, dann kann sein Sohn einfach nichts falsch machen; ein solches Kind wäre ja nicht zu ertragen!»

Eifersüchtig auf die Stiefkinder

Wenn ein Mann seine Kinder immer verteidigt und sie für ihn immer an erster Stelle kommen, ist seine neue Frau nicht selten eifersüchtig auf die Kinder. Männer, die sich aus schlechtem Gewissen von ihren Kindern dominieren lassen, sind verantwortlich, wenn sich die Beziehung zwischen Stiefmutter und Kindern nicht normalisiert.

> «Das Schlimmste, was einer Stiefmutter passieren kann, ist, daß sie zusehen muß, daß ihr Mann nach der Hochzeit nur noch für seine Kinder da ist und sie eine untergeordnete Rolle spielt. Er wirbt nicht mehr um sie, sondern jetzt um die Liebe seiner Kinder.»

Tara war verzweifelt, als ihr Mann nach der Hochzeit anfing, jedes Wochenende mit seinen Kindern fortzufahren.

> «Ich mußte zu Hause bleiben, denn, wie er mir erklärte, ‹die Kinder seien noch nicht so weit›, daß sie mit mir zusammen sein wollten. Ich kann nicht sagen, wie wütend ich war.»

Oft wissen weder Mann noch Frau, was eigentlich mit ihnen geschieht, warum sie dauernd gereizt sind. Vieles wird mißverstanden und übelgenommen, denn für beide ist die Situation neu, und beide sind extrem empfindlich. Der Mann fühlt sich in zwei verschiedene Richtungen gezerrt, und die Frau findet sich selbst kleinlich, daß sie auf seine Kinder eifersüchtig ist. Statt daß sie miteinander offen darüber sprechen, wodurch diese Gefühle verursacht werden, mag keiner daran rühren, und Emotionen machen sich in Nebensächlichkeiten Luft, zum Beispiel im Streit darum, wer abends den Abfall herausbringen sollte.

«Es störte mich sehr, wieviel Aufmerksamkeit David seinen Kindern schenkte, aber ich konnte mit ihm nicht darüber sprechen. Ich schämte mich statt dessen, daß es mir soviel ausmachte. Er hatte Schwierigkeiten mit seiner geschiedenen Frau und mit seinen Kindern, und da wollte ich ihm nicht auch noch Schwierigkeiten machen. Aber innerlich war ich sehr von ihm enttäuscht.»

Das erzählte eine Frau, die nicht den Mut hatte, ein Problem anzupacken, das sie selbst nur mit Mühe definieren konnte.

Manche Stiefmutter fühlt sich ausgeschlossen, wenn ihr Mann den Arm um sein Kind legt oder Hand in Hand mit ihm geht und sie, die Ehefrau, zwei Schritte hinter ihnen gehen muß, weil nicht genug Platz auf dem Bürgersteig ist:

«Ich komme mir immer wie das fünfte Rad am Wagen vor, wenn mein Mann und ich mit seiner 12jährigen Tochter ins Kino gehen. Mein Mann hält ihre Hand und wenn wir aus dem Kino kommen, gehen sie Arm in Arm. Es kommt mir ganz komisch vor, so als ob ich als lästige Dritte bei einer Verabredung dabei bin. Dabei bin ich eigentlich von Natur aus nicht eifersüchtig. Mein Mann trifft sich mit alten Freundinnen zum Mittag und nimmt auch manchmal einen Drink mit seiner geschiedenen Frau; das macht mir alles gar nichts aus. Aber wenn wir mit seiner Tochter zusammen sind, fühle ich mich ausgeschlossen und bin sauer.»

Bloße Eifersucht ist hier nicht das Problem. Es ist eher so, daß *eine Frau in der Position der Stiefmutter Bestätigung braucht*, daß sie für ihren Mann wichtig ist und wenn er und seine Kinder allzu deutlich ihre Solidarität demonstrieren, liest sie daraus, daß sie außerhalb steht. Umarmungen, Hand in Hand gehen und andere äußerliche Zärtlichkeiten zwischen Vater und Kind sind gut und richtig; sie dürften die Stiefmutter nicht verletzen, es sei denn, sie fühlt sich in dieser Ehe sowieso schon unsicher.

Männer nehmen meistens einfach an, daß ihre neuen Frauen das Verhältnis zu ihren Kindern aus erster Ehe schon verstehen werden. Eine Stiefmutter, die keine eigenen Kinder hat, befindet sich zweifellos im Nachteil. Wenn sie noch nie vorher verheiratet war, dann durchschaut sie die Situation noch schwerer. Warum soll sie in der Küche den Abwasch machen, wenn ihr Mann sich am Strand mit seinem Sohn zusammen den Sonnenuntergang anschaut? Aber ihr

Mann hat wahrscheinlich keine Ahnung, wie verletzt und wütend sie darüber ist. Frauen erwarten von ihrer ersten Ehe romantische und fröhliche Zweisamkeit und das mit Recht. Aber sie müssen auch etwas dafür tun.

Für diese Ehen ist es besonders notwendig, daß *die Partner offen über ihre Empfindungen sprechen*, über ihre Verletzlichkeit und über Eifersucht, und manchmal gehört dazu, daß der Ehemann auf die Probleme seiner Frau aufmerksam gemacht wird, damit man sie gemeinsam bewältigen kann. Er wird es anfangs vielleicht nicht verstehen können, warum es seine Frau so stört, wenn er die Hand seiner Tochter hält, aber es ist wichtig, daß er weiß, wie sie fühlt. Erst dann kann er manche Reaktionen seiner Frau verstehen, kann ihr helfen, ihre Ängste zu bewältigen und ihr das nötige Gefühl der Sicherheit geben. Auf jeden Fall lernt er, die Situation auch von ihrer Warte aus zu sehen.

Wenn er in allem, was die Stieffamilie angeht, ganz anderer Meinung ist als seine Frau, sollte sie die möglichen Gründe für ihre Unsicherheit vielleicht noch einmal genauer untersuchen. Wenn zwischen seinem und ihrem Standpunkt unüberwindbare Unterschiede bestehen oder die Frau das Gefühl nicht los wird, daß ihren Reaktionen auf die Familie Unsicherheiten zugrunde liegen, die eigentlich schon vorher da waren, sollte sie sich vielleicht in therapeutische Behandlung begeben. Ein psychologischer Berater wird sicher nicht das letzte Quentchen Eifersucht oder Unsicherheit ausräumen können, aber er wird vielleicht ermöglichen, daß das Ehepaar in bezug auf die Familie offener miteinander sprechen kann.

Prioritäten setzen

Eine Stiefmutter durchlitt Qualen, weil sie fand, daß sie und ihre Ehe immer erst an zweiter Stelle nach den Kindern kamen. Ihr Mann und sie hatten sich in Schulden gestürzt, um ein größeres Haus zu kaufen, damit sie Platz für seine Kinder hatten, wenn sie zu Besuch kamen; sie hatten ihre Urlaubstermine nach den Ferien der Kinder ausgerichtet, ja sie hatten die Kinder sogar auf ihre Hochzeitsreise mitgenommen. Schließlich bat die junge Frau ihren Pastor um Rat. Er hatte eine Unterredung mit dem Ehepaar und schlug vor, daß sie einmal sich selbst und ihre Ehe an erste Stelle setzen sollten. Ihr Mann willigte ein, weil er sah, daß er nur damit seine Ehe retten konnte; die Frau fand, daß sich über Nacht ihr Leben total verändert hatte: «Zum erstenmal hatten wir ein gemeinsames Leben.»

Aus vielen Gründen sollte der Mann seiner Ehe den Vorrang vor den Kindern geben. Eine gute zweite Ehe ist nicht nur für das Paar befriedigend, sondern auch für die Kinder wichtig; die fühlen sich in ihrem Leben wohler, wenn Harmonie in der Stieffamilie herrscht, obgleich dieser Punkt häufig übersehen wird. Wie jeder geschiedene Mensch mit Kindern wahrscheinlich erkannt hat, eine schlechte Ehe hat eine negative Wirkung auf Kinder; sie haben ein sehr scharfes Gespür für Spannungen innerhalb der Familie. Ehezwistigkeiten können die schönsten Familienfeste verderben. Wenn Kinder zusehen mußten, wie eine Ehe zerbrach, werden sie besonders vorsichtig sein, bevor sie sich wieder einem Paar zuordnen; sie wollen erst einigermaßen sicher sein, daß diese Beziehung hält.

Diese Theorie ist einleuchtend. Dennoch haben Väter, besonders wenn sie unter starken Schuldgefühlen leiden, Hemmungen, ihr Glück in der jungen Ehe zu zeigen. Sie versuchen, möglichst wenig über ihr neues Leben durchblicken zu lassen. Auf den ersten Blick scheint es, daß sie das Kind dadurch schonen wollen, das sich vielleicht durch eine glückliche zweite Ehe irgendwie betrogen fühlen könnte. Kinder aber, die wenig über den Stand der Ehe ihres Vaters wissen, kommen nicht selten zu dem Schluß, daß Glück oder Unglück dieser Ehe irgendwie von ihnen abhängt, oder daß man darauf wartet, ob sie die Stiefmutter akzeptieren oder nicht; eine solche Einstellung aber findet die Stiefmutter wiederum erniedrigend und unangebracht.

Ein Vater, der seinem Kind das Vetorecht über seinen zukünftigen Partner einräumt, tut niemandem damit einen Gefallen. Die Autorität beider Erwachsenen wird untergraben, er muß auf ein glückliches Leben verzichten, sollte sein Kind sich gegen die von ihm gewählte Frau entscheiden. Er tut auch dem Kind Unrecht, wenn er ihm die Verantwortung für eine Beziehung zwischen zwei erwachsenen Menschen aufbürdet. Das Kind bekommt ein unrealistisches Gefühl der Macht. Unangebrachte Privilegien schaden letzten Endes den Kindern einer geschiedenen Ehe; sie haben nicht nur ihren vertrauten Familienkreis verloren, sondern verlieren auch noch den beruhigenden Glauben an die Autorität der Eltern.

Ich meine damit nicht, daß man einem Kind, das bei seiner unzufriedenen Mutter lebt, nun allzu deutlich das verliebte Paar vorspielen oder daß man schlecht über die erste Ehe sprechen sollte, aus der das Kind schließlich kommt; es muß aber einmal ganz deutlich ausgesprochen werden, daß die Beziehung von Eltern und Kindern nichts mit neuen Partnern zu tun hat und ganz für sich steht. Ebenso gilt aber auch, daß die neue Ehe nicht davon abhängen darf, ob ein Kind damit einverstanden ist oder nicht. Es fördert die Harmonie innerhalb der Familie und gibt den Kindern ein Gefühl von Sicherheit, wenn sie wissen, woran sie sind, daß nämlich der Vater sie liebt wie vorher und ihnen helfen will, daß er und seine neue Frau aber auch Rechte haben, die die Kinder respektieren müssen. Leider wird die Notwendigkeit solcher Abmachungen dem neu verheirateten Vater erst bewußt, wenn plötzlich die Hölle los ist, weil alle um eine Vorrangstellung innerhalb der Familie und um seine Aufmerksamkeit zu kämpfen scheinen. Selbst die besten Vorsätze nützen da nicht viel, und die meisten Partner werden erst durch Schaden klug.

Alexandra zum Beispiel mußte sich erst viel von ihren zwei erwachsenen Stiefkindern gefallen lassen, bevor sie und ihr Mann schließlich eingriffen. Die beiden Mädchen wühlten Alexandras Schrank und persönliche Dinge durch und schliefen in ihrem Bett, wenn sie nicht zu Hause war. Sie verschloß schließlich Schrank und Schlafzimmer.

> «Ich schimpfte zwar und beklagte mich auch bitterlich bei meinem Mann, aber er wollte davon nichts hören. Für ihn war das nur ein typisches Gemecker in einem Frauenhaushalt; er wollte einfach nicht sehen, wie häßlich seine Kinder wirklich zu mir waren.»

Schließlich passierte etwas, wovor er nicht länger die Augen verschließen konnte. Eines Nachmittags war Alexandra mit den beiden Mädchen allein in der Küche. Sie drängten ihre zierliche Stiefmutter in eine Ecke, schubsten und verhöhnten sie und behaupteten unter anderem, daß sie ja ihren Vater nur seines Geldes wegen geheiratet habe. Als ihr Mann abends nach Hause kam, stellte Alexandra ihm ein Ultimatum: «Deine Kinder oder ich». Ihr Mann sah schließlich ein, daß sich seine Töchter unmöglich benommen hatten und sagte ihnen, daß sie ausziehen müßten. Endlich war er sich mit seiner Frau einig, daß ihre Ehe Priorität hatte.

Alexandras Stieftöchter waren zwar alt genug, um allein zu leben, trotzdem war ihr Vater sehr traurig, daß es so weit gekommen war.

«Er und ich hatten vier Jahre gewartet, bevor wir heirateten, nur damit seine Töchter seine Wiederverheiratung leichter akzeptieren könnten. Er hatte sich soviel Mühe gegeben, um es ihnen leicht zu machen, und so wurde es ihm jetzt gedankt.»

Obgleich ihr Mann sich endlich gegen seine Töchter durchgesetzt und sich auf die Seite seiner Frau geschlagen hatte, zerstörte das nicht sein Verhältnis zu seinen Töchtern. Eine von ihnen ließ zwar sechs Monate lang nichts von sich hören, aber auch sie kam schließlich wieder und besuchte ihren Vater und Alexandra, und sie haben seitdem wieder ein ganz gutes Verhältnis zu ihr. Sie sagte sich nicht auf immer von ihrem Vater los, wie er gefürchtet hatte. Die natürliche Vater-Kind Beziehung setzt sich letzten Endes doch häufig wieder durch.

Gemeinsame Strategien

Häufig überschätzen Stiefmütter die Autorität, die ihre Männer über ihre Kinder haben. Wie viele Kinderlose haben sie eine unrealistische Vorstellung davon, was Eltern von ihren Kindern vernünftigerweise verlangen können. Geschiedene Väter, deren Kinder bei der Mutter leben, haben es besonders schwer, wenn ihre Autorität im Haus der Mutter unterminiert wird. Natürlich kann ein Mann nicht von seinen Kindern verlangen, daß sie seine neue Frau lieben wie er selbst. Davon aber einmal ganz abgesehen, häufig bringen Väter ihre Kinder noch nicht einmal dazu, daß sie seiner Frau höflich und freundlich begegnen. Ein Mann ist kein Gott, nicht einmal für seine Kinder. Selbst wenn es nicht zuviel verlangt ist, wenn ein Stiefkind seiner Stiefmutter ins Gesicht sieht, guten Tag sagt und sich für ein Geschenk bedankt, der Vater kann es nicht dazu zwingen. Wenn eine Frau das nicht versteht oder meint, daß er sie dann wohl nicht genug liebt, wird sie immer neue Enttäuschungen erleben. Die Frau kann erwarten, daß ihr Mann sich in seiner Ehe Mühe gibt und daß er auch allmählich verstehen lernt, was die Rolle der

Stiefmutter für sie bedeutet. Ein Mann hatte in drei Jahren Ehe seinen Standpunkt verändert:

«Als ich Annie heiratete, dachte ich nur daran, daß sie meine Frau sein würde. Meine Kinder waren und blieben weiterhin meine Kinder. Stiefmutter schien mir eine blöde Bezeichnung zu sein. Als ich aber sah, daß auch sie in diese Beziehung zu den Kindern hineingehörte, jetzt, wo wir gemeinsam viele Schwierigkeiten mit den Kindern gelöst haben, hat das Wort eine neue Bedeutung für mich bekommen.»

Man kann es den Männern nicht einmal übelnehmen, wenn sie ihrer zukünftigen Frau nicht sagen, was in ihrer Rolle als Stiefmutter auf sie zukommen wird; sie wissen es ja selbst nicht. Das Paar muß einander Verständnis und Unterstützung geben und gemeinsam lernen. Sie sitzen beide im selben Boot.

Ehepartner in Stieffamilien sollten über ihre Einstellungen offen miteinander diskutieren, denn selbst die besten Vorsätze reichen für ein harmonisches Zusammenleben nicht aus. Beide Partner der neuen Beziehung gehen mit gutem Willen und voller Begeisterung an die Aufgabe heran und scheuen sich, ihre Ängste und Vorbehalte zu zeigen. Sie wollen, daß es klappt, und versuchen komplexe Probleme zu verharmlosen. Eine neue Stieffamilie aber kann nur funktionieren, wenn das Paar miteinander absolut ehrlich ist und gemeinsam Schwierigkeiten erkennt und löst.

Männer haben oft größere Schwierigkeiten als Frauen zu erkennen, welche emotionellen Interaktionen in ihrer Familie vorhanden sind. Man muß sie ein bißchen mit der Nase darauf stoßen. Die Stiefmutter einer 15jährigen erinnert sich:

«Mein Mann hat sich über Psychologie nie viele Gedanken gemacht. Er nahm die Dinge hin, ohne sie genauer zu untersuchen. Als ich zu ihm und seiner Tochter zog, war es für ihn wie ein Intensivkurs in Psychologie. Es gab viele Tränen, er wußte kaum, wie ihm geschah. Ich weiß, daß er anfangs dachte, er hätte einen Fehler gemacht, und seine erste Reaktion war, sich aus allem herauszuhalten. Aber ich hörte nicht auf, mit ihm darüber zu sprechen, bis er schließlich sah, was passierte und daß er helfen mußte. Er hat sich sehr gebessert.»

Glücklicherweise machen die meisten Männer auf diesem Gebiet

Fortschritte. Sam, der zum großen Kummer seiner Frau Tara jedes Wochenende mit seinen Kindern ohne sie fortgefahren war, denkt mit Unbehagen an diese schwierigen Zeiten zurück:

«Ich habe viel falsch gemacht. Ich weigerte mich, eine Beratung aufzusuchen, obgleich uns das viel hätte helfen können. Ich wußte einfach nicht, was auf mich zukam; ich hatte nie darüber nachgedacht.»

Eine kluge Frau wird meistens wissen, daß sie etwas nachhelfen muß, wenn sie möchte, daß ihr Mann sich mit den Problemen der Stieffamilie beschäftigt. Er wird das nicht unbedingt freiwillig tun. Man sollte ihm nichts vormachen, ihn nicht manipulieren, aber ihn an den Problemen teilhaben lassen, sollte nicht versuchen, sie ihm aus dem Wege zu räumen, sondern sie gemeinsam lösen. Man sollte dabei nie vergessen, daß manchmal in besonders kritischen Situationen, wenn emotionelle Ausbrüche vernünftige Diskussionen unmöglich machen, eine psychotherapeutische Beratung helfen kann.

Männer in zweiter Ehe sind häufig eher gewillt zuzuhören, an Beziehungen zu arbeiten und nach Lösungen zu suchen als Männer, die vorher noch nicht verheiratet waren. Die Erfahrungen, die sie in ihrer ersten Ehe und während der Scheidung gemacht haben, haben ihnen wahrscheinlich gezeigt, daß man an einer Ehe arbeiten muß. Sie werden jetzt Ehe und Familie sehr viel ernster nehmen, und ihre Frauen werden feststellen, daß mit Bemühen, Geduld und dem Wunsch ihrer Männer, diese Ehe nicht wieder scheitern zu lassen, auch die Frustrationen in einer Stieffamilie abgebaut werden können.

Paare, die gemeinsam mit den Problemen einer Stieffamilie umgehen lernen, stärken so auch ihre eigene Beziehung. Sie erfahren auf eine ganz neue Art und Weise, wie eine Familie am besten zusammenlebt, und lernen sich selbst dabei besser kennen. Der Weg zu dieser Selbsterkenntnis ist oft sehr dornig und mit Ängsten und Gefühlsausbrüchen gepflastert, aber die Erfahrung, daß man gemeinsam Lösungen aufgrund neuer Erkenntnisse finden kann, stärkt die eheliche Verbindung sehr. Ein Mann kann seine Kinder nur selten ändern, aber er kann seine neue Ehe so festigen, daß sie die Belastungen durch die Stieffamilie aushält. Keine Stiefmutter kann das ohne die Hilfe ihres Mannes schaffen.

5. Die «böse» Ex-Frau

Nichts ist schöner für viele Stiefmütter, als wenn sie die geschiedene Frau ihres Mannes so von ganzem Herzen hassen können. Zu gern zählen sie alles auf, was die Ehemalige falsch gemacht hat und wann sie ungerecht war. Manchmal verdient die geschiedene Frau es auch, selbst wenn jetzt etliche meiner Leserinnen protestieren; es ist aber nur fair, wenn auch die Stiefmutter einmal mit ihrer Meinung zu Wort kommt.

Phantom oder Wirklichkeit?

Wenn man Stiefmüttern glauben will, dann sind die meisten Ehemaligen neurotisch, verrückt und verdreht, wenn nicht sogar psychotisch. Es ist unwahrscheinlich, daß eine solche Beschreibung auf alle geschiedenen Frauen zutrifft, selbst wenn es einige gibt, die psychisch krank oder emotional instabil sind.

Wenn die Neue über die ehemalige Frau ihres Mannes herzieht, hat sie oft gute Gründe. Nur zu gern hat ihr Mann zu Anfang ihrer Bekanntschaft seine erste Frau in den schwärzesten Farben gemalt, hat in Einzelheiten geschildert, wie und wo und wann sie sich unmöglich / verrückt / gemein benommen hat. Deshalb ist verständlich, daß der Stiefmutter hin und wieder einmal eine unfreundliche Bemerkung herausrutscht, es kann sogar erleichternd für sie sein; dennoch ist es besser, wenn sie sich möglichst mit ihrer Kritik zurückhält. Sie sollte vorsichtig sein, wem gegenüber sie eine solche Bemerkung macht, und darf nicht damit rechnen, daß sie außer bei anderen Stiefmüttern viel Beifall findet.

Eine ehemalige Frau ist für das neue Paar oft eine ziemliche Belastung. Eine zweite Ehe kann sich nie ganz von der ersten freimachen, besonders wenn Kinder da sind. Für die Stiefmutter ist die erste Frau ihres Mannes ein Überbleibsel aus der Vergangenheit, eine ständige Erinnerung an ein Leben und eine Liebe, die vor ihrer Zeit bestand. Auch wenn der Ehemann keinerlei romantische Illusionen über seine erste Frau mehr hat, kann es passieren, daß sich seine neue Frau doch mehr mit der Vorgängerin beschäftigt, als für sie gut ist: warum hat er sie denn geheiratet? Warum kamen sie nicht mehr miteinander zurecht? Hängt er vielleicht doch noch an ihr?

Vergessen kann die Neue die Ex-Frau natürlich auch nicht. Es gibt sie ja schließlich, und durch ihre Kinder wird sie immer wieder daran erinnert. Manchmal erwähnen sie ihre Mutter nur, um zu sehen, wie die Stiefmutter wohl reagieren wird. Selbst wenn Kinder ihre Mutter nicht mit Worten erwähnen, was vielleicht taktvoll gemeint ist, aber doch unnatürlich wirkt, bringen sie sie in das Leben der Stiefmutter wie eine ansteckende Krankheit. Kinder haben dafür eine ganz besondere Begabung; sie demonstrieren gern ihre Macht und genießen es, wenn die Stiefmutter sich unbehaglich fühlt. Ein Mädchen erinnerte ihre Stiefmutter immer daran, daß dort ihre Eltern geheiratet hätten, wenn sie nur in die Nähe einer bestimmten Stadt kamen. Natürlich störte es die Stiefmutter anfangs, sie hätte gut ohne eine detaillierte Schilderung der geographischen Lage dieses wichtigen Ortes auskommen können; als sie aber aufhörte, auf die Ausführungen ihrer Stieftochter zu reagieren, hörte das Kind damit auf.

Es ist erstaunlich, wie viele Kinder wissen, wo sie gezeugt wurden, und dann keine Zeit verlieren, ihre Stiefmutter davon in Kenntnis zu setzen. Ein Junge erinnerte seine Stiefmutter daran, als sie gerade mit seinem Vater an denselben Ort in Urlaub fahren wollte, und natürlich hörte sie das nicht gern. Stiefmütter sollten versuchen, solche Bemerkungen nicht besonders zu beachten. *Kinder brauchen ein Gefühl für ihre eigene Geschichte*, und niemand sollte versuchen, sie ihnen wegzunehmen. Am besten sollte man solche Bemerkungen übergehen; wenn sie immer wieder davon anfangen, sollte man vielleicht direkt mit ihnen darüber sprechen, warum sie es tun. Es hat keinen Sinn, immer in der Verteidigungsstellung zu bleiben, manchmal ist es besser, wenn man die Initiative ergreift.

Psychologen sind sich darüber einig, daß man den Einfluß der ersten Frau auf die Stiefmutter noch nicht gründlich genug untersucht hat, um verallgemeinernde Aussagen zu machen. Sie raten der Stiefmutter, sich nicht in Vergleiche und Rivalitäten hineinziehen zu lassen. Eheberaterin Ruth Neubauer:

«Die zweite Frau sollte auf keinen Fall versuchen, die erste zu übertrumpfen. Ihre eigene Persönlichkeit wird sich zeigen, und es bringt nichts, wenn sie versucht, ihr Wesen umzumodeln, nur damit sie in keiner Weise der ersten Frau ähnelt. All das macht ihr Dasein als Stiefmutter nur schwieriger.»

Lilian Messinger meint:

«Jeder Mann wird über seine erste Ehe mit seiner neuen Frau sprechen wollen, und sie interessiert sich natürlich auch dafür. Sie sollte sich allerdings davor hüten, zuviel darüber nachzudenken. Wenn sie immer daran denken muß, was für einen schönen Busen seine erste Frau hatte, oder wie sie wohl im Bett war, quält sie sich nur selbst. Es bringt nichts.»

Es ist ebenso falsch wie unproduktiv, wenn der Mann seine erste Ehe nur in schwarzen Farben malt. Das Paar muß schließlich auch glückliche Zeiten durchlebt haben; andernfalls muß man vermuten, daß auch irgend etwas mit ihm nicht ganz stimmt.

Das Los der Stiefmutter hat viel damit zu tun, daß sie die zweite Frau ist. Sie fühlt sich auf bestimmten Gebieten machtlos, wo die Mutter der Kinder das Sagen hat, wie Besuchszeiten, Unterhaltszahlungen, Kindergeld und eine Reihe von anderen Abmachungen, die ihr oft gar nicht passen, die aber auf ihr Leben mit ihrem Mann einen gehörigen Einfluß haben. Nicht selten versucht eine Mutter, ihre Kinder gegen die Stiefmutter aufzuhetzen. Die Frau, die einen Mann mit Kindern heiratet, kann anfangs nicht wissen oder voraussehen, was alles auf sie zukommen wird. Ein geschiedener Mann wirkt oft ungebundener als er ist; sobald er wieder heiratet, wird seine erste Frau irgendwie dazu angeregt, sich wieder in Erinnerung zu bringen.

Karin lernte Bob kennen, als er schon von Linda geschieden war. Linda hatte ihn verlassen und lebte mit ihrem neuen Mann und ihren Kindern (neun und drei) etwa 100 Kilometer entfernt. Bob hielt sich genau an die Besuchszeiten, was bedeutete, daß er zehnmal im Monat die Fahrt zu Linda machen mußte. Er durfte seine Kinder jeden Dienstag, einen Tag jedes Wochenende und ein ganzes Wochenende im Monat bei sich haben. Linda weigerte sich, die Besuchszeiten für ihn zu erleichtern, indem zum Beispiel Besuchstage zusammengelegt wurden. Karin fand das unmöglich:

> «Ich glaube, Bob war zur Zeit der Scheidung so geschockt, daß er nur froh war, seine Kinder überhaupt sehen zu dürfen, und sich auf alles einließ. Heute sieht er das anders, aber jetzt ist es zu spät; sie weigert sich, etwas zu ändern. Natürlich möchte ich, daß er seine Kinder regelmäßig sieht, aber ich wünschte, er hätte sich Linda gegenüber durchgesetzt. Ich komme mit den Kindern gut aus, aber ich war so wütend auf Linda, daß ich jedesmal ganz fertig war, wenn wir sie abholten.»

Sie und Bob heirateten an einem Donnerstag, und Linda bestand darauf, daß sie die Kinder am folgenden Wochenende holten, wenn er nicht sein Wochenende für diesen Monat verlieren wollte. Karin fing an, Lindas Verhalten persönlich zu nehmen: «Sie war einfach schäbig und wollte uns so viele Schwierigkeiten wie möglich machen.» Linda benutzte die Besuchszeiten der Kinder als Waffe, sie war nicht bereit, irgendwelche Zugeständnisse zu machen. «Es macht einen so fertig, vollkommen machtlos zu sein», sagte Karin.

Man fragt sich natürlich, ob Bob nicht etwas hätte tun können, aber wie wir schon gesehen haben, haben Ehemänner mit Kindern aus erster Ehe Schwierigkeiten, sich durchzusetzen. Er tat also nichts, und Karin ärgerte sich darüber. Ihre negativen Gefühle konzentrierten sich schließlich auf die Kinder, die sie im Grunde ihres Herzens irgendwie für dieses Dilemma verantwortlich machte. «Für mich waren sie immer viel mehr Lindas Kinder als Bobs, sie sehen ihr auch viel ähnlicher.» Damit zeigte sie, daß sie mehr aus Gefühl als aus Vernunft handelte.

Eine solche Reaktion ist nur allzu menschlich und auch irgendwie verständlich, aber dennoch liegt darin eine große Gefahr. Negative Gefühle der ersten Frau gegenüber sollten nie auf die Kinder übertragen werden. Wie jedes Vorurteil ist eine solche Einstellung für Kinder wie auch für die Stiefmutter schädlich. Sie kann die Kinder in ihrer Voreingenommenheit nicht mehr als eigenständige Persönlichkeiten akzeptieren, sondern sieht in ihnen immer nur die Mutter. Das ist besonders unfair, wenn es sich um kleine Kinder handelt, die sich nicht dagegen wehren können, daß sie von ihrer Mutter beeinflußt werden; Teenager dagegen sind sich ihrer eigenen Macht auf diesem Gebiet weitaus mehr bewußt. Was vielleicht noch schlimmer ist, die Stiefmutter fühlt sich in ihren Reaktionen den Kindern gegenüber nicht unbeschwert, sondern immer in eine Verteidigungsposition gedrängt. Auch wenn die Gründe dafür verständlich sind, schadet eine solche Haltung jedem der Betroffenen. Vielleicht stammt aus dieser instinktiv defensiven Haltung der Begriff der «bösen» Stiefmutter.

Ich sprach mit einer Stiefmutter, die gute Gründe dafür hatte, die erste Frau ihres Mannes zu hassen. Diese Frau hatte erst ihre Kinder bei ihrem Mann gelassen und hatte sie dann wieder zu sich genommen, nachdem die zweite Frau ihnen ein Zuhause geschaffen hatte. Die erste Frau hatte mutwillig der anderen Böses zugefügt, hatte Geld gestohlen, Lügen verbreitet, war vors Gericht gegangen, hatte die Kinder wieder hinausgeworfen, dann ein uneheliches Kind bekommen und die Stiefmutter am Telefon wüst beschimpft. Die Aufzählung der Schandtaten nahm kein Ende, und ich hatte genügend Beweise dafür, daß sie die Wahrheit sagte. Erstaunlicherweise wirkte die Stiefmutter immer noch vernünftig und ausgeglichen. Sie war verbittert wegen der ersten Frau, und sie hatte auch ein Recht dazu. Tragisch an der Geschichte war, daß die Stiefmutter ihre Gefühle für die Kinder nicht mehr von denen für deren Mutter trennen konnte. Sie haßte alle. Diese Situationen sind nie einfach zu durchschauen; die Probleme der Mutter hatten die Kinder natürlich beeinflußt, sie hatten in den elf Jahren, die sie bei der Mutter unter unmöglichen Zuständen gelebt hatten, seelische Verletzungen davongetragen, waren auch Opfer geworden. Dennoch sah die Stiefmutter jetzt in den Kindern immer nur die Mutter: «Seine Tochter ist genau wie die Mutter, ich kann sie nicht ausstehen.» Stiefmütter müssen ihre Stiefkinder nicht lieben, aber in diesem Fall gab die Stiefmutter in ihrer Verbitterung dem jungen Mädchen keine Möglichkeiten, ihr auch ihre positiven Seiten zu zeigen.

Viele ehemalige Ehefrauen wissen genau, wie man eine feindselige Atmosphäre heraufbeschwören kann, und nutzen diese Macht auch aus. Ihre Angriffe, ob über das Gericht, über Freunde und Bekannte oder über die Kinder stärken nicht selten die zweite Ehe. Das Leben der Betroffenen wird zwar anstrengender, aber im

Kampf gegen eine gehässige Ehemalige fühlt sich das neue Paar besonders verbunden. Wenn eine erste Frau die neue Beziehung verderben möchte, muß sie sich andere Methoden ausdenken. Eine Frau erinnert sich an eine Zeit, als rechtliche Dispute und bissige Telefonanrufe der ersten Frau an der Tagesordnung waren:

«Wir bekamen sehr bald das Gefühl, daß unser Haus unsere Festung war, daß wir gemeinsam diesen Kampf durchstehen mußten. Es waren schwierige Zeiten, aber wir wußten, daß wir die Bösartigkeit dieser Frau überwinden mußten. Es war ein gemeinsames Ziel.»

Niemand wird Streit mit der ersten Frau als Kitt für die neue Ehe empfehlen wollen, aber manchmal hat eine solche Situation interessante Nebenwirkungen. Falls der Ehemann noch Schuldgefühle oder Mitleid mit seiner ersten Frau gehabt hatte, kann sich das sehr schnell nach den ersten häßlichen Streitereien ändern. Seine zweite Frau muß nur Geduld haben.

Von der Warte der ersten Frau aus betrachtet, klingt die Geschichte meist ganz anders. Eine Scheidung und die Zeit danach ist für alle Parteien schwierig. Eine Stiefmutter kann zwar ihre eigene Meinung haben, wie Kinder erzogen werden sollen, die Mutter aber hat das Recht, sie so zu erziehen, wie sie es für richtig hält. Vielleicht verlangen Stiefmütter auf diesem Gebiet zuviel von der Mutter, vor allen Dingen, wenn sie selbst keine eigenen Kinder haben. Frauen, die niemals für eine große Familie kochen und waschen oder morgens zwei Kleinkinder für den Kindergarten fertigmachen mußten wie die Mutter, haben vielleicht zu hohe Ansprüche. Man sollte die Mutter nicht von Anfang an verurteilen.

Nicht selten vernachlässigen Mütter allerdings ihre Pflichten erst einmal, wenn die Familie zerbricht. Ihre Welt ist entzweigegangen, und die Kinder und ihre Bedürfnisse müssen neben dem persönlichen Kummer vorläufig zurückstehen. Die Wiederverheiratung des Mannes bewirkt selten, daß die Frau sich nun wieder ganz auf ihre Kinder konzentriert. Eine Stiefmutter hatte immer gehört, was für eine wunderbare Köchin ihre Vorgängerin gewesen war, und war um so erstaunter, als ihre Stiefkinder bei ihren Besuchen durchblikken ließen, daß sie sich häufig ihre Mahlzeiten selbst zubereiteten und auf dem Teppich vor dem Fernseher aßen. Einer anderen Stiefmutter fällt häufig auf, wie unordentlich die Kinder angezogen sind, und viele stöhnen über ihre schlechten Tischmanieren. Messinger rät Stiefmüttern zur Geduld auf diesem Gebiet:

> «Die geschiedene Frau hat einen Teil ihrer Familie, den Mann, verloren und deshalb auch weniger Interesse an familienbezogenen Aufgaben. Die Stiefmutter hat einfach nicht das Recht, die Mutter zu verurteilen.»

Aus dem Wunsch heraus, die Mutter in den Augen der Umwelt herabzusetzen, beurteilt die zweite Frau die Handlungen der ersten besonders streng, aber das ist nicht das einzige Motiv. Für sie sind die Kinder eng mit dem geliebten Mann verbunden, sie sind Familie für sie geworden, und sie fühlt sich im Recht, sich um die Kinder Gedanken zu machen, ihnen Ratschläge zu geben und sie zu kritisieren, selbst wenn sie eine ganz andere Auffassung von Erziehung hat als die Mutter. Sie sollte immer versuchen, ihre Stiefkinder auf konstruktive Weise so zu beeinflussen, daß sich die Mutter der Kinder nicht bedroht und in ihren Rechten eingeschränkt fühlt. Sie muß lernen, wo ihre Grenzen liegen, muß sich immer bewußt machen, daß sie in Sachen Erziehung nicht das letzte Wort hat, selbst wenn ihr Mann auf ihrer Seite steht. Wenn die Kinder bei der Mutter leben, hat diese die Trümpfe in der Hand, aber es gibt dennoch viel, was die Stiefmutter für die Kinder tun kann.

Eine Frau erfuhr zum Beispiel, daß ihre Stieftochter keine Party bei sich zu Hause geben durfte, die Gründe dafür waren nicht ganz klar. Da die Frau als junges Mädchen auch keine Parties zu Hause hatte veranstalten dürfen, hatte sie Mitleid mit ihrer Stieftochter und erlaubte ihr, im Garten des Vaters eine Grillparty für ihre Freunde zu geben. Diese Geste wurde von niemandem als Wettbewerb um die Gunst der Tochter ausgelegt; die Stiefmutter tat etwas für ihre Stieftochter, wozu die Mutter zu der Zeit nicht in der Lage war.

Schlechte Mütter

Manchmal sind die Meinungsverschiedenheiten zwischen Mutter und Stiefmutter weitaus größer. Eine Stiefmutter, die von der ersten Frau ihres Mannes sagte: ‹Ich hasse sie von ganzer Seele›, berichtete:

«Ich mußte zusehen, wie die erste Frau meines Mannes ihren eigenen Sohn als Waffe gegen seinen Vater benutzte. Schlimm war es mit der behinderten Lernfähigkeit des Jungen. Ich hatte diese Behinderung ziemlich früh entdeckt, aber seine Mutter weigerte sich, sie als solche zu erkennen; es vergingen mindestens fünf Jahre, bis der Vater seinen Sohn schließlich untersuchen ließ. Ich hatte schon damit gedroht, ihn selbst zum Arzt zu bringen. Seine Behinderung konnte diagnostiziert und behandelt werden. Was ist das bloß für eine Mutter?»

Andere Frauen stellen dieselbe Frage, wenn ihre Stiefkinder mit kaputten Unterhosen oder ohne Zahnbürste zu Besuch kommen.

Die zweite Frau kann oft nur schwer ihren Haß auf die erste mit ihrer Liebe zu dem Mann vereinbaren: «Muß man sich nicht dauernd fragen, wie dieser liebenswerte, wunderbare Mann eine so schreckliche Frau heiraten konnte?»

Eines ist sicher: eine schlampige Mutter kann der zweiten Frau dabei helfen, das Image der bösen Stiefmutter loszuwerden. «Ich habe so wenig Respekt für die Mutter meiner 8jährigen Stieftochter, daß ich mir ganz sicher nicht wie die ‹böse› Stiefmutter vorkomme. Meine Stieftochter braucht eine starke, verläßliche Frau in ihrem Leben, und das bin ich für sie.»

Wenn man alle Seiten berücksichtigt, kann man wahrscheinlich sagen, daß die meisten zweiten Frauen es lieber haben, wenn sie ihre Vorgängerin gut akzeptieren können; einmal, weil sie sich dann nicht immer fragen muß, wie ihr Mann jemals diese Frau hatte heiraten können, und zum anderen, weil es mehr über ihren eigenen Wert aussagt, wenn sich der Mann für sie entschieden hat, obgleich seine erste Frau auch eine angenehme, interessante Frau ist. Die meisten Stiefmütter erkennen die Leistungen der ersten Frau ohne weiteres an; sie können sich vorstellen, daß es eine Frau nach der Scheidung nicht leicht hat, vor allen Dingen, wenn sie die Verantwortung für ihre Kinder jetzt allein trägt.

Natürlich ist es leichter, freundliche Gefühle für die andere Frau aufzubringen, wenn man selbst mit seinem Leben zufrieden ist. Eine geschiedene Frau muß erst ihr Leben wieder in Ordnung bringen, ehe sie die glückliche zweite Ehe ihres Ehemaligen mit Gleichmut oder sogar Wohlwollen betrachten kann, unabhängig davon, wer die

Scheidung gewollt hatte. Das Verhältnis zwischen geschiedener Frau und zweiter Frau verlangt immer Diplomatie und Feinempfinden.

Eine Stiefmutter lästerte zwar gern über die erste Frau ihres Mannes, zeigte dann aber plötzlich doch Verständnis, als sie angeregt wurde, sich über die Motive der Frau Gedanken zu machen:

> «Sie war schließlich mit den Kindern übriggeblieben und mußte zusehen, wie er mit einer anderen Frau ein glückliches Leben anfing. Sie wird niemals vergeben und vergessen können, und ich würde an ihrer Stelle genauso empfinden. Mein Mann hatte ihr Unrecht getan, auch wenn er es nicht absichtlich getan hatte. Ich kann nicht garantieren, daß ich an ihrer Stelle anders gehandelt hätte. Ich muß zugeben, daß sie die Kinder gut erzieht; sie sind höflich und anständig. Das ist ihr Verdienst, denn mein Mann war ja nicht da. Warum ich trotzdem so giftig von ihr spreche und sie regelrecht hasse? Ja, es ist wohl, weil wir sie unterhalten müssen und weil sie sich dadurch in mein Leben drängt.»

In Kontakt mit der Ex-Frau

Begegnungen zwischen der Mutter und der Stiefmutter sind immer irgendwie ungemütlich. Dennoch ist es sicher im Interesse der Kinder, wenn Mutter und Stiefmutter einigermaßen gut miteinander auskommen. Es ist schon interessant, daß heute, wo man nicht mehr unbedingt der Kinder wegen eine unglückliche Ehe aufrechterhält, es häufig gerade die zwei Frauen sind, die sich den Kindern zuliebe um Frieden in der Familie bemühen. Ich möchte nicht behaupten, daß alle Frauen heute eine besondere Verbundenheit zu ihren Geschlechtsgenossinnen verspüren; Frauen, die es fertigbringen, in einer Stieffamilie Frieden zu halten, unterstützen die These, daß das weibliche Geschlecht gefühlsmäßige Zusammenhänge besser durchschaut, mehr an Frieden und Kooperation interessiert ist und ihm menschliche Werte wichtiger sind als Männern. Eine solche Einstellung kann gespannte Familienverhältnisse entspannen und die negativen Auswirkungen einer Scheidung auf ein Minimum beschränken.

Häufig aber können sich Mutter und Stiefmutter nicht ausstehen und wollen sich am liebsten niemals begegnen. Manchmal ist der Wunsch nach einer normalen Beziehung zwischen den Frauen auch einseitig. Ein Familientherapeut rät den Stiefmüttern, die das Verhältnis zur Mutter normalisieren wollen, es einfach zu versuchen.

«Man sollte dabei nicht um den heißen Brei herumreden oder über andere Menschen den Wunsch nach Kontaktaufnahme signalisieren. Am besten meldet man sich persönlich und bittet um ein Gespräch. Kooperation zum Wohle des Kindes ist ein guter Anknüpfungspunkt. Wenn die Mutter allerdings kalt und uninteressiert reagiert, sollte man sich nicht allzu viel daraus machen. Mehr als versuchen kann man nicht.»

Interessanterweise kommen manchmal die beiden Frauen gerade dann recht gut miteinander aus, wenn die Geschiedenen selbst noch große Schwierigkeiten im Umgang miteinander haben. Im allgemeinen kann man daran ablesen, daß das Paar sich emotional noch nicht ganz voneinander gelöst hat; auf alle Fälle ist es für die zwei Frauen oft leichter, Vereinbarungen zu treffen, die für beide Teile annehmbar sind, als daß sich die Ex-Partner einigen.

Wenn eine solche Beziehung der Stiefmutter gegen den Strich geht, muß sie sich nicht darauf einlassen. Ehrlichkeit ist in dieser Situation sehr wichtig, und es ist gut, wenn sich die Parteien offen aussprechen können. Wenn jeder damit einverstanden ist, können Mutter und Stiefmutter selbstverständlich kooperieren und auch dieselben gesellschaftlichen Veranstaltungen besuchen. Der Psychologe Eric Riss meint dazu:

«Ich finde nicht, daß die erste Frau das Recht hat, der Stiefmutter zu verbieten, bestimmte Veranstaltungen zu besuchen, oder sie ihr zu verderben. Wenn es ihr nicht paßt, daß die neue Frau ihres ehemaligen Mannes dabei ist, dann sollte sie vielleicht zu Hause bleiben.»

Niemand verlangt, daß sich die Frauen bei jeder Gelegenheit mit einer herzlichen Umarmung begrüßen, aber es ist einfach albern, wenn die Mutter schon in Wut gerät, nur weil die Stiefmutter vielleicht mit im Auto sitzt, wenn die Kinder nach Hause gebracht werden. Ein solches Verhalten sollte sich die Stiefmutter nicht gefallen lassen.

Eine vernünftige Einstellung der Stiefmutter ist wahrscheinlich ihr wichtigster Verbündeter. In manchen Situationen kann man sogar einen gewissen Humor entwickeln, aber meistens ist es ein eher schwarzer Humor. Eine Stiefmutter muß oft aufpassen, daß sie sich nicht von dem neurotischen Verhalten der Ehemaligen beeinflussen läßt. Eine Frau bestand zum Beispiel darauf, umzuziehen, weil die erste Frau ihres Mannes sie dauernd beobachtete. Die geschiedene Frau hatte sich geweigert, ihre Nachfolgerin kennenzulernen, hatte aber ihrem geschiedenen Mann und auch ihren Kindern gesagt, daß sie genau über die neue Frau Bescheid wüßte. Ihr neurotisches Verhalten belastete schließlich die ganze Familie. Es war zum Beispiel ein ungeschriebenes Gesetz, daß die Stiefmutter nie dabei sein durfte, wenn ihr Mann seine Kinder nach einem gemeinsamen Wochenende wieder bei der Mutter ablieferte. Eines Sonntags wollte er darauf keine Rücksicht mehr nehmen; seine Frau saß mit weichen Knien im Auto, obgleich sie sonst durchaus eine resolute Frau ist, und sein Sohn rief voller Angst: «Vater, das geht doch nicht!» Wie erwartet, kam die Mutter der Kinder an die Tür, und als sie die andere Frau im Wagen sah, sagte sie zu ihren Kindern: «Verabschiedet euch von eurem Vater; ihr könnt ihn nächste Woche nicht sehen.»

Es war höchste Zeit, daß die drei Erwachsenen etwas an dieser ungesunden Situation veränderten. Die Stiefmutter fühlte sich erniedrigt und machtlos und wollte einen Therapeuten einschalten. Ihr Stiefsohn litt besonders unter dem Streit und kam in psychologische Behandlung. Der Kinderpsychologe bestand darauf, daß sich die drei Erwachsenen bei ihm trafen. Als sich die beiden Frauen kennengelernt hatten, nahm auch das Mißtrauen und das neurotische Verhalten der beiden ab. Heute macht es ihnen nichts aus, gemeinsam am Telefon den nächsten Besuch der Kinder zu planen.

Mutter und Stiefmutter haben natürlich das Recht, neugierig aufeinander zu sein. «Mein Mann hat seine erste Frau immer nur als Ungeheuer geschildert, und ich mußte sie einfach mal mit eigenen Augen sehen.» Das erzählte eine Frau, deren Stieftochter die Begegnung der beiden Frauen angeregt hatte. Nach dem Treffen meinte sie: «Sie ist meiner Meinung nach ein ganz vernünftiger Mensch, selbst wenn sie für meinen Mann die falsche Frau war.» Wenn die geschiedene Frau sich aber weigert, die Neue kennenzulernen, kann man nicht viel machen. Eine Stiefmutter muß jeden

Freitag ihre Stieftochter abholen, weil der Vater keine Zeit hat. Sie hält dann vor der Tür der Mutter, klingelt, geht schnell wieder zurück ins Auto und wartet, bis das Mädchen aus dem Haus kommt.

> «Ich finde es zwar verrückt, daß die Mutter das verlangt, aber es stört mich nicht mehr weiter. Sobald Marie im Auto sitzt, reden wir über etwas anderes. Was sollen wir sonst tun?»

Wenn die Mutter psychisch oder körperlich krank ist, ist es häufig die Stiefmutter, die dem Kind hilft, damit fertigzuwerden. Es passiert nicht selten, daß sie Ausreden für die Mutter erfindet:

> «Die Mutter meines Stiefsohns weigert sich, ihn zur Bushaltestelle zu fahren, wenn er uns besuchen kommt. Es ist so kleinlich und lächerlich, aber er ist darüber immer sehr aufgebracht. Meistens lassen wir ihn mit der Taxe fahren, oder er läuft auch manchmal. Ich glaube, seine Mutter braucht einen Tritt in den Hintern, aber das sage ich natürlich nicht. Statt dessen versuche ich ihm verständlich zu machen, daß sie sich eben nur schwer an die neue Situation gewöhnen kann und daß sie ihn nicht verletzen will.»

Eine andere Stiefmutter gibt der fünfjährigen Tochter ihres Mannes, die bei ihr lebt, jedes Jahr ein Geburtstagsgeschenk und sagt, es sei von ihrer Mutter, die den Geburtstag regelmäßig vergißt. Es ist richtig, daß eine Stiefmutter versucht, dem Kind das unfreundliche Verhalten der Mutter verständlich zu machen und ihm darüber hinwegzuhelfen, aber man darf dabei nicht zu weit gehen. Ein erfundenes Geburtstagsgeschenk ist nicht nötig, sondern es reicht vollkommen, wenn die Stiefmutter kurz erklärt, warum die Mutter sich im Augenblick wahrscheinlich so oder so verhält. Es kommt im wesentlichen darauf an, das Kind zu trösten, und nicht unbedingt, das Verhalten der Mutter zu entschuldigen. Kinder kennen im allgemeinen die Schwächen ihrer Eltern ganz genau. Sie durchschauen es, wenn man etwas vor ihnen verbergen will. Sie brauchen von der Stiefmutter eine positive Einstellung und Freundlichkeit.

Wenn Kinder behindert oder verhaltensgestört sind, ist es nur von Vorteil, wenn Stiefmutter und Mutter kooperieren. In den Augen des Vaters kann die Stiefmutter nur gewinnen, wenn sie sich um das schwierige Kind bemüht; viele Mütter tun allerdings nicht das ihre, um in der Situation zu helfen. Eine Stiefmutter versuchte lange vergeblich, Rat und Hilfe von der Mutter ihrer stark geistig behinderten Stieftochter zu bekommen. Die Mutter behauptete, daß das Kind zu einem normalen Leben fähig sei. Die Stiefmutter wandte sich schließlich an einen Arzt um Rat.

Eine Stiefmutter sollte sich immer darum bemühen, gefaßt und ruhig auf das Verhalten der Mutter zu reagieren, nicht nur wegen ihres eigenen Seelenfriedens, sondern auch zum Wohl der Kinder. Unabhängig davon, wie sie selbst über die ehemalige Frau ihres Mannes denken mag, im Beisein der Kinder sollte sie sie niemals schlecht machen. Sie kann vielleicht einmal ihr Gesicht verziehen oder durch eine andere Geste klarmachen, daß die Mutter sich unmöglich benommen hat, aber sie sollte sie nie wirklich angreifen. Die Kinder werden sich immer bis zu einem gewissen Grad mit ihrer Mutter identifizieren.

Es ist zwar verführerisch, die Mutter für die Schwierigkeiten verantwortlich zu machen, die man als Stiefmutter hat, aber meistens bringt es einen nicht weiter. Selbst wenn die Mutter schuld hat, kann man sie nicht ändern, und intensive Haßgefühle tun einem letzten Endes nur selbst weh. Wenn man ihr automatisch alles anlastet, woraus Schwierigkeiten mit den Kindern entstehen, verschließt man die Augen vor eigenen Fehlern, und die persönliche Weiterentwicklung, der Lernprozeß, den viele Stiefmütter im Umgang mit ihren Stiefkindern durchmachen, bleibt aus. Man muß es lernen, mit ihr zu leben, so wie man es lernt, mit einer Allergie umzugehen. Hin und wieder stört sie einen gewaltig, aber man hat gelernt, was man dagegen tun kann. Wenn sie nicht zum Mond zieht oder einen Maharadscha in Indien heiratet, wird sie als Mutter der Stiefkinder einen Platz in dem Leben der Stieffamilie behalten.

Glücklicherweise hängt es zum größten Teil von der Stiefmutter ab, wie sehr sie ihr eigenes Leben von der Mutter beeinflussen läßt. Sie sollte versuchen, hier ein bißchen über sich selbst hinauszuwachsen; die meisten Stiefmütter würden ihren Stiefkindern zuliebe lieber ein Ausbund an Toleranz und Verständnis sein, statt sie in unangenehme Situationen zu bringen, um im Vergleich zur Mutter zu glänzen. Man sollte der Mutter jede Möglichkeit zu einer vernünftigen Kooperation bieten; wenn sie darauf nicht eingehen will, dann sollte man sie als einen Teil einer Vergangenheit betrachten, mit dem man so wenig wie möglich zu tun haben will. Das steht in der Macht der Stiefmutter.

6. Witwer mit Kindern

Die meisten Stiefmütter sind mit einem geschiedenen Mann verheiratet; wenn die erste Frau des Mannes gestorben ist, steht ihre Nachfolgerin vor ganz anderen Problemen. Obgleich die Mutter nicht mehr lebt, kann das Verhalten der Kinder durch die Erinnerung an sie stark geprägt sein.

Die Trauer der Kinder

Wenn die Mutter erst nach der Wiederverheiratung des Vaters stirbt, fühlen sich die Kinder häufig mit ihrem Kummer allein gelassen. Der Vater leidet zwar mit ihnen, aber für ihn hat die erste Frau nicht mehr die Bedeutung wie für die Kinder als geliebte Mutter. Wenn die Frau noch während der ersten Ehe gestorben ist, fühlt sich die zweite Frau nicht selten in die Trauer des Kindes um seine Mutter hineingezogen. Verschiedenartige Emotionen, die sich nicht immer miteinander vereinbaren lassen, verunsichern die Stiefmutter. Es ist für sie nicht leicht, ihre eigenen Gefühle zu verstehen und zu lernen, wie sie die Kinder und nicht selten auch den Vater dabei unterstützen kann, den Tod der ersten Frau zu verarbeiten.

Eine Frau, die einen Witwer geheiratet hatte, brach immer wieder in Tränen aus, wenn sie zufällig kleine Briefchen der Verstorbenen an ihre Kinder oder auch handgeschriebene Kochanweisungen fand. «Ich wurde regelrecht in diese Trauer hineingezogen», erinnert sie sich, «ich hatte nicht damit gerechnet, daß ich selbst lange brauchen würde, um mich an die Situation zu gewöhnen.»

Es ist wichtig, daß die Kinder ihre Erinnerungen an die tote Mutter behalten und sie auch ausdrücken dürfen. Wenn die Mutter der Kinder lebt, können sie ihr ihre Zuneigung zeigen, ohne daß die Stiefmutter anwesend ist. Wenn die Mutter aber nicht mehr lebt und die Kinder mit Stiefmutter und Vater leben, müssen sie das Recht haben, von der Mutter und den Gefühlen ihr gegenüber zu sprechen.

Manche Frauen nehmen an, daß eine tote Mutter schneller vergessen wird und deshalb ein weniger einschneidender Faktor in ihrem Leben ist als eine noch vorhandene; tatsächlich aber ist eher das Gegenteil der Fall. Die Kinder müssen nun die Erinnerung an die Mutter mit in ihr jetziges Leben mit der Stiefmutter hineinnehmen, können das Leben mit ihrer Mutter nicht mehr von dem Leben mit ihrem Vater und seiner neuen Frau trennen.

Die Ehe selbst ist vielleicht unkomplizierter, wenn die ehemalige Frau nicht mehr lebt; aber das Zusammenleben mit den Kindern kann dadurch erschwert werden. Sie haben einen großen Verlust erlitten und sind sehr darauf bedacht, dem Andenken an die Mutter auf jeden Fall gerecht zu werden. Sie haben Angst, daß ihre Mutter durch die Wiederverheiratung des Vaters irgendwie ausgelöscht wird, daß es vielleicht bedeutet, daß der Vater die Mutter nie geliebt hat. Also schwören sie, daß wenigstens sie die Mutter nie vergessen werden. In einer solchen Situation hat die Stiefmutter einen schweren Stand.

Man sollte auf Verschiedenes besonders achten: Wenn Mann und Kinder immer noch sehr an ihrem alten Leben festhalten, wenn sie darauf bestehen, daß etwas gemacht wird «wie Mutter es immer getan hat», dann kann sie daraus ablesen, daß ihre neue Familie den Prozeß des Trauerns noch nicht abgeschlossen hat und deshalb auch mit der Vergangenheit noch nicht fertig geworden ist. «Nachdem ich meinen Mann geheiratet hatte, mußte ich erst einmal die alten Parfumflaschen seiner ersten Frau wegwerfen. Er war dazu nie fähig gewesen», berichtete eine Frau. Der Schatten ihrer Vorgängerin geisterte weiterhin durch das Leben der neuen Familie, weil man bisher die Tatsache ihres Todes nicht wirklich akzeptiert hatte.

Eine Stiefmutter kann sich wie ein Fremdling in ihrem eigenen Haus vorkommen, wenn die Trauer um den Verlust der Mutter noch überall spürbar ist. Sie bekommt Zweifel, ob ihr Mann sie nicht zu schnell geheiratet hat, glaubt, daß er nicht wirklich mit seinem alten Leben abgeschlossen hatte. Die neue Ehe muß aber nicht gefährdet sein, wenn die Stiefmutter weiß, wie sie ihrer neuen Familie helfen kann.

Sie sollte versuchen, ihren Mann und seine Kinder dazu zu bringen, eine psychotherapeutische Beratung aufzusuchen, damit sie über ihren Verlust und die damit zusammenhängenden Emotionen in ihrer neuen Familiensituation sprechen, sie verstehen und verarbeiten können. Die neue Frau sollte an diesen Gesprächen eigentlich nicht teilnehmen; wenn sie sich deshalb ausgeschlossen und unsicher fühlt, sollte sie versuchen, jemanden zu finden, der ähnliches durchgemacht hat und mit dem sie sich aussprechen kann. Es handelt sich nur um eine Zwischenphase ihrer Ehe, nicht einen Dauerzustand, die sie ruhig ertragen muß, um dann später mit ihrer Familie desto zufriedener leben zu können. Es geht bei diesen Gesprächen zwischen Psychologen und Mann und Kindern nicht gegen sie, ihre Ehe ist nicht bedroht.

Witwer und auch ihre Kinder möchten häufig möglichst bald wieder ein intaktes glückliches Familienleben haben, sind aber oft gefühlsmäßig noch nicht dazu in der Lage. Sie schleppen zuviel Ballast aus dem alten Leben mit in das neue hinein, was nicht selten erst nach der Eheschließung deutlich wird. Es ist normal, daß sich die neue Frau in einer solchen Situation bedroht und auch ein bißchen betrogen fühlt. Sie sollte dennoch versuchen, ihrer neuen Familie beizustehen, Geduld und Verständnis zu haben, wenn sie über ihren Verlust und ihre Trauer sprechen wollen. Nur so können sie diese Periode ihres Lebens gemeinsam hinter sich bringen. Die Gefühle der Stiefmutter müssen dabei zweitrangig sein; sie kann sie allerdings ausdrücken und darauf hinweisen, daß das gemeinsame Ziel der Familie sein sollte, die Vergangenheit abzuschließen und sich auf die Zukunft vorzubereiten. Die Stiefmutter sollte sich durch die Erinnerung an die Mutter nie verdrängt fühlen. Sie nimmt einen ganz anderen Platz in dem Leben ihrer Stiefkinder ein als die tote Mutter und sollte sich auch nicht in ihren Gedanken mit der Mutter vergleichen. Die Trauer der Kinder bedeutet nicht, daß sie ihre Stiefmutter nicht mögen. Trauer um die Mutter ist ein natürlicher und notwendiger Prozeß; wenn die Stiefmutter versucht, diesen Prozeß zu unterdrücken, setzt sie sich nur selbst ins Unrecht.

Wenn die Stiefmutter allerdings zu intensiv versucht, ihren Stiefkindern bei der Bewältigung ihres Kummers zu helfen, sieht es in deren Augen vielleicht so aus, als wollte sie sich wichtig machen. Am besten ist es, sich möglichst herauszuhalten. Es ist auch unproduktiv, wenn sich die Frau zu sehr mit der ehemaligen Frau ihres Mannes beschäftigt und genau wissen möchte, wie die vergangene Beziehung gewesen war. Wenn man zuviel weiß, kommt man leicht in die Versuchung, sich selbst mit der Verstorbenen zu vergleichen und die Vergangenheit zu sehr zu vergolden. Man sollte genug wissen, um den Mann und seinen noch nicht ganz verarbeiteten Kummer zu verstehen, und dann mit Zuversicht an dem neuen Familienzusammenhalt arbeiten. Die neue Frau sollte ein Symbol der Zukunft sein und sich nicht von trauernden Hinterbliebenen in die Vergangenheit ziehen lassen. Die Mutter wird in ihrer Erinnerung nie so lebendig sein wie in der der Kinder; sie sollte also nicht zurück, sondern nach vorne schauen, denn dort liegt ihr Leben mit ihrer neuen Familie.

Ich hörte von einer Familie, bei der die Mutter eine tödliche Krankheit hatte und vor ihrem Tod einen Psychologen konsultierte, der auf ihren Wunsch Mann und Kindern dabei half, sich auf ihren bevorstehenden Tod vorzubereiten. Als der Mann dann einige Jahre nach ihrem Tod wieder heiratete, war der Prozeß des Verlustes, des Trauerns und des Überwindens vollendet, und die Stiefmutter konnte von ihrer neuen Familie sagen:

> «Sie haben mir nie das Gefühl gegeben, daß ich eine Art Rivalin ihrer Mutter bin. Sie wußten, was für eine Beziehung sie zu ihrer Mutter gehabt hatten und was ihr Tod für sie bedeutete. Es hatte nichts mit mir zu tun; ich konnte ich selber sein und eigene Beziehungen zu den Kindern aufbauen.»

Familienpsychologen haben untersucht, was eine Wiederverheiratung eines Witwers für alle Betroffenen bedeutet. Sie warnen davor, daß man die Verstorbene zur Heiligen macht. Sobald die Mutter gestorben ist, verblassen ihre Fehler und Schwächen, und man erinnert sich nur an ihre Tugenden. Das kann für eine Stiefmutter außerordentlich schwierig sein:

> «Ich möchte, daß meine Stiefkinder eine gute Erinnerung an ihre Mutter haben, aber ich habe das Gefühl, daß ich machen kann, was ich will, es ist nie gut genug. Ich bin und kann nicht ihre Mut-

ter sein, und für sie war ihre Mutter ein Muster an Perfektion. Ich komme mir dagegen immer langweilig, durchschnittlich und ungenügend vor.»

Eine andere Stiefmutter meinte:

«Die Erinnerung an ihre Mutter hat mich noch nie gestört. Ich versuche gar nicht, ihren Platz einzunehmen. Ich finde, sie können froh sein, daß sie mich haben, jemanden, der für sie sorgt und der sie mag. Ich kann ihre Mutter nicht ersetzen, aber ich bin wichtig und gut für sie.»

Der Mann, Schwiegereltern oder andere Verwandte können der Stiefmutter oft helfen, das Bild der «Heiligen» in die richtige Perspektive zu bringen. Für Kinder ist die verstorbene Mutter häufig fehlerlos, andere Verwandte sind da realistischer. Eine Frau berichtete:

«Meine Schwägerin erzählte mir von der ersten Frau meines Mannes; sie machte sie nicht schlecht, aber es war beruhigend für mich, daß diese Frau auch Fehler gehabt hatte und die Kinder sie in ihrer Erinnerung verklärten.»

Unter Umständen muß man jemanden auf die erste Frau konkret ansprechen, da im allgemeinen angenommen wird, daß die zweite Frau lieber nichts über ihre Vorgängerin erfahren will und man deshalb auch nichts sagt.

Es passiert nicht selten, daß Stiefmütter den Kindern die tote Mutter ersetzen wollen; selbst wenn sie sich nicht vorgestellt hatten, daß sie mit der Hochzeit auch die ganze Verantwortung für schon vorhandene Kinder übernehmen würden, in diesem Fall halten sie es für ihre Pflicht, den armen Kleinen Mutter zu sein, und kommen sich auch ein bißchen edel dabei vor. Vielleicht sind die Kinder begeistert, jemanden zu haben, der die Pflichten einer Mutter übernimmt, aber sie wissen auch, daß die Neue nicht automatisch ihre Mutter wird. Ihretwillen und um seiner selbst willen sollte man die Sache langsam anlaufen lassen. Stiefkinder sind keine eigenen Kinder. Man hat vielleicht jetzt einen mütterlichen Einfluß, ist ein wichtiger Faktor in ihrem Leben, aber ihre Mutter kann man nicht werden, und sie werden das auch nie vergessen.

Kinder meinen oft, daß sie ihre verstorbene Mutter verraten, wenn sie eine liebevolle Vertrautheit mit der Stiefmutter aufbauen; es ist einfacher, wenn man ihnen von Anfang an deutlich sagt, daß man ihnen die Mutter nicht ersetzen kann und will und daß man ihnen ihre Erinnerungen nicht nehmen will. Darüber hinaus sollte man sogar die Verstorbene hin und wieder erwähnen, zum Zeichen dafür, daß man sie nicht vergessen hat und daß einen der Gedanke an sie nicht stört. Auf diese Weise werden Stiefmutter und Kinder leichter miteinander auskommen.

Die persönlichen Sachen der Verstorbenen

Kinder haben ein Recht auf die Dinge, die ihrer Mutter gehörten, und haben oft Angst, daß die Stiefmutter ihnen etwas wegnehmen will. Am besten sollte diese Angelegenheit vor der Hochzeit geregelt werden, und wenn der Mann bisher daran nicht gedacht hat, sollte man ihn daran erinnern.

Eine Frau war entsetzt, als ihr zukünftiger Mann sie und seine erwachsenen Kinder eine Woche vor der Hochzeit zusammenrief, um die Sachen seiner verstorbenen Frau durchzusehen:

> «Für ihn war das eine Art Ritual, das mit seiner ersten Ehe abschloß, aber für seine Kinder und mich sah es so aus, als ob er sagen wollte: ‹Letzte Gelegenheit. Nehmt euch was ihr wollt, bevor meine neue Frau den Rest übernimmt.› Sie fühlten sich in meinem Beisein sehr unwohl, die ganze Situation war falsch angepackt worden.»

Die Sachen seiner verstorbenen Frau sollten vom Mann und seinen Kindern nicht erst kurz vor der Hochzeit durchgesehen werden, und die zukünftige Frau sollte möglichst nicht dabei sein. Wenn er für sie etwas ganz Besonderes aus dem Nachlaß seiner Frau aufbewahren möchte, sollte er das allein oder zusammen mit seinen Kindern entscheiden, seine zweite Frau aber heraushalten. Es ist wichtig, daß die Kinder nicht das Gefühl bekommen, die neue Frau nimmt Dinge, die rechtmäßig ihnen gehören.

Der Vater sollte also die persönlichen Dinge der Mutter, wie Schmuck oder Kleidung, den Kindern anbieten. Wenn er es nicht getan hat, kann die Stiefmutter es für ihn tun. Die meisten zweiten Frauen wollen nichts haben, was der Vorgängerin gehört hat, sie sollten sich aber davor hüten, irgend etwas fortzuwerfen oder wegzugeben, bevor sie die Kinder um ihre Meinung gefragt haben. Die

Brosche oder der Hut kommt ihr vielleicht wertlos vor, bedeutet aber den Kindern etwas. Kinder haben gerne ein Erbstück, was sie mit der Geschichte ihrer Familie verbindet. Wenn die Kinder sehr jung sind, sollte die Stiefmutter ein paar Erinnerungsstücke an die Mutter für sie aufbewahren; sie werden es ihr später danken.

Mit älteren Kindern sollte der Vater besprechen, wie er sein Testament nach seiner erneuten Eheschließung verändern wird. Es ist immer besser, wenn er mit ihnen offen darüber spricht und seine Gründe dafür klar darlegt; seine Kinder sollten auf diesem Gebiet nicht im unklaren gelassen und dann später bei der Testamentseröffnung überrascht werden. Ein Anwalt kann den Partnern der zweiten Ehe bei der fairen Verteilung ihres Besitztums helfen. Das Vermögen der Mutter, das den Kindern vermacht wurde, sollte gleich separat gehalten werden, damit es später deshalb weder Streit noch Bitterkeit gibt. Vielleicht klingen solche Vorsichtsmaßnahmen am Anfang der neuen Ehe etwas übertrieben, aber Erbschaft und Geldangelegenheiten können später große Schwierigkeiten machen, wenn man sich nicht rechtzeitig damit befaßt hat.

Der Vater sollte seinen Kindern sagen, was sie als Erbe zu erwarten haben, um seiner zweiten Frau Kummer zu ersparen, sofern sie ihn überleben sollte. Seine Kinder müssen wissen, daß er sein Testament nach seinem eigenen Gutdünken gemacht hat und nicht von seiner zweiten Frau beeinflußt wurde. Da ihre Mutter nicht mehr lebt, könnten sie sonst glauben, daß sie irgendwie um ihr Erbe betrogen würden.

Eine Mutter, die nicht mehr lebt, kann für die Stiefmutter ein großes Hindernis darstellen. Sie sollte sich nicht von der Vergangenheit einschüchtern lassen und die erste Frau ihres Mannes so realistisch wie möglich sehen. Eine Stiefmutter darf mit der Mutter, auch wenn sie nicht mehr lebt, niemals in Konkurrenz treten.

7. Wenn die Mutter wieder heiratet

Da die Mutter der Kinder ein so wichtiger Teil der Stieffamilie ist, hängt die Zufriedenheit der Familie auch davon ab, ob es ihr gut geht oder nicht. Ihr Einfluß ist wahrscheinlich größer, als die Stiefmutter je für möglich gehalten hätte. Wenn es ihr emotionell oder finanziell schlecht geht, selbst wenn sie teilweise selbst daran schuld ist, wird sie es die Familie wissen lassen, und die Stiefmutter hat nicht selten ein schlechtes Gewissen.

Erleichterung für die Stiefmutter

Die Mutter der Kinder ist für das junge Paar dann besonders spürbar, wenn sie nicht wieder heiratet und der ehemalige Ehemann Unterhalt zahlen muß. Selbst wenn sie nur eine kleine Summe monatlich bekommt, vergleicht ihre Nachfolgerin ihrer beiden Lebensumstände und hat Schuldgefühle, wenn es ihr selbst finanziell besser geht; wenn sie wegen der Unterhaltszahlungen jeden Pfennig umdrehen muß, ist sie ärgerlich. Eine Stiefmutter sagte:

> «Mein Mann und ich haben Angst, daß gerade dann, wenn es uns finanziell einigermaßen gut geht, seine Kinder mit Tränen in den Augen vor uns hintreten und uns vorwerfen, daß ihre Mutter sich nur kümmerlich ernähren kann.»

Manche Mutter benimmt sich so unmöglich, daß es der Stiefmutter vollkommen gleichgültig ist, wie es ihr geht, aber die meisten Stiefmütter leiden nicht selten an einem schlechten Gewissen. Es ist leicht zu verstehen, warum das neue Paar eine Wiederverheiratung der ersten Frau herbeisehnt.

«Ich war mir nicht bewußt gewesen, was für einen großen Platz sie doch in meinem Leben eingenommen hatte, bis ich diese enorme Erleichterung verspürte, als sie wieder heiratete. Mein Mann mußte kein schlechtes Gewissen mehr haben und verspürte keine Verpflichtung mehr ihr gegenüber. Sie würde endlich aus unserem Leben verschwinden, denn sie hatte ja jetzt ihr eigenes. Ich war in Hochstimmung.»

Die Wiederverheiratung der Ehemaligen ist aus mehreren Gründen positiv für die Stiefmutter. Es kann bedeuten, daß sie nun nicht mehr finanziell oder emotionell vom Rest der Familie abhängig ist. Sie hat jetzt auch endlich ihr Glück gefunden und lebt nicht mehr im Schatten des neuen Glücks, ist nicht mehr ein Anhängsel der zweiten Ehe.

Nachdem die erste Frau wieder geheiratet hat, wird auch die Beziehung zwischen ihr und der Stiefmutter häufig unkomplizierter und entspannter, falls theoretisch jemals ein einigermaßen gutes Verhältnis möglich war. Eifersüchteleien und Übertrumpfenwollen hören auf. Die Mutter kann besser mit ihrer Nachfolgerin umgehen, wenn sie sich in ihrer neuen Ehe wohl und der anderen deshalb ebenbürtig fühlt. Sie ist ausgeglichener und sicherer in ihrer neuen Position und hat nicht mehr das Bedürfnis, ihr Recht mit aller Gewalt durchzusetzen.

Gefühlsverwirrung für die Kinder

Die Wiederverheiratung der Mutter hat positive Folgen vor allen Dingen für den Vater und seine zweite Frau, für die Kinder bringt sie häufig zusätzliche emotionelle Komplikationen.

Obgleich sie vielleicht froh, ja sogar erleichtert sind, daß ihre Mutter einen neuen Partner und eine neue Richtung für ihr Leben gefunden hat, bedeutet das für sie selbst oft neue Umstellungen und Schwierigkeiten. Wenn sie bei ihrer Mutter leben, müssen sie sich jetzt an einen Stiefvater gewöhnen, vielleicht an ein neues Haus in einer anderen Nachbarschaft und verlieren unter Umständen ihr geliebtes eigenes Zimmer. Sie stehen vielleicht nicht mehr an erster Stelle, wenn es um die Liebe und Fürsorge ihrer Mutter geht, empfinden manchmal den Stiefvater als Rivalen und müssen mit denselben Gefühlen fertigwerden, die sie hatten, als ihr Vater die Stiefmutter heiratete. Eine kluge Stiefmutter versteht, daß sie allerlei durchmachen.

«Mein Stiefsohn war in einem Internat, als seine Mutter sich entschloß, wieder zu heiraten. Er kannte den Mann und mochte ihn auch, aber er erzählte uns, daß er Träume hatte, in denen er Weihnachten nach Hause kam und sein Haus nicht mehr da war. Er war sehr verunsichert und fühlte sich heimatlos.»

Diese Stiefmutter konnte jetzt besser verstehen, was Wiederverheiratung der Eltern für die Kinder bedeutete.

Es gibt einiges, was die Stiefmutter in einem solchen Fall tun kann. Sie und ihr Mann werden dem Kind natürlich versichern, daß es nach wie vor seinen Platz in ihrem Haus hat. Es darf nicht glauben, daß die Heirat seiner Mutter irgend etwas an seinem Verhältnis zum Vater ändern wird. Für eine Zeit wird das Kind das Zuhause beim Vater vielleicht eher als ruhenden Pol empfinden, dann nämlich, wenn sich die Situation im Haus der Mutter durch die Heirat verändert.

Ein Vater hat manchmal Angst, daß der neue Mann im Leben der Kinder zu einem echten Rivalen für ihn wird. Denn wenn sie im Haus des neuen Stiefvaters leben, kann der mehr Zeit für sie haben und sie stärker beeinflussen, als dem Vater möglich ist. Alle Teile brauchen Zeit, um sich an die neue Familiensituation zu gewöhnen.

Auch die Einstellung der Mutter zu ihren Kindern kann sich durch eine Heirat verändern. Vielleicht sieht sie in den Kindern eine Belastung für ihre neue Ehe und hat weniger Lust, für sie zu sorgen. Manchmal überträgt eine Frau nach der Wiederverheiratung dem Vater das Sorgerecht für die Kinder. Für die Stiefmutter ist das zwar eine enorme Umstellung, aber für die Kinder bedeutet es eine noch größere Veränderung in ihrem Leben. Der Vater und seine Frau müssen dem Kind dabei helfen, sich an die neue Situation zu gewöhnen. Die Stiefmutter sollte dem Kind das Gefühl vermitteln, daß sie es gerne in ihr Haus aufnimmt, ohne sich bei ihm einzuschmeicheln und die Mutter als die Böse hinzustellen. Es ist für das Kind schwierig genug, mit seiner Wut und seiner Enttäuschung fertigzuwerden, ohne daß es auch noch seine Mutter gegen die Stiefmutter verteidigen muß. Wenn man seinem Stiefkind in dieser Zeit beisteht, kann die Beziehung zu ihm nur besser werden. Die Stiefmutter muß verstehen, daß sich Mutter und Kind in einer Übergangsphase befinden und beide in dieser Zeit emotionell viel durchmachen. Es ist nötig, daß das Kind jetzt in seiner Selbständigkeit und seinem Selbstgefühl gestärkt wird, und ein Camping-Wochenende oder ein kurzer Skiurlaub ist vielleicht gerade die richtige Ablenkung. Man sollte dem Kind jetzt verstärkt zeigen, daß man es versteht, daß es einem wichtig ist und daß man sich ihm eng verbunden fühlt.

Selbst erwachsene Kinder zeigen manchmal überraschende Reaktionen, wenn die Eltern wieder heiraten. Ich kenne vier erwachsene Schwestern, die Angst hatten, daß ihre Mutter nicht wieder heiraten würde; sie wollten ungern die Verantwortung für die Mutter im Alter übernehmen. Als die Mutter aber schließlich doch noch einmal heiratete, benahmen sie sich, als ob sie persönlich beleidigt worden wären. Die Älteste ärgerte sich, daß ihre Kinder die Weihnachtsferien nicht mehr so ohne weiteres bei der Großmutter verbringen konnten. Die jüngste Tochter störte es, daß sie nun als einzige noch unverheiratet war. Außerdem jammerte sie, daß diese Ehe nun das Ende der alten Familie bedeute: «Erst haben wir Vater verloren und jetzt Mutter.» Die Wiederverheiratung der Mutter hatte eine einschneidende Bedeutung für alle vier.

Aber auch wenn die Stiefmutter die neuen Probleme ihrer Stiefkinder kennt und mit ihnen fühlen kann, darf sie trotzdem Freude und Erleichterung über die Ehe ihrer Vorgängerin empfinden. Vielleicht aber sollte sie das nicht allzu offen zeigen.

8. Kinder und Stiefmütter

Nun kommen wir zum wichtigsten Teil der Stieffamilie, den Kindern. Die Ehe läuft gut, die Frau fühlt sich in ihrem neuen Leben wohl, aber wie wird es mit den Kindern ihres Mannes werden? Dahinter steht noch ein großes Fragezeichen. Von den Kindern hängt es ab, ob sie sich in ihrer Rolle als Stiefmutter kompetent fühlt oder total fehl am Platz, ob sie Freude an den Kindern hat oder sich vor jedem ihrer Besuche graust.

Die Stiefmutter als Außenseiterin

Die Kinder können es immer fertigbringen, mit oder ohne Absicht, daß sich die Stiefmutter als Außenseiterin fühlt.

> «Mein Stiefsohn tut immer so, als ob ich überhaupt nicht vorhanden sei. Wenn er mit seinem Vater spricht, ist er lebhaft und fröhlich; zu mir sagt er nur etwas, wenn ich ihn etwas gefragt habe oder wenn er etwas von mir braucht. Sein Gesicht ist dann ohne Ausdruck, und oft schaut er mich noch nicht einmal dabei an. Unsere Unterhaltungen sind meist einseitig. Ich weiß jetzt über seine Noten in der Schule, über seine Hobbies, Haustiere und sogar seine Lieblingssportler Bescheid, aber er hat noch niemals irgendein Interesse an meiner Person gezeigt. Wenn er da ist, benehme ich mich anders als normal.»

Von vielen Stiefmüttern hört man ähnliche Klagen; teilweise hat es nur damit zu tun, daß Kinder im allgemeinen ichbezogener sind, aber auch damit, daß sie die wenigen Stunden oder Tage, die sie mit dem Vater zusammen sind, voll ausnutzen wollen. Da bleibt nicht viel Zeit für die Stiefmutter.

Wenn sich aber an der Einseitigkeit dieser Unterhaltungen zwischen Kind und Stiefmutter nichts ändert, sollte der Vater versuchen, seine Frau in die Gespräche mit den Kindern mit einzubeziehen. Er sollte vielleicht sogar mit dem Kind über sein Verhalten zu der Stiefmutter sprechen; häufig hat es schon gemerkt, daß da etwas in seinem Verhalten der Stiefmutter gegenüber nicht stimmt, wenn es auch nicht genau weiß, was. Wenn es seine Stiefmutter weitgehend ignoriert, wenn es ihr nicht ins Gesicht sehen kann, kann man daraus ablesen, daß es diese neue Frau und die neue Ehe des Vaters noch nicht akzeptiert hat. Ihm wäre es lieber, wenn es sie nicht gäbe. Die meisten Kinder brauchen nur etwas mehr Zeit, um sich an die neue Situation zu gewöhnen, aber leicht hat es die Stiefmutter in der Übergangszeit nicht. Sie muß viel Geduld mit den Kindern haben, sollte zwar deutlich machen, daß sie nun zu ihrem Vater gehört und nicht nur zu Besuch da ist, darf aber auch nicht um die Aufmerksamkeit der Kinder buhlen und sollte ihnen niemals eine Gelegenheit geben, sie abzukanzeln. Es ist nicht immer leicht, sich zurückzuhalten, wenn man sich nach einem besseren Verhältnis zu den Kindern sehnt. Wenn man aber in seinen Bemühungen zurückgestoßen wurde und nun das Gefühl hat, daß das Kind einem Unrecht getan hat, wird die zukünftige Beziehung erschwert, denn auf eine Entschuldigung kann man lange warten.

Man sollte sich bemühen, die Gedanken des Kindes zu verstehen; es wird wahrscheinlich wenig über seine Stiefmutter und deren schwierige Position in der Familie nachdenken; um so besser ist es, wenn sich die Frau Gedanken macht, was die neue Situation für ihre Stiefkinder bedeutet. Man sollte sich für sein Stiefkind nicht aufopfern und die eigenen Bedürfnisse ganz zurückstellen; wenn man aber versteht, was es fühlt und warum es sich auf eine gewisse Weise verhält, kann man geschickter mit ihm umgehen und hört auf, zuviel von ihm zu erwarten. Die Fähigkeit der Stiefmutter, sich in ein Kind hineinzuversetzen und seine Handlungen zu verstehen, wird beiden Seiten helfen.

Verlustängste der Kinder

Eine Scheidung der Eltern ist meistens eine traumatische Erfahrung für Kinder. Wie alle Menschen, die eine schwierige Zeit hinter sich haben, wollen sie die Vergangenheit jetzt vergessen, wollen sie, daß Schmerz und Kummer aufhören. Wie ein verschmähter Liebender haben sie Angst davor, sich wieder einem anderen Menschen zu öffnen, ihn liebzugewinnen, und scheinen nur an sich selbst zu denken. Sie halten bewußt Abstand von der neuen Stiefmutter, was für diese entmutigend und nervenaufreibend ist.

Mehrere Faktoren sind dafür verantwortlich, warum Kinder sich nur ganz langsam für die Stiefmutter erwärmen: sie mußten zusehen, wie die Ehe ihrer Eltern zerbrach, und wollen einen solchen Verlust nicht noch einmal erleben. Sie wollen erst abwarten, ob die Neue nun auch bleibt, ob es sich lohnt, Gefühle zu investieren, und halten sich deshalb zurück, auch wenn ihnen die Frau des Vaters sympathisch ist. Psychologen halten diese instinktive Schutzreaktion für unbewußt. Die Stiefmutter sollte ihren Stiefkindern am besten positiv und selbstbewußt begegnen und ihnen nicht das Gefühl geben, nur darauf zu warten, daß sie sie endlich akzeptieren. Ihre Beziehung zu den Kindern hängt natürlich davon ab, ob sie von ihnen akzeptiert wird, die Beziehung zu ihrem Mann aber nicht. Darüber sollte eindeutige Klarheit herrschen.

Es kommt häufig vor, daß Kinder einer geschiedenen Ehe sich bei jeder Unstimmigkeit zwischen Erwachsenen bedroht fühlen und beinahe alles tun, nur damit ein Streit oder eine Meinungsverschiedenheit vermieden wird. Eine Frau fühlte sich ihrer Stieftochter auf einem gemeinsamen Ausflug besonders nah, merkte aber, daß sich eine Wand zwischen beide schob, als sie dem Mädchen gegenüber erwähnte, wie albern sie es von der Mutter fand, daß immer nur der Vater sie abholen durfte.

> «Ich glaube eigentlich, daß meine Stieftochter meiner Meinung war, aber sie konnte keinerlei Mißstimmung oder Feindseligkeit zwischen Erwachsenen mehr ertragen. Sie möchte immer, daß alles friedlich und ruhig ist, und wird schon nervös, wenn auch nur die Andeutung einer Meinungsverschiedenheit vorhanden ist. Ich glaube, sie meint, daß Streitigkeiten zwischen Erwachsenen ihr schon genug Leid gebracht haben.»

Als Teenager oder Erwachsene fühlen sie sich nicht mehr so ausgeliefert wie als Kinder und scheuen nicht mehr unbedingt vor jeder Auseinandersetzung zurück; Kinder dagegen ertragen keine Unstimmigkeiten.

Es kann auch sein, daß ihr Vater und seine neue Frau anders miteinander umgehen, als sie es von ihren Eltern bisher gewohnt waren. Eine Frau berichtet:

«Mein Mann und ich kriegen uns oft in die Haare, aber es ist nie ernst gemeint. Nach kurzer Zeit haben wir uns wieder vertragen, auch wenn wir uns vorher angegiftet haben. Er und seine erste Frau waren nach außen hin immer ruhig gewesen und hatten sich nur vor der Trennung viel gestritten. Wenn also sein Sohn hier ist und wir uns wieder einmal darum streiten, wer den Abfall hinaustragen soll und wer wieder sein Fahrrad draußen gelassen hat, kann ich sehen, wie der Junge sich innerlich zusammenzieht. Ihm zuliebe nehmen wir uns jetzt zusammen, und wenn es mal gekracht hat und alles vorbei ist, beruhige ich ihn, daß alles in Ordnung ist und daß er wieder aus seinem Schneckenhaus herauskommen kann.»

Alles ist anders als früher

Eine Frau hat oft Schwierigkeiten, wenn sie in eine Familie hineinheiratet, die sich besonders stark nach bestimmten Familientraditionen richtet und die für Änderungen nicht besonders aufgeschlossen ist. Kinder können mit einer Stiefmutter, die ihren eigenen Stil hat, ähnliche Probleme haben. Eine junge Studentin beschrieb ihre Situation:

«Meine Mutter ist ziemlich zurückhaltend, sie ist ruhig und reserviert und kleidet sich sehr konservativ. Als mein Vater mich mit seiner neuen Frau das erste Mal im Studentenheim besuchen kam, war ich entsetzt und hatte Angst, daß man sie für meine Mutter halten könnte. Sie war geschminkt, hatte eine große Sonnenbrille auf und trug einen Pelzmantel; außerdem umarmt und küßt sie uns gern zur Begrüßung. Jetzt habe ich mich an sie gewöhnt, es ist mir nicht mehr peinlich, wie sie sich benimmt, und es macht auch Spaß, mit ihr zusammenzusein; meine Freunde fin-

> den sie sogar sehr nett. Aber sie ist nicht meine Mutter, sie ist einfach anders als wir.»

Auch wenn sich die Stiefmutter gar nicht für besonders exzentrisch hält, auf schüchterne Kinder kann sie so wirken. Wenn die Kinder bisher in einer ausgesprochen extrovertierten Familie gelebt haben, wirkt die neue Frau des Vaters unter Umständen wie eine graue Maus. Manchmal ist sie einfach anders. Kinder brauchen mehr Zeit, sich an einen neuen Erwachsenen in ihrer Familie zu gewöhnen, da sie meistens noch nicht soviel Erfahrung mit verschiedenartigen Menschen haben wie Erwachsene.

Die Stiefmutter sollte ihr Temperament nicht den Kindern zuliebe unterdrücken müssen; wenn sie sich aber in die neue Familie einfügen möchte, sollte sie es auch nicht extra betonen. Wichtig ist, daß sie versteht, warum sich ihre Stiefkinder mit ihr vielleicht anfangs nicht so ganz wohl fühlen.

Kinder neigen dazu, Veränderungen in ihrem Leben mit Mißtrauen zu begegnen, vor allen Dingen, wenn es sich um Veränderungen in oder an ihrem Zuhause handelt. Stiefkinder klammern sich vielleicht noch mehr an ihre vertraute Umgebung, weil sich in ihrem Leben sowieso schon so viel verändert hat. Ein Teenager, deren Mutter gestorben war, war sehr aufgebracht darüber, daß ihre Stiefmutter das Haus ihrer Eltern nach ihrem Geschmack neu einrichtete.

> «Ich kam aus den Ferien nach Hause, und alles, was an meine Mutter erinnerte, war fort. Ich weinte viel; ich hatte mich schon an eine neue Frau in meiner Familie gewöhnen müssen, warum mußte sie auch unser Haus verändern?»

Natürlich hatte die Stiefmutter auch ein gewisses Recht dazu, das Haus nach ihrem Geschmack zu gestalten, aber ihre Stieftochter war schockiert und hatte anfangs den Eindruck, daß man ihr bewußt weh tun wollte. Der Übergang wäre für sie leichter gewesen, wenn sie an den Planungen für die Veränderungen hätte teilnehmen können. Manchmal hilft es schon, wenn das Kind die Farbe auswählen darf, in der ein Zimmer gestrichen wird, oder gefragt wird, wo man die Bücherborde wohl am besten aufstellt; es fühlt sich dann als aktiver Teilnehmer an einer Veränderung und nicht als hilfloses Opfer.

Häufig ist eine Frau überrascht, wie negativ selbst erwachsene Stiefkinder reagieren, wenn sie etwas am Haus verändert.

«Ich weiß, daß meine erwachsenen Stiefkinder uns nicht mehr gern besuchen kommen, sie haben einfach das Gefühl, daß es nicht mehr ihr Zuhause sei, seit wir einiges an der Einrichtung verändert haben. Ich glaube, sie nehmen uns übel, daß wir ihnen ihr altes Zuhause genommen haben.»

Um einer ihrer Stieftöchter, die offensichtlich besonders unter den Veränderungen litt, zu zeigen, daß sie ihre Gefühle verstehen und nachempfinden konnte, suchte sie Bilder des alten Hauses zusammen, wie es zur Zeit der Mutter gewesen war, klebte sie in ein Album und schickte sie an das Mädchen. Sie wußte lange nicht, ob diese Geste dem Mädchen geholfen hatte; wie viele Stiefmütter mußte sie erleben, daß man auf positive Reaktionen der Stiefkinder häufig lange warten muß. Es dauerte zwei Jahre, bis die Stieftochter sich endlich für die Bilder bedankte.

«Sie schrieb, die Bilder hätten ihr viel bedeutet, aber offensichtlich war sie vorher noch nicht fähig gewesen, das auch auszudrükken.»

Das Verhältnis zwischen Kind und Stiefmutter kann allein deshalb schon schwierig sein, weil Menschen als Kinder und Jugendliche Dinge anders sehen als später als Erwachsene. Ein Dreiunddreißigjähriger berichtet:

«Wenn ich jetzt zurückblicke, wird es mir klar, daß ich zu meiner Stiefmutter immer ganz gräßlich war. Ich haßte sie und dachte nie darüber nach, daß mein Vater sie liebte und daß sie auch ein Recht auf ein eigenes Leben hatte. Ich wollte sie nur dafür strafen, daß sie nicht meine Mutter war. Heute sehe ich das nicht mehr so, aber mit dreizehn konnte ich nicht anders; sie war die Ursache meines Unglücks.»

Eine Stiefmutter kann sich selbst von solchen Anschuldigungen nur freisprechen und gegen verletzende Bemerkungen immun werden, wenn sie weiß, was da in dem Kind vorgeht. Sie darf sich selbst nichts vormachen und so tun, als ob sie und das Stiefkind wunderbar miteinander auskommen, und dann am Boden zerstört sein, wenn sie am Muttertag vergessen wird.

Kinder aus einer geschiedenen Ehe müssen leider häufig viel durchmachen. Man weiß nicht immer, wie ihr Leben zu Hause bei ihrer Mutter abläuft und was dort geredet wird.

«Wir stellten später fest, daß ihre Mutter behauptet hatte, ihr Vater hätte sich meinetwegen scheiden lassen. Dabei kannte ich ihn vor seiner Scheidung nicht einmal.»

Solche Klagen sind nicht selten. Manche Mütter strafen ihre Kinder dafür, daß sie ihren Vater besuchen, oder lassen sich versprechen, daß sie sich von der neuen Frau fernhalten und sie immer ablehnen werden. Eine Frau fand heraus, daß ihr Stiefsohn nach jedem Besuch bei seinem Vater genau beschreiben mußte, wie alles gewesen war, einschließlich der Kleidung, die die Stiefmutter getragen hatte. «Das war doch sicher furchtbar für ihn.»

Eine Frau berichtet:

«Anfangs fand ich das, was die Mutter den Kindern über uns und mich erzählte, nur lächerlich; als ich aber sah, wie sehr die Kinder darunter litten, konnte ich es nicht mehr auf die leichte Schulter nehmen.»

In diesem Fall hatten die Kinder der Mutter plötzlich versprechen müssen, daß sie unter keinen Umständen die Stiefmutter umarmen und küssen würden. Am Abend vor der Abreise der Mädchen nach einem Besuch bei ihrem Vater kam es heraus. Bisher hatten sie sich von der Stiefmutter immer mit einer Umarmung verabschiedet und wußten nun nicht, was sie tun sollten. Sie wollten darüber sprechen, und die Ältere meinte, daß sie ihrer Mutter gehorchen wolle, daß sie aber ihre Stiefmutter genauso gern hätte wie vorher.

«Wir hatten bisher wenig über Gefühle gesprochen und waren jetzt alle sehr angerührt. Plötzlich kam mir das alles so albern vor, wie wir da saßen und heulten wie die Schloßhunde; ihre Mutter wäre sehr überrascht gewesen. Ich bin sicher, daß sie sich eine solche Reaktion nicht in ihren kühnsten Träumen vorgestellt hatte.»

Manchmal erlebt das Kind echte Krisen zu Hause mit seiner Mutter, die auch die Beziehung zu der neuen Frau des Vaters sehr erschweren. «Meine Mutter hat schon zweimal versucht, sich das Leben zu nehmen», sagte ein Jugendlicher, der es nicht fertigbrachte, seiner Stiefmutter mit Wärme oder überhaupt normal freundlich zu begegnen. Sein Gefühlskonto war aufgebraucht, für sie war nichts mehr übrig.

Viel hängt vom Alter ab

Die Reaktion der Kinder auf die Wiederverheiratung des Vaters und auf die Stiefmutter hängt sehr von ihrem Alter ab. Frauen mit wenig Kindererfahrung können sich besser auf ihre neue Aufgabe vorbereiten, wenn sie sich über die unterschiedlichen Stadien in der Entwicklung eines Kindes informieren.

Babies und Kleinkinder sind körperlich anstrengend, sind aber im allgemeinen auch zärtlicher und unkomplizierter als ältere Kinder. Kleinkinder brauchen eine gewisse Routine und wollen genau und immer wieder wissen, was geplant ist, was sie zu erwarten haben. Ihr Zeitbegriff ist noch nicht besonders gut ausgeprägt. Es hilft ihnen, wenn die Tage, an denen sie ihren Vater besuchen, rot im Kalender angestrichen sind. Man sollte ihnen offen zeigen, daß man sich über ihren Besuch freut, sie werden im allgemeinen mit ähnlicher Offenheit und Freude reagieren.

Psychologen haben festgestellt, daß Vorschulkinder wenig Probleme haben, in zwei Haushalten zu leben, sofern die Eltern kooperieren. «In dem Alter scheint es ihnen normal, daß sie einmal bei der Mutter und dann wieder bei dem Vater leben», sagen die Therapeuten Emily und John Visher.

Kinder im Alter zwischen vier und zehn sind für die Stiefmutter vielleicht am einfachsten. Sie können schon Gedanken und Gefühle ausdrücken, sind aber nicht mehr so anstrengend wie Kleinkinder. Sie sind daran gewöhnt, daß sich allerlei in ihrem Leben verändert, haben neue Lehrer, neue Freunde und können sich im allgemeinen leichter anpassen. Sie sind relativ leicht zufriedenzustellen. Sie sind noch nicht von Schuldgefühlen belastet, fühlen sich nicht zwischen Mutter und Vater hin- und hergerissen, wie es oft bei Teenagern der Fall ist, und fühlen sich in einer herzlichen, familiären Atmosphäre wohl. Ein jüngeres Kind ist vertrauensvoller und anpassungsfähiger; das ältere hat nicht selten das Gefühl, daß es seiner Mutter Unrecht tut, wenn es sich mit der Stiefmutter gut versteht. Es wird zwar immer betont, wie wichtig es ist, direkt und ehrlich mit Kindern aller Altersstufen zu sprechen; Kinder im Alter von vier bis zehn müssen aber erst lernen, daß Gefühle und Verhalten zwei verschiedene Dinge sind, daß man nicht jedes Gefühl sofort ausleben kann. Vater und Stiefmutter müssen mit ihnen sprechen, so daß sie ihre Gefühle über das neue Leben des Vaters verstehen und akzeptieren können; gleichzeitig aber ist es vielleicht nötig, daß sie ihr Verhalten besser in den Griff bekommen und neue Ausdrucksweisen lernen. Sie können zwar auf die Stiefmutter ärgerlich sein, weil sie ihren Vater mit ihr teilen müssen, können sie sogar heimlich weit weg wünschen, aber sie müssen lernen, sie im täglichen Miteinander zu tolerieren.

Für Kinder, die gerade erst anfangen, ihre Gefühle zu kontrollieren, muß man besonders viel Geduld und Verständnis haben. In diesem Alter wollen Kinder rechtzeitig erfahren, ob irgendwelche Veränderungen auf sie zukommen und was mit ihnen geplant ist, sei es ein Schulwechsel, eine gemeinsame Reise oder der Besuch beim Vater. Sie können sich gut an neue Situationen anpassen, sofern man ihnen Zeit läßt.

Jugendliche machen der Stiefmutter die meisten Schwierigkeiten. Sie leiden am meisten unter der Trennung der Eltern und sind emotionell so anstrengend, weil sie und die Stiefmutter ganz unterschiedliche Vorstellungen von der neuen Familie haben. Die Kinder wollen eigentlich keinen herzlichen Familienzusammenhalt mehr, wie die neue Frau ihn sich wünscht, sondern verlangen Freiraum und Unabhängigkeit. Es kann zum Verzweifeln sein! Kinder identifizieren sich in diesem Alter noch mit ihren Eltern und werden leicht von ihren Einstellungen und Loyalitäten beeinflußt. Sie hassen es, zwischen den Eltern zu stehen, und sind deshalb lieber vorsichtig, zurückhaltend, manchmal unnahbar. Gleichzeitig lösen sie sich in diesem Alter von den Eltern und haben selten ein herzliches Verhältnis zu ihnen, wobei es gleichgültig ist, ob es sich um Stiefeltern oder leibliche handelt. Man weiß nie genau, woran man mit ihnen ist. Man sollte ihnen Freiraum lassen und die eigenen Gefühle nicht zu deutlich zeigen. Meistens ist es besser, wenn man in dieser Zeit die Elternrolle betont und nicht versucht, Kumpel zu sein, es sei denn, man ist darauf vorbereitet, daß man genauso irrational behandelt wird wie manchmal eben auch die Freunde der Kinder.

Wenn Vater oder Mutter wieder heiraten, löst sich der Jugendliche meist schneller von zu Hause und sucht Verständnis und menschliche Beziehungen bei seinen Freunden und Kameraden. Natürlich braucht der junge Mensch noch Rat und Hilfe, aber gefühlsmäßig läßt er seine Eltern weniger an sich herankommen als Gleichaltrige.

Eltern und Stiefeltern müssen verstehen, daß ihre Kinder sich nicht auf immer von ihnen losgesagt haben. Wenn man ihnen die Tür offenläßt, werden sie eines Tages freiwillig und gern wiederkehren.

Stiefeltern werden große Schwierigkeiten haben, wenn sie sehr schnell verlangen, daß der Teenager sich in die neue Familie einpaßt und sich auch voll an der anfallenden Hausarbeit beteiligt. Er muß erst die Veränderung seiner Lebenssituation verkraften, muß neue Gefühle verarbeiten und kann dabei nicht noch vielen anderen Anforderungen gerecht werden. Es hilft, wenn man ihm nicht nur Pflichten aufbürdet, sondern sich auch ein bißchen nach ihm richtet, seine Pläne berücksichtigt und auch seine Vorlieben für bestimmte Gerichte beachtet; auf diese Weise hat er das Gefühl, daß er in dem Haushalt auch etwas zu sagen hat und sich nicht nur anpassen muß.

Töchter und Söhne

Im allgemeinen empfinden Frauen Stieftöchter als anstrengender als Stiefsöhne. Zwei Menschen desselben Geschlechts befinden sich häufiger im Wettstreit miteinander, und natürlich hat auch die Stiefmutter bestimmte Vorstellungen davon, wie sich ein Mädchen benehmen sollte. Ab der Pubertät identifiziert sich ein Mädchen stärker mit der eigenen Mutter, und Rivalitätsgefühle zwischen ihr und der Stiefmutter sind nicht selten intensiv.

Die Frau sollte keinen Zweifel daran lassen, daß sie ein erwachsener Mensch ist und sich niemals auf einen Wettstreit um die Gefühle des Vaters und um seine Liebesbezeugungen einlassen wird. Die Versuchung ist groß, dem Mädchen eine Freundin sein zu wollen. Wenn man keine eigene Tochter hat, identifiziert man sich auf eine gewisse Weise mit der Stieftochter, erwartet man, daß sie sich kleidet, benimmt und so denkt wie man selbst. Die Stieftochter will aber mit diesen Anforderungen nicht belastet werden, sie hat wahrscheinlich schon genug damit zu tun, die Erwartungen der eigenen Mutter nicht allzu sehr zu enttäuschen. Eine gute Beziehung zwischen der neuen Frau und der Stieftochter kann sich nur entwickeln, wenn die Stiefmutter nicht versucht, dem Mädchen die eigenen Ziele und Maßstäbe aufzuzwingen. Wenn sie das Vertrauen des Mädchens gewinnen kann, so daß sich die Stieftochter in schwierigen Zeiten an sie wenden wird, kann die Frau viel mehr erreichen, als wenn sie sie fest an die Hand nimmt und ihr zeigt, was sie tun soll. Das hat meistens den gegenteiligen Erfolg.

Eine Stiefmutter berichtet:

«Janni war sechzehn, als ich ihren Vater heiratete, und sie war einfach eine traurige Gestalt. Sie wußte nicht, wie man sich ansprechend kleidet, sie konnte vor lauter Schüchternheit fremden Menschen nicht ins Gesicht sehen. Man hatte ihr nichts in bezug auf Tischmanieren, Make-up, Körperhaltung oder so beigebracht. Also versuchte ich, ihr zu helfen. Ich ging mit ihr einkaufen, suchte passende Kleidung für sie aus, brachte sie zum Friseur und zeigte ihr das passende Make-up. Es kostete viel Zeit und Geld, und manchmal mußte ich auch sehr diplomatisch sein, aber ich tat es gern. Der Gedanke war mir unerträglich, daß die Tochter meines Mannes so unter der Scheidung litt, daß sie sich selbst so vernachlässigte. Nach den Ferien kehrte Janni mit all ihren neuen Kleidern, dem neuen Haarschnitt und all ihren frisch erworbenen Kenntnissen nach Hause zurück, und ich hörte kein Wort mehr von ihr. Sie hatte nicht einmal Danke gesagt. Als sie den Vater nach ein paar Monaten wieder besuchte, sah sie genauso aus wie vor der Verschönerungsaktion. Ihr Haar war fettig und strähnig, sie trug keinerlei Make-up und war unmöglich gekleidet. Ich war sehr enttäuscht und ärgerlich, daß ich meine Zeit so verschwendet hatte.»

Stiefmütter machen diese Erfahrung immer wieder. Eine Frau sollte sich zwar bemühen, ihrer Stieftochter zu helfen, allein deshalb, weil es ihr selbst sicher ein Bedürfnis ist, aber sie darf nie erwarten, daß das Mädchen diese Vorschläge auch annimmt und für Verbesserungen dankbar ist. Jannis Stiefmutter war so wütend, daß sie nun überhaupt keine Vorschläge mehr machte. Zu ihrer großen Überraschung war es Janni selbst, die sich ein paar Jahre danach mehr für ihr Aussehen zu interessieren begann. Sie bat ihre Stiefmutter sogar um Rat:

«Sie fragte mich, ob sie sich wohl die Haare schneiden lassen sollte? Mir kam es so vor, als ob wir diese Unterhaltung schon vor vier Jahren geführt hatten. Möglichst gleichgültig antwortete ich, daß das sicher eine gute Idee sei, so als ob ich das erste Mal an diese Möglichkeit dachte. Sie ließ sich also die Haare schneiden und achtet jetzt auch sehr viel mehr auf ihre Kleidung. Sie tut so, als ob sie früher nie über ihr Aussehen nachgedacht hätte. Ich kann nur im stillen den Kopf schütteln. Aber vielleicht war sie vor ein paar Jahren einfach noch nicht so weit.»

Stiefsöhne sind natürlich auch nicht vollkommen unkompliziert, aber meistens läßt sich leichter mit ihnen umgehen. Selbst wenn sie schwierig und widerspenstig sind, was bei Teenagern häufig vorkommt, so investiert die Stiefmutter gefühlsmäßig bei Jungens meistens weniger als bei einem Mädchen. Manchmal hat sie sogar als Frau einen besseren Draht zu dem jungen Mann, selbst wenn er mit seinem Vater und anderen Familienmitgliedern nur noch Schwierigkeiten hat. Frauen sehen ihren Stiefsöhnen nicht selten mehr nach als den Stieftöchtern, wie auch Mütter mehr Geduld mit ihren Söhnen haben als mit ihren Töchtern.

In der schwierigen Familiensituation nach der Scheidung der Eltern kapseln sich männliche Teenager häufig vollkommen ab und zeigen wenig Gefühle. Hinzu kommt, daß sie sich manchmal sexuell von der Stiefmutter angezogen fühlen, was ihnen angst macht. Sie ziehen sich also in sich selbst zurück und können keinerlei positive Gefühle für die Stiefmutter ausdrücken, selbst wenn sie sie empfinden. Die Frau muß geduldig sein und abwarten. Die Pubertät ist für niemanden einfach.

Bei jüngeren Kindern spielt das Geschlecht noch eine kleinere Rolle. Es gibt natürlich das kleine neunjährige Mädchen, Vatis Liebling, was gerne flirtet, und den Sechsjährigen, der schon jetzt meint, er muß den Mann im Haus ersetzen, weil der Vater nicht mehr da ist. Sie sind aber im wesentlichen durch ihre Umwelt geprägt, und auf die hat die Stiefmutter nur wenig Einfluß, wenn das Kind bei der Mutter lebt.

Wenn Stiefkinder älter werden, spielen allmählich auch geschlechtsbezogene Probleme im Verhältnis zur Stiefmutter keine Rolle mehr. Stiefmütter und Stieftöchter können als erwachsene Frauen Freundinnen werden, weil sie viele gemeinsame Erfahrungen gemacht haben und ähnliche Interessen haben. Eine Stiefmutter meint stolz:

«Ich hatte zu meiner Stieftochter nie ein besonders enges Verhältnis, was sich erst änderte, als sie selbst einen geschiedenen Mann heiratete. Jetzt ist sie selbst Stiefmutter, und wir haben viel gemeinsam. Sie meint sogar, daß ich ihr als Vorbild diene, daß sie immer daran denkt, wie ich es damals geschafft habe. Das ist doch eine Wende um 180 Grad, oder?»

9. Wenn die Stiefkinder zu Besuch kommen

Die Besuche der Stiefkinder sind für eine Stiefmutter häufig aus vielerlei Gründen anstrengend. Ganz praktisch muß sie überlegen, wie man die Zeit mit den Kindern in die Woche einbaut, und gefühlsmäßig muß sie sich auf die Kinder ihres Mannes einstellen.

Emotionale Belastungen

Die meisten Frauen sind überrascht, daß die Besuche der Stiefkinder mit so viel Stress verbunden sind. Das hängt damit zusammen, daß man nicht nur mit der Anwesenheit des Kindes fertig werden muß, sondern auch mit der eigenen Reaktion auf das Kind. Sein Besuch ist der Beweis dafür, daß man nicht nur einen Mann geheiratet hat, sondern eine Familie. Eine Frau mußte ihren Traum vom Sonntagsfrühstück im Bett aufgeben, als ihre sechsjährige Stieftochter anfing, jedes Wochenende zu Besuch zu kommen:

> «Es wird nie so sein, wie du es dir vor der Ehe vorgestellt hast, daß du wenigstens in den ersten Monaten die Zweisamkeit mit deinem Mann genießen kannst. Wenn die Kinder jedes Wochenende ihren Vater besuchen kommen, dann ist ein faules Wochenende zu zweit einfach nicht mehr möglich.»

Wichtig ist, daß die Stiefmutter nicht gleich in Panik gerät, wenn die ersten Besuche nicht so ablaufen, wie sie es erwartet hat. Psychologen meinen, daß es für die Stiefmutter leichter ist, wenn sie die Besuche der Kinder mitplant und bestimmte Regeln für die Kinder aufstellt, damit sie sich nicht übergangen fühlt. Das hört sich einfacher an, als es ist; Stiefmütter haben oft große Hemmungen, ihre eigenen Wünsche zu äußern und durchzusetzen, daß sich die Kinder an Abmachungen halten. Besonders Frauen, die selbst keine Kinder haben, fühlen sich unsicher, haben Angst, das Falsche zu sagen oder zu tun, und wollen vor allen Dingen von den Stiefkindern akzeptiert werden.

Die Aussicht auf den regelmäßigen Besuch des Stiefkindes kann für die Frau etwas Beunruhigendes haben, selbst wenn sie sich eigentlich darauf gefreut hat, mit dem Kind nach der Heirat zusammenzusein. Ein solcher erster Besuch kann sehr ernüchternd sein, wenn er nicht so abläuft, wie man es sich theoretisch vorgestellt hat. Die Kinder sind jetzt in das Leben der Stiefmutter eingetreten und sind nicht mehr nur «seine Kinder», wie es früher war. Jetzt muß sie feststellen, daß es Menschen mit ganz bestimmten Persönlichkeitsstrukturen sind, die körperlich und emotionell Raum in ihrem Leben einnehmen. Bei ihrem Besuch stellt sie zum erstenmal fest, was es wirklich heißt, Stiefmutter zu sein. Diese Besuche werden sich regelmäßig wiederholen; deshalb ist es so wichtig, daß sich ein gutes Verhältnis zwischen ihr und den Stiefkindern aufbaut.

Bei «Besuch» denkt man vielleicht an ein Kind, das auf die Einladung des Vaters hin (nämlich dann, wenn es ihm und seiner Frau paßt) fröhlich auf ein paar Stunden kommt, um dem Vater von seinen neuesten Erfolgen in der Schule oder auf dem Sportplatz zu berichten. Aber sehr oft sind diese Besuche alles andere als fröhlich, unkompliziert und ersehnt. Es klingt vielleicht herzlos, daß die Kinder des Mannes nicht immer mit offenen Armen aufgenommen werden, daß man sich nicht immer freut, sie zu sehen, aber es ist wahr und vom Standpunkt der Frau aus auch verständlich. Sie hat schließlich den Mann geheiratet und nicht seine Kinder und hat sich darauf gefreut, mit ihm zusammen ein Zuhause zu schaffen, in dem sie sich beide wohlfühlen. Wenn die Kinder nicht von Anfang an mit in dem Haus lebten, dann stören sie jetzt. Nicht viel anders ist es allerdings mit leiblichen Kindern. Auch hier müssen sich die Eltern nach einer Zeit der Zweisamkeit an das Vorhandensein eines anderen Menschen gewöhnen.

Wenn man aber nur zeitweilig die Kinder einer anderen Frau bei sich wohnen hat, gewöhnt man sich schwerer daran. Leibliche Eltern werden meist durch die Liebe und Anhänglichkeit ihres Kindes für die Mühen entschädigt, die es ihnen macht. Eine Stiefmutter kann damit nicht rechnen. Sie muß selbst herausfinden, was ihr bei ihrer Aufgabe als Stiefmutter Befriedigung gibt. Manchmal können oder wollen die Kinder ihr nicht helfen, diese Aufgabe lohnend und angenehm zu gestalten.

Bei der Frau-Stiefkind-Beziehung ist es nicht anders als bei anderen menschlichen Beziehungen auch: sie sollte ihre eigenen Bedürfnisse nicht ganz vernachlässigen und nicht nur das tun, was das Kind will. Frauen, die sich für ihre Stiefkinder aufopfern, werden nie Freude an ihnen haben. Beim Planen des Besuchs sollten auch die Bedürfnisse der Stiefmutter berücksichtigt werden, damit sie ihnen positiv und großzügig entgegenkommen kann.

Ernüchternde Wirklichkeit

Der erste Besuch der Stiefkinder kann einer Frau die Augen öffnen. Ihr Mann hat ihr zwar schon von den Kindern erzählt, aber auch er kann nicht wissen, wie die Kinder und sie aufeinander reagieren werden. Vielleicht ähneln die Kinder gar nicht so sehr den fröhlichen ballspielenden Kleinen, die sie auf Fotos gesehen hat, und für die sie Skireisen und Wanderungen geplant hat. Wenn sie in ihrer Kleidung, ihrem Verhalten und ihrer Aufmachung einen ganz anderen Stil und Geschmack zeigen als der Vater, kann das ein echter Schock für die Frau sein.

Eine gute Beziehung zu dem Kind des Mannes vor der Ehe ist keine Garantie dafür, daß das Zusammensein auch nach der Hochzeit problemlos abläuft. Bisher war die Frau eben nur Vaters Freundin, jemand, mit dem er mal ausging und nicht ganz ernst zu nehmen. Manchmal finden die Kinder seine neue Liebe ausgesprochen romantisch und verehren die Frau selbst ein bißchen. Es ist aber etwas ganz anderes, wenn dieselbe Frau plötzlich zu ihrem täglichen Leben gehören und man ihren Anweisungen gehorchen soll. Viele Frauen berichten, daß das Kind ihres Mannes ausgesprochen lieb und freundlich zu ihnen war, bis sie seinen Vater heirateten. Dann wurde dieser Sonnenschein mürrisch und unausstehlich.

Nach den ersten Besuchen ist die Stiefmutter nicht selten total erledigt.

«Der Besuch meiner Stieftochter war für meinen Mann und mich außerordentlich wichtig. Nachdem sie wieder fort war, gingen wir noch einmal alles durch, was gesagt und getan worden war, und versuchten herauszufinden, ob dieser Besuch gut gelaufen war oder nicht. Er fragte mich, was sie wohl meiner Meinung nach mit bestimmten Äußerungen gemeint habe, und ich wollte von ihm wissen, ob ich etwas falsch gemacht hatte. Ich war die ganze Zeit so angespannt gewesen, daß ich vor Erleichterung heulte, als sie schließlich weg war.»

Einer anderen Frau fiel auf, daß sie und ihr Mann sich jedesmal nach dem Besuch ihres Stiefsohns stritten.

«Wir waren uns nie einig, warum er sich wohl so oder anders benommen hatte und was man machen sollte. Ich hatte nie geglaubt, daß sein Besuch eine solche Wirkung haben würde. Er war nicht nur bei uns zu Besuch, sondern wenn er da war, beherrschte er alles.»

Wir erwarten häufig von den Besuchen der Kinder viel zuviel. Zum einen wollen wir von ihnen akzeptiert werden und warten ängstlich auf ein Zeichen, daß wir hier Fortschritte machen.

«Ich glaubte, meine Stieftochter müßte mich akzeptieren, wir müßten der Welt beweisen, daß wir miteinander auskommen und uns mögen, andernfalls wäre ich ein Versager, und meine Ehe würde darunter leiden.»

So beschreibt eine Stiefmutter eine typische Erwartungshaltung. *Jeder Besuch des Kindes wurde zu einer Prüfung*. Wenn ihre Stieftochter ihr einmal zum Abschied keinen Kuß gab oder sie nicht die Gelegenheit gehabt hatte, ihr in einem persönlichen Gespräch nahezukommen, hatte diese Frau gleich Angst, daß nun ihre Ehe gefährdet sei. Sie setzte erfolgreiche Stiefmutter mit erfolgreicher Ehefrau gleich.

Eine solche Einstellung kann eine Frau fertigmachen. Beide Rollen sollten voneinander unabhängig bestehen, andernfalls wird die Frau überempfindlich und tut alles, nur um von den Kindern akzeptiert zu werden. Das aber ist genau die falsche Haltung, da Kinder nun einmal gerne die Unsicherheit der Stiefmutter ausnutzen.

Die Frau sollte sich nie vor den Kindern ihres Mannes demütigen. Sie wird nicht schneller akzeptiert, wenn sie ihnen gleich beim erstenmal ihr Lieblingsgericht kocht oder um ihre Gunst buhlt, indem sie ihnen das Spielzeug kauft, was die Kinder im Laden bewundert haben. Man braucht nur eine Stiefmutter mit Erfahrung zu befragen. Die Mutter kocht sowieso am besten und selbst wenn das nicht stimmen sollte, so heißt das noch lange nicht, daß man die Kochkünste der Stiefmutter lobt.

Man sollte sich bemühen, Besuche so unkompliziert wie möglich zu gestalten, und darauf achten, daß sich alle Beteiligten möglichst wohl miteinander fühlen. Wenn man ihr Wohlwollen aber zu offensichtlich gewinnen will, fühlen sich Kinder unter Druck gesetzt oder manipuliert. Man sollte abwarten und ihnen manchen Gefallen erst dann tun, wenn man das Gefühl hat, daß sie sich auch darüber freuen werden. Wenn man von der Reaktion des Stiefkindes enttäuscht oder verbittert ist, ist man wahrscheinlich in seinem Bemühen, ihm etwas zuliebe zu tun, zu weit gegangen und hat in die Beziehung mehr hineingelesen, als bisher da ist. Man sollte versuchen, seine Stiefkinder in einer möglichst positiven, entspannten Atmosphäre kennenzulernen, aber sich nicht krampfhaft darum bemühen, sie zu beeindrucken oder ihnen zu gefallen.

Eine Frau strickte mehrere Pullover für ihre Stieftochter und war enttäuscht, daß das Mädchen sie nie anzog. «Vielleicht nimmt sie sie nur mit nach Hause und verschenkt sie gleich. Es wäre besser gewesen, wenn ich nichts für sie gestrickt hätte. Ich wollte sie für mich gewinnen und habe selbst schuld, daß ich enttäuscht wurde», meinte sie später. Man muß den Stiefkindern besonders am Anfang mit einer gewissen Zurückhaltung und Geduld begegnen.

Statt ein gutes Verhältnis zu den Kindern erzwingen zu wollen, sollte man ihnen Zeit lassen, sich an die neuen Umstände zu gewöhnen, sollte man sie in das Leben einführen, das man jetzt mit ihrem Vater führt. Geschenke und Essen im Lieblingsrestaurant des Kindes sind bei besonderen Gelegenheiten angebracht, dürfen aber nicht zur Grundlage der Beziehung von Stiefmutter und Kind werden.

Zeit für sich

Selbst an die körperliche Anwesenheit des Stiefkindes muß sich eine Frau oft erst gewöhnen. «Wir können nicht mehr einfach sagen, was wir wollen, und können auch nicht einfach mehr nackend in der Wohnung herumlaufen», beklagte sich eine Stiefmutter. Wenn man mit seinem Mann schlafen will, muß man jetzt immer Unterbrechungen einkalkulieren. Ein Besuch der Stiefkinder kann sich oft ausgesprochen abkühlend auf das Liebesleben auswirken, etwas, womit die Frau nicht gerechnet hatte. Emotioneller Stress und körperliche Müdigkeit nach einem Tag mit kleinen Kindern kommen noch hinzu. Beinahe alle Frauen sprachen davon.

Glücklicherweise gewöhnt sich das Paar allmählich an die Besuche der Kinder; sie werden zur Routine und Bestandteil der neuen Ehe, und auch das Liebesleben normalisiert sich.

Auch während des Besuchs der Kinder muß das Paar Zeit für sich allein haben, es sei denn, die Kinder sind nur für ein paar Stunden da. Das Paar kann sich dadurch nicht nur besser an das Kind als Teil seines Lebens gewöhnen, sondern kann in dieser Zeit auch kleine Probleme lösen, bevor sie zu großen werden. Diese Zeit allein mit ihrem Mann ist besonders für die Frau sehr wichtig, die sich bei den Besuchen der Kinder noch nicht wohlfühlt.

Eine Stiefmutter wird oft zum Katalysator zwischen dem Mann und seinen Kindern. Als Junggeselle hat er ihnen nur Pizza oder Hamburger angeboten, jetzt, da er verheiratet ist, möchte er seine Beziehung zu ihnen stärken, möchte sie in sein neues Zuhause einbeziehen, möchte ihnen ein gemütliches Heim und leckere Mahlzeiten bieten. Das bringt seine Frau in eine merkwürdige Lage.

Auf der einen Seite hat sie die Möglichkeit, ihrem Mann und seinen Kindern das Zusammensein zu verschönern. Auf der anderen Seite fühlt sie sich aus der gemütlichen Atmosphäre, die sie selbst geschaffen hat, ausgeschlossen, wenn nämlich ihre Stiefkinder sie nicht eigentlich dabei haben wollen. Sie sorgt zwar dafür, daß alles gut läuft, darf dann aber nicht daran teilhaben.

> «Mein Mann und seine Kinder genießen die gemeinsamen Tage hier sehr, aber ich bin nur dazu da, alles für sie schön zu machen. Wenn die Kinder hier sind, fühle ich mich in meiner eigenen Woh-

nung fremd. Ich komme aus dem Kochen und dem Waschen für sie nicht heraus. Wenn ich mich einmal zu ihnen setze, um an den Unterhaltungen teilzunehmen, fühlen sie sich sichtlich unbehaglich.»

Diese Stiefmutter war kein Einzelfall.

Das Verhältnis zwischen Kind und Stiefmutter erwärmt sich manchmal nur sehr langsam. Es braucht Zeit, bis beide das Gefühl haben, daß sie miteinander ehrlich und ungekünstelt umgehen können. Die erwachsene Frau ist natürlich auch eher in der Lage, Konversation zu machen, dem Kind die richtigen Fragen zu stellen, um etwas über sein Leben zu erfahren, und ist vielleicht enttäuscht, daß es über sie nichts weiter wissen will (und auch nicht in der Lage ist, aus Höflichkeit Interesse zu heucheln). So wird bei Tisch oder bei Autofahrten eigentlich nur über die Belange des Kindes gesprochen, und die Unterhaltung dreht sich nie um ihre Interessen, ja, sie hat selten die Möglichkeit, wenigstens eine eigene Beobachtung beizusteuern.

Verteidigungsstrategien der Kinder

Besuche sind auch für die Kinder nicht ganz einfach. Auch sie wissen nicht recht, wie sie sich dem Vater und seiner neuen Frau gegenüber verhalten sollen. Das Gefühl, machtlos zu sein und Unrecht erlitten zu haben, ist häufig noch ganz stark. Eine Stiefmutter ist eher in der Lage, etwas an ihrer Situation zu verbessern, die Kinder wissen dagegen meistens nicht, was sie tun können, um sich wohler zu fühlen. Sie versuchen sich zu behaupten, indem sie die Stiefmutter mehr oder weniger übersehen, ihre Kochkünste mißachten oder darauf bestehen, daß ihr Vater sich nur mit ihnen beschäftigt, aber wirklich verändern können sie die ungemütliche Situation nicht. Sie können darauf nur reagieren. Ich hörte einmal von einem Kind, das am Wochenende seinen Vater mit dem Zug besuchen fuhr und die Zeit im Zug bewußt dazu benutzte, sich auf die andere Situation einzustellen. Auch in den letzten Stunden mit Vater oder Mutter, bevor es also wieder fahren mußte, zog es sich ganz in sich zurück, damit ihm der Abschied leichter fiel. Ein anderer Junge schaffte es regelmäßig, sich kurz vor dem Abschied mit seiner Stiefmutter zu streiten. Wenn er wütend war, war das Abschiednehmen nicht so schwer, und er konnte sich mehr auf sein anderes Zuhause freuen.

Stiefkinder haben zwei Zuhause, und es ist nicht immer leicht für sie, sich auf die manchmal sehr unterschiedliche Atmosphäre einzustellen. Das kann sich in unverständlichen Verhaltensweisen äußern. Eine Frau war ganz überrascht, als ihr 10jähriger Stiefsohn beinahe mit Tränen in den Augen bat: «Bitte laß mich nicht entscheiden, was wir zu Abend essen.» Sie hatte ihm immer die Entscheidung überlassen und wollte ihm damit natürlich einen Gefallen tun. Sie verstand ihn aber, denn «bei seiner Mutter hatte er weniger Freiheit; man vergißt so leicht, wie anders wir leben als sie und wie schwierig es für ihn sein muß, in beiden Haushalten zurechtzukommen.»

Es gibt manches, was man tun kann, um die Besuche für das Kind angenehmer zu machen. Eine eigene Ecke für seine Sachen, vielleicht eine Schublade für Kleidung oder ein Bord für Spielsachen hilft, daß sich das Kind mehr zu Hause fühlt. Man sollte es an Aufräumarbeiten, an Projekten, die mit dem Haushalt zu tun haben, teilnehmen lassen. Wenn das Kind einen Freund mitbringen will, kann das die Sache erleichtern; ebenso ist es wichtig, daß man gemeinsam die Nachbarschaft kennenlernt, damit sich das Kind in der neuen Umgebung zu Hause fühlt. Straßenfeste, Schulveranstaltungen und ähnliches machen Kindern Spaß und lassen sie die Umgebung des zweiten Zuhauses besser kennenlernen. Ein Kind freut sich mehr auf den Besuch beim Vater, wenn es weiß, daß man gemeinsam etwas Interessantes unternehmen wird, daß ein Picknick im Park, ein Kinobesuch oder auch ein Spielenachmittag vor ihm liegt.

Für die Frau ist es oft einfacher, wenn ihr Stiefkind einen Freund mitbringt. Der Freund hat meistens keine Vorurteile, und sie kann leichter mit ihm reden. «Es bricht irgendwie das Eis», meinte eine Stiefmutter. «Als die beste Freundin meiner 12jährigen Stieftochter hier war und mich offensichtlich nett fand, wurde auch meine Stieftochter freundlicher zu mir.»

Es ist schön, wenn das Kind sein eigenes Zimmer im Haus des Vaters hat, aber das ist nicht immer möglich, und man kann ihm auch auf andere Weise zeigen, daß es beim Vater immer ein Zuhause hat. Eine Frau, die mit ihrem Mann in einer kleinen Wohnung wohnte, sorgte dafür, daß sein Kind wenigstens sein eigenes Bettzeug hatte, mit vielen Tierbildern bedruckt, was von niemandem sonst benutzt wurde. «Er muß zwar immer auf der Ausziehcouch im Wohnzimmer schlafen, aber er hat wenigstens seine vertraute Bettwäsche.» Ältere Kinder finden es vielleicht schön, wenn sie ihren eigenen Schlafanzug, ein besonders schönes Handtuch, einen Bademantel und Waschzeug im Haus des Vaters deponieren können.

Besuchsregelungen

Seinen eigenen Haushalt und sich selbst auf die Besuche der Kinder vorzubereiten, ist schon schwierig genug, aber das hat man wenigstens selbst in der Hand. Es gibt anderes, woran die Stiefmutter absolut nichts ändern kann. Meistens sind die Besuchszeiten der Kinder gerichtlich festgelegt und häufig so wenig variabel, daß es selbst eine Stiefmutter auf die Palme bringt, die sonst wunderbar mit ihren Stiefkindern auskommt. Ein Paar mußte am Weihnachtsmorgen um 4 Uhr aufstehen, weil es 160 km fahren mußte, um die Kinder des Mannes abzuholen. Die Mutter hatte ihnen nicht erlaubt, schon einen Tag vorher zu kommen. Obgleich diese Abmachung jedem unsinnig erscheinen mußte, außer vielleicht der Mutter und dem Richter, der sie festgelegt hatte, konnte der Vater daran nichts ändern. An vielem wird stur festgehalten, so unsinnig es auch ist.

Wie ein Besuch des Kindes abläuft, hängt natürlich auch davon ab, wie oft und für wie lange es jedesmal kommt. Wenn ein Kind seinen Vater nur zweimal im Jahr ein Wochenende lang besuchen kann, sollte man für die Zeit nicht gerade planen, abends allein auszugehen. Wenn es allerdings mehrere Wochen hintereinander oder jedes Wochenende beim Vater verbringt, kann man ruhigen Gewissens hin und wieder einmal allein ausgehen. Meistens ist es besser, wenn man das mit dem Kind vorher bespricht. Wenn das Kind zustimmt, fühlt sich auch der Vater besser. Vielleicht wohnen Großeltern in der Nähe, die ein paar Stunden mit ihrem Enkelkind verbringen wollen, und sicher ist es besser, wenn Kind und Babysitter sich vorher kennenlernen.

Wenn das Kind weit entfernt vom Vater lebt und ihn nur selten besuchen kann, verdient es schon eine besondere Behandlung. Wenn Marthas sechsjähriger Stiefsohn zweimal im Jahr 14 Tage lang seinen Vater besuchen kommt, dann ist das eine ganz besondere Zeit für Vater und Sohn.

«Er verbringt viele Stunden am Tag mit seinem Vater beim Angeln und bekommt auch jedesmal ein neues Stück für seine Ausrüstung dazu. Wenn er da ist, ist er die Hauptperson und das mit Recht.»

Ein Kind, das seinen Vater nur selten besuchen kommt, ist für die Stiefmutter oft eine größere Last, als sie vorausgesehen hatte. Das normale tägliche Leben verändert sich radikal; diese Besuche müssen genau geplant und Abmachungen genau eingehalten werden. Stiefmutter und Kinder haben wenig Zeit füreinander, und ein unkompliziertes Verhältnis kann sich nur langsam entwickeln.

Allerdings geschieht es auch nicht selten, daß die Stiefmutter mehr Zeit mit dem Kind verbringt als der Vater. Eine Frau berichtete von ihren zwei Stieftöchtern, die auf einem anderen Kontinent lebten und den Vater nur einmal im Jahr mehrere Wochen lang besuchen kommen. Bei einem dieser Besuche passierte es, daß der Vater plötzlich für mehrere Wochen geschäftlich verreisen mußte und seine Frau in der Zwischenzeit für die Unterhaltung der Töchter sorgen mußte. «Sie waren ja nicht gekommen, um mit mir zusammenzusein, sie mögen mich eigentlich nicht besonders.» Aber es blieb allen Beteiligten nichts anderes übrig.

Annes Stiefsohn kam auf mehrere Wochen zu Besuch, als sie und ihr Mann gerade in eine neue Stadt gezogen waren. Ihr Mann arbeitete mehr als sonst, und Anne mußte seinen sechsjährigen Sohn den ganzen Tag lang beschäftigen. Sie hatte keine Erfahrung mit Sechsjährigen, war in der neuen Nachbarschaft vollkommen fremd und hatte keine Zeit, sich in ihrem neuen Haus einzurichten. «Ich fand, daß mein Mann seine Verantwortung auf mich abgewälzt hatte», beklagte sie sich.

Sie war noch wütender, als ihr Mann sich weigerte, Sam mit einem Babysitter zu Hause zu lassen, «weil er doch hier so fremd sei!» Anne meinte dazu:

«Er konnte arbeiten und außerdem Sam in seiner Freizeit bei sich haben; was ich wollte, war ihm ganz egal. Ich war Babysitter für

Sam. Sam ist ein niedlicher Junge, aber ich grause mich vor seinen Besuchen. Mein Mann hat das Gefühl, daß er damit seine Pflicht tut, aber er kann mir nichts vormachen, wenn er behauptet, daß es ihm Spaß macht, Vater zu sein. Wenn das der Fall wäre, würde er doch mehr Zeit mit ihm verbringen.

Ich habe jetzt natürlich eine viel engere Beziehung zu dem Jungen als sein Vater. Ich bin es ja, die seine Unternehmungen organisiert, die ihn abholt; ich kenne ihn viel besser als sein Vater. Oft ärgere ich mich, daß ich soviel für ihn tun muß, aber dann tut er mir auch wieder leid. Ich will so oft es geht für ihn dasein, und ich glaube, er weiß das auch.»

Man kann sich eine solche Situation auf unterschiedliche Art und Weise erleichtern. Als die Stiefmutter der zwei Mädchen, die ihren Vater zwei Wochen im Jahr besuchten, trotz aller Bemühungen mit ihnen nicht warm werden konnte, bestellte sie sich eine Studentin, die mit den beiden etwas unternahm. Nach einem solchen Tag waren alle viel fröhlicher und entspannter. «Es tat ihnen gut, einmal einen Tag ohne mich und weg vom Haus zu sein und mir auch.»

Kinder, die nur selten zu Besuch kommen, haben oft ganz andere Einstellungen zu Kleidung, zu Hausregeln und Disziplin als Vater und Stiefmutter, aber es lohnt sich für die kurze Zeit nicht, auf bestimmten Dingen allzusehr zu bestehen oder zu versuchen, sie in ihrem Verhalten zu verändern. Das gibt ihnen eher das Gefühl, in einer Klosterschule gelandet zu sein, und Erziehungserfolge können sowieso nur von kurzer Dauer sein. Natürlich muß man sich schlechtes Benehmen nicht gefallen lassen, sollte aber möglichst gelassen bleiben. Wenn das Kind z. B. länger schläft, als man für gut hält, weil man meint, es sollte eigentlich pünktlich am Frühstückstisch erscheinen, sollte man nachsichtig sein (oder laut Klavier spielen oder den Rasen mähen). Stiefmütter beschweren sich oft, daß die Kinder bis Mittag schlafen, zuviel fernsehen, nichts Vernünftiges essen und sich schlampig anziehen. Man braucht zwar nicht extra Kekse und Eis einzukaufen, aber es lohnt sich einfach nicht, jedes Mal ein Theater zu machen, wenn sich das Kind eine Salzstange in den Mund steckt.

Eine Frau entdeckte Bonbonpapier und Schokoladeflecken, als sie die Betten ihrer Stieftöchter nach ihrem Besuch abzog. Sie war ärgerlich, weil sie den Mädchen ihre beste Bettwäsche überlassen hatte. In Zukunft nahm sie schlichtere Bezüge, weil sie einsah, daß sie die Mädchen nicht davon abhalten konnte, im Bett zu essen. Ihr Ärger wurde schon dadurch geringer, daß sie die Tatsachen akzeptierte. Wenn ein Kind jedesmal mit unpassender Kleidung kommt, kann man sich auch darauf einstellen. Man kann ihm als verfrühtes Geburtstagsgeschenk ein hübsches Kleid oder Jackett schenken, das es das nächste Mal anziehen kann, wenn es mit Vater und Stiefmutter ausgeht. Es ist gut, wenn man akzeptiert, was nicht zu ändern ist, und versucht, das Beste daraus zu machen.

Besuche der Stiefkinder werden nicht immer gleich ablaufen, manchmal geht es besser, manchmal schlechter. Es gibt wahrscheinlich keine Frau, die nicht manchmal wünschte, ihre Stiefkinder kämen nicht. Manchmal hat das mit den Kindern zu tun, manchmal mit ihr. Und dann, gerade wenn man das Gefühl hat, daß das Verhältnis jetzt eigentlich ganz gut ist, verändert sich etwas. Vor ein paar Wochen noch war man voller Optimismus, was die Stieftochter betraf, und jetzt hat sie einfach das Studium abgebrochen und ist mit einem schrecklichen Mann zusammengezogen. Vielleicht macht sie im nächsten Herbst mit dem Studium weiter und ist wieder nett und fröhlich wie immer. Aber vielleicht hat man dann selbst ein Tief, hat zu viele Verpflichtungen und will am liebsten niemanden sehen, am wenigsten eine lebhafte Studentin. Mit plötzlichen Veränderungen muß sich jede Stiefmutter abfinden, ob sie die Kinder nun oft bei sich hat oder selten.

10. Probleme mit der Disziplin

Es ist für die meisten Stiefmütter ein echtes Problem, das richtige Maß an Disziplin von den Kindern ihres Mannes zu verlangen. Sie sind unsicher in ihrer Beziehung zu ihnen, wissen nicht, ob sie überhaupt das Recht haben, an ihrem Verhalten etwas zu bemängeln. Die meisten Frauen sind zwar der Meinung, daß sie das Benehmen der Stiefkinder in ihrem Haus schon etwas angeht, wissen aber nicht, wie sie sie am geschicktesten zu einer Veränderung ihres Verhaltens veranlassen können.

Grenzen setzen

Wenn das Kind immer im Haus der Stiefmutter lebt, muß sie ihm natürlich Grenzen setzen dürfen, aber auch dann weiß sie nicht so recht, wie sie das am klügsten anfängt. Wenn das Kind nur zu Besuch ist, ist sie noch unsicherer. Stiefmütter möchten ein gutes Verhältnis zu den Kindern ihres Mannes haben und lassen deshalb oft mehr durchgehen, als gut ist.

Der etwas unsichere Status des Kindes im Haushalt der Stiefmutter ist der Hauptgrund für die Schwierigkeiten, die sie mit der Disziplin hat. Stiefkinder sind eine besondere Art von Besuch: sie sind mit einem Mitglied des Haushalts eng verwandt, benehmen sich deshalb nicht wie Besuch und sollten nicht als solcher behandelt werden, wenn man ein unkompliziertes, normales, selbstverständliches Miteinander anstrebt.

Was sollte die Stiefmutter also von ihnen erwarten können? Sollen sie sich leger «wie Familie» benehmen dürfen oder brav wie gute, höfliche Gäste? Soll das Zuhause der Stiefmutter auch für die Kinder ein Zuhause sein, vielleicht sogar zu einer Art von besonderer Zuflucht werden, wo sie z. B. ihre Sachen nicht immer aufräumen müssen?

Frauen, deren Stiefkinder ständig bei ihnen leben, sind da vielleicht anderer Meinung, aber Stiefmütter, die die Kinder nur besuchsweise bei sich haben, finden häufig, daß es für sie schwieriger ist, sich an die neuen Umstände zu gewöhnen. Sporadische Besuche sind für die Entwicklung einer guten Beziehung sicher ein Handicap. Man wird langsamer miteinander warm, und Probleme werden zäh gelöst. «Wenn sie hier lebten, hätte ich das Sagen; die Rollenverteilung wäre klar. So wie es jetzt ist, weiß ich nicht, wo ich stehe», sagte eine Frau, die darunter litt, daß ihre Bemühungen um eine gute Beziehung zu den Kindern immer von langen Besuchspausen unterbrochen wurden.

Auch die Kinder wissen nicht recht, was sie von ihrer Stiefmutter zu erwarten haben, und sie finden es selten angebracht, von ihr Befehle entgegenzunehmen. Im allgemeinen rät man Paaren, mit den Kindern in Ruhe darüber zu sprechen, daß dies eine schwierige Zeit für alle Beteiligten ist. Man sollte sich bemühen, die Ursache für eine störende Verhaltensweise des Kindes zu finden, bevor man reagiert. Eine Frau vermutete, daß ihr Stiefsohn seine Wut und Unsicherheit dadurch ausdrückte, daß er bei ihr immer seinen Mantel auf den Fußboden warf, statt ihn aufzuhängen. Im einem Gespräch mit ihm verglich sie diese Übergangsperiode mit einem Fluß, den die ganze Familie gemeinsam überqueren müsse.

Psychologen warnen davor, mit Stiefkindern allzu streng zu sein. Das erschwert die Entwicklung einer guten Beziehung und macht die Kinder aufsässig. Dr. Clifford Sager rät: «Halten Sie sich anfangs ganz zurück. Versuchen Sie mütterliche Freundin zu sein statt Autoritätsperson. Aber lassen Sie sich auch nicht alles gefallen.»

Das ist leichter gesagt, als es getan ist. Emily Visher macht praktische Vorschläge, die erfahrenen Eltern wahrscheinlich schon geläufig sind:

«Sagen Sie nicht: ‹Hör auf, an den Nägeln zu kauen›, sondern statt dessen lieber ‹ich sehe, daß du an deinen Nägeln kaust. Soll ich dir dabei helfen, davon loszukommen?› Auf diese Weise ist das Kind nicht in eine Verteidigungsstellung gedrängt, und man kann trotzdem deutlich machen, was einem nicht gefällt. Für die Stiefmutter ist diese Methode meistens die bessere.»

Es ist wichtig, daß die Kinder wissen, daß Vater und Stiefmutter sich einig sind, wenn es um Disziplin geht. Emily und John Visher:

«Kinder können Maßregelungen der Stiefmutter eigentlich erst akzeptieren, wenn sie ein freundschaftliches Verhältnis zu ihr entwickelt haben, was oft 18 bis 24 Monate dauern kann. Deshalb ist es besonders wichtig, daß beide Erwachsene einander unterstützen, wenn es um Meinungsverschiedenheiten und Regelungen geht. Der Vater ist anfangs vielleicht derjenige, der Verbote und Befehle ausspricht, aber wenn er nicht da ist, müssen seine Kinder wissen, daß in seiner Abwesenheit seine Frau ihn voll vertreten kann.»

Stiefmütter strafen ungern und das aus gutem Grund. Leibliche Eltern begegnen ihren Kindern mit Liebe und Zärtlichkeit schon lange, bevor eine Strafe sinnvoll wäre, und wenn die Kinder älter sind, können sie dann Disziplinierungen meistens leichter akzeptieren. Auch die Stiefmutter muß dem Kind erst zu verstehen geben, daß sie es mag, bevor sie als Autoritätsperson auftreten kann. Eine Stiefmutter erzählt:

«Wenn ich meiner Stieftochter zu Anfang unseres Zusammenlebens etwas befohlen hätte, hätte sie mir das sehr übelgenommen. Deshalb sagte ich immer meinem Mann, was ich wollte, und er hat es ihr dann gesagt. Natürlich unterstützte ich ihn denn sehr in ‹seinen› Vorschlägen. Jetzt leben wir schon drei Jahre zusammen, und ich glaube, ich kann ihr heute hin und wieder einmal etwas sagen, was meiner Meinung nach zu ihrem Besten ist. Ich mache schließlich ihre Wäsche, koche ihr Essen und kaufe für sie ein.»

Eltern wissen, daß Kinder es ausnützen, wenn ein Fremder oder Neuer im Haus ist, und daß sie glauben, man wird ihnen jetzt mehr durchgehen lassen. Kinder wissen auch ganz genau, wenn Eltern unsicher sind. Margo erzählte:

«Ich glaube, mein Mann hatte vor seinen eigenen Kindern Angst. Er versuchte zum Beispiel mit Worten, seine achtjährige Tochter davon abzubringen, die Badewanne immer zu voll laufen zu lassen. Wenn sie ihn ignorierte, ging er einfach weg. Ich war von seinem Verhalten als Vater total überrascht, denn ich hatte mir eingebildet, daß ich seine Kinder ihm überlassen könnte. Ich hatte mich getäuscht.»

Schließlich mischte sich Margo ein, als ihre Stieftochter wieder einmal ungehorsam war und ihre Schuhe nicht wegräumen wollte, wie ihr der Vater gesagt hatte. Als er sich bückte, um es für sie zu tun, hielt Margo ihn zurück und befahl ihrer Stieftochter, die Schuhe aufzuheben. Das Mädchen merkte sehr schnell, daß ihre Stiefmutter sich nicht alles gefallen lassen würde und tat, wie ihr befohlen war.

Schlechte Angewohnheiten bürgern sich ein, wenn man nicht von Anfang an dagegen angeht. Man sollte zwar in der Übergangszeit nicht zuviel von Stiefkindern verlangen, gewisse Dinge aber sollten auch dann nicht erlaubt werden. Eine Frau hatte zum Beispiel einmal ihrem Stiefsohn erlaubt, während des Abendessens aufzustehen, um seine Mutter anzurufen. Jetzt ärgert sie sich, daß sie nicht darauf bestanden hatte, daß er damit bis nach dem Essen wartete, denn jetzt ist daraus schon ein Ritual geworden. «Wenn ich es ihm jetzt plötzlich verbiete, sieht es nach Schikane aus», meinte sie. Dennoch sollten ihr Mann und sie dieses Risiko eingehen; je länger sie warten, desto schwieriger wird es.

Einer anderen Frau passierte es, daß sie immer hinten im Auto sitzen mußte, wenn ihr Stiefkind zu Besuch war. Es bestand darauf, neben dem Vater zu sitzen, der sich nichts zu sagen traute. «Ich war so wütend auf beide und hatte das Gefühl, daß man mich einfach abschob.» Dann faßte sie sich eines Tages ein Herz und meinte: «Es tut mir leid, aber ab heute möchte ich wieder vorne sitzen.» Danach fühlte sie sich wie befreit, und dem Kind schadete es natürlich nichts, hinten zu sitzen. Wenn Regeln mit Überzeugung aufgestellt werden, wird das Kind sich selten dagegen auflehnen.

Auch für die Frau, deren Stiefkinder bei ihr und dem Vater leben, ist es nicht leicht, das richtige Maß an Disziplin zu finden. Es ist einfacher, mit einem Mann zusammenzuleben, der im Bett raucht oder nie seinen Mantel ordentlich aufhängt, als zuzusehen, wie Kinder sich auf eine Weise benehmen, die einem gegen den Strich geht. Eine Stiefmutter berichtet:

«Mein Mann hat seine Tochter verwöhnt. Es war mir klar, daß ich als böse Stiefmutter dastehen würde, selbst wenn ich nur auf den einfachsten Verhaltensregeln bestand. Da er aber die meiste Zeit nicht zu Hause war, fielen mir natürlich alle Pflichten zu, die mit dem Haushalt zu tun hatten, ebenso die Erziehung seiner Tochter. Ich war diejenige, die sie dazu bringen mußte, ihr Zimmer aufzuräumen und etwas im Haushalt zu helfen. Pflichten, die sie natürlich höchst ungern übernahm. Wir waren vor unserer Hochzeit überein gekommen, daß er die nötige Strenge aufbringen würde. Wir dachten, sie würde mich schneller mögen, wenn nicht ich, sondern er die notwendigen Befehle gab. Dieser Plan war natürlich zum Scheitern verurteilt. Er nahm sie immer in Schutz, und ich fühlte mich einfach nicht berechtigt, an ihr herumzuerziehen. Wenn er abends nach Hause kam, zählte ich alles auf, was sie wieder verbrochen hatte und wirkte natürlich erst recht wie eine Xanthippe. Sie wußte genau, daß ich nichts ausrichten konnte. Wir machten uns selbst etwas vor.»

Einer anderen Frau ging es ähnlich; die abendliche Heimkehr des Mannes rief einen Wettlauf zwischen ihr und ihren zwei Stiefkindern hervor. Jeder wollte der erste sein, um dem Vater seine Version einer Meinungsverschiedenheit zu berichten. Auf diese Weise kann eine Stieffamilie natürlich nicht in Harmonie leben. Eine Stiefmutter muß sich trauen, den Kindern ihren Standpunkt klarzumachen, und ihr Mann sollte sie möglichst unterstützen.

Einigkeit macht stark

Das Paar sollte sich in Sachen Disziplin einig sein und, wenn nötig, abweichende Einstellungen vorher besprechen. Im Laufe der Zeit kann es natürlich sein, daß die Strategie im Umgang mit den Kindern verändert wird, aber Disziplin wird immer ein wichtiger Punkt bleiben. Kinder wissen genau, wie man Erwachsene gegeneinander ausspielt, die unterschiedlicher Meinung sind.

Viele Mißverständnisse zwischen Ehepartnern können vermieden werden, wenn man frühzeitig über Regeln und Grenzen diskutiert; außerdem erkennt der Mann bei diesen Gesprächen, daß sich seine Frau nicht vor der Verantwortung für seine Kinder drücken will. Viele unserer Einstellungen, besonders wenn es um Disziplin geht, stammen aus unserer eigenen Erziehung, was uns aber selten wirklich bewußt ist. Eine Frau war selbst überrascht, daß es ihr soviel ausmachte, ob ihre Stieftochter rechtzeitig nach Hause kam.

«Mein Mann ging schon zu Bett, und ich saß noch auf und wartete auf sie. Ich kam mir wie meine eigene Mutter vor, aber ich fand, daß sie zu einer bestimmten Zeit zu Hause sein sollte. Vielleicht war ich ein bißchen altmodisch, aber mein Mann merkte, daß ich mir wirklich Gedanken um Paula machte.»

Eine andere Frau fand, daß ihr Mann mit seinen Kindern zu streng war. «Er schrie seine Kinder an und obgleich ich es falsch fand, wollte ich mich nicht einmischen. Ich dachte, ich hätte nicht das Recht dazu.» Als sie schließlich mit ihm darüber sprach, stellte sie fest, daß ihm die alleinige Verantwortung für seine Kinder einfach über den Kopf gewachsen war; er war froh, daß sie ihm helfen wollte. Sie einigten sich auf einen Mittelweg und beschlossen, daß die Stiefmutter sich von nun an nicht mehr aus der Erziehung der Kinder heraushalten sollte. «Vorher war ich mir wie ein Babysitter vorgekommen.»

Selbstverständlich sollte die Stiefmutter auf das Alter der Kinder und ihren psychischen Zustand Rücksicht nehmen, wenn sie in die Erziehung eingreifen will. Während der ersten Zeit ist es wahrscheinlich weiser, wenn sie sich möglichst im Hintergrund hält, aber letzten Endes müssen die Kinder wissen, «wer im Haushalt das Sagen hat». Sie dürfen nie daran zweifeln, daß die Frau des Vaters eine gewisse Autorität hat und sie auch ausspielen wird. Die Stiefmutter ist nun mal kein gleichaltriger Kumpel.

Disziplinfragen machen dem Ehemann deutlich, was seine neue Frau wirklich von seinen Kindern hält, eine nicht immer einfache Situation. Leibliche Eltern sind selten in der Lage, ihre Kinder objektiv zu sehen. Eine Stiefmutter beurteilt die Kinder nüchterner, und es kann gut sein, daß ihr Mann ihre kritischen, aber realistischen Beobachtungen als Vorurteile abtut. Leibliche Eltern wollen ihre Kinder gegen Außenstehende verteidigen, und zumindest am Anfang ist die Stiefmutter auch für den Mann eine Außenstehende.

Mit Strafen kann eine Stiefmutter die Kinder nicht zu den Menschen erziehen, die sie ihrer Meinung nach sein sollen, und es scheint ihr oft unsinnig, ihnen Vorschriften zu machen, die doch nicht eingehalten werden.

> «Was ich von meinen Stiefkindern erwarte, ist immer weniger wichtig als das, was die leiblichen Eltern möchten. Meine Autorität ist geringer als ihre, meine Vorstellung davon, was für sie das Richtige ist, wird immer zu allerletzt berücksichtigt.»

Solche Klagen haben wir oft gehört. Eine Stiefmutter muß sich damit zufriedengeben, nur in den Situationen angehört zu werden, die sie direkt betreffen, die in ihre Familie hineingreifen und die mit dem Besuch der Kinder in ihrem Haus zu tun haben. Auf diese Weise hat sie nur selten einen bleibenden Einfluß auf die Entwicklung des Kindes und auf sein Verhalten.

Stiefmütter halten im allgemeinen die Kinder des Mannes immer für verwöhnt, und häufig ist das auch der Fall. Die leiblichen Eltern haben wegen der Scheidung ein schlechtes Gewissen und entschuldigen das unmögliche Benehmen der Kinder nur zu schnell. Wenn das Kind der Disziplin des einen Elternteils entfliehen kann, indem es einfach Zuflucht bei dem anderen sucht, kann es beinahe bis in alle Unendlichkeit jeder Strafmaßnahme durch die Eltern entgehen. Schlechtes Benehmen wird zur Norm. Die Stiefmutter aber sollte sich davor hüten, mit ihrem Urteil zu schnell und zu streng zu sein; erst muß sie ihrem Mann bewiesen haben, daß sie wirklich nur das Beste für das Kind will. Sie muß Geduld haben und in ihren Bemühungen um das Kind nach einer geschickten Strategie vorgehen; es lohnt sich auf lange Sicht.

Wenn es um Disziplin in bezug auf sein Kind geht, muß die Stiefmutter erst das Vertrauen des Vaters erwerben. Marie erreichte absolut nichts, als sie ihrem Mann vorschlug, seine Tochter doch einmal etwas fester anzufassen; die Achtjährige dachte sich nichts dabei, andere dauernd im Gespräch zu unterbrechen, und wenn ihr etwas nicht paßte, ging sie einfach ins Bett und zog sich die Decke über den Kopf. Marie änderte ihre Strategie:

> «Anfangs ließ ich Tom ganz allein für Alice sorgen. Er konnte das gut, und ich hatte mit ihr keine Mühe. Aber wir lebten auch irgendwie in zwei Lagern, auf der einen Seite waren Tom und ich, auf der anderen er und Alice.»

Marie fing an, sich ihrerseits mehr um Alice zu kümmern. Sie betreute sie, als ihr nach einem Geburtstag schlecht wurde. Sie nähte in letzter Minute Alices Kostüm für die Aufführung fertig. Sie sprach aber auch mit Lehrern in Alices Schule, die ihr bestätigten, daß Alice sich immer beschwerte und beleidigt war, wenn sie sich meldete und nicht gleich drankam. Als sie jetzt ihrem Mann erzählte, was die Lehrer gesagt hatten, meinte er nicht mehr «Ach, laß doch Alice in Ruhe!»

Wenn eine Frau ihr Stiefkind nicht direkt kritisieren oder strafen will, weil sie glaubt, nicht das Recht dazu zu haben, oder Angst hat, daß es dann zum Streit mit ihrem Mann kommt, kann sie sich an andere Familienmitglieder um Hilfe wenden. Ein Vater zum Beispiel wollte nicht einsehen, daß die Tischmanieren seines Sohnes unmöglich waren. Seine Frau wandte sich daraufhin an ihre Schwägerin, die dann mit ihrem Bruder über seinen Sohn sprechen konnte. Manchmal braucht es dann eben drei Erwachsene, bis einem Jungen gesagt wird, wie er seine Gabel richtig hält.

11. Die alltägliche Hausarbeit

Selbst Frauen, die früher ihre Küche nur selten betreten haben, die Putzen und Kochen verabscheuen und denen es völlig egal ist, ob ein Kragen blütenweiß wird oder nicht, stellen plötzlich fest, daß Hausarbeit an Bedeutung gewinnt, wenn die Kinder des Mannes zu Besuch sind. Die Haushaltsführung der Stiefmutter ist anders als die, die die Kinder gewohnt sind. Zumindest im Unterbewußtsein empfindet die Frau das Haus als ihr eigentliches Revier, und sie ist selbst erstaunt, wie wichtig es ihr ist, wie man sich in ihrem Haus benimmt. Viele Stiefmütter reagieren allergisch auf dieses Thema.

Dienstmagd der Stiefkinder?

Die Frau fürchtet, daß ihre Stiefkinder sie ablehnen werden, wenn sie darum bittet, das Badezimmer nach Benutzung sauberzumachen – was eigentlich eine Selbstverständlichkeit sein sollte. Sie hat Angst, zu streng zu wirken: vielleicht verhält sie sich auch nach Meinung ihres Mannes nicht richtig. Sie möchte unbedingt akzeptiert werden; außerdem ist sie nicht sicher, ob sie wirklich das Recht hat, ihren Stiefkindern etwas vorzuschreiben; der Erfolg ist, daß ihre Versuche, eine bestimmte Ordnung einzuführen, fehlschlagen. Sie kann natürlich nicht erwarten, daß die Kinder ihre Ansichten und ihr Leben ihr zuliebe verändern, aber in ihrem eigenen Haus hat sie das Sagen und darf auch einfache Regeln aufstellen, wie es jeder Lehrer oder Erzieher tut. Was es für sie so schwierig macht, ist wieder ihr fehlendes Selbstbewußtsein, wenn es um die Kinder ihres Mannes geht.

Eine Frau berichtete, daß sie jedesmal nach dem Besuch ihrer halbwüchsigen Stiefsöhne ein Nervenbündel war. Die Jungens erwarteten, daß ihnen das Essen serviert wurde und die Stiefmutter hinterher den Tisch abräumte. Es dauerte nicht lange, und die Frau fühlte sich wie eine Hausangestellte. Jeden Sonntagabend war sie ärgerlich, daß sich die Kinder wieder so unmöglich benommen hatten, und beklagte sich bei ihrem Mann.

Sie sah den wöchentlichen Besuchen mit immer weniger Begeisterung entgegen, bis sie sich entschloß, selbst etwas zu unternehmen. Beim nächsten gemeinsamen Essen sagte sie:

> «Wir haben kein Hausmädchen, und ich möchte gern, daß ihr eure schmutzigen Teller selbst in die Küche tragt. Es wäre auch nett, wenn ihr mir das nächste Mal beim Tischdecken helfen würdet.»

Die Jungens sahen einander zwar erstaunt an, taten aber, was sie verlangt hatte, und gewöhnten sich daran, im Haushalt mitzuhelfen. Sie hat ihnen natürlich nie erzählt, daß sie all ihren Mut zusammennehmen mußte und ihre kleine Rede vorher ein paarmal vor dem Spiegel geübt hatte.

Als Susi vor fünf Jahren einen Mann mit zwei Söhnen heiratete, stürzte sie sich voll Begeisterung auf ihre neue Aufgabe. Vor dem Besuch der Kinder fragte sie, was sie am liebsten essen würden, und meistens hatten ihr Mann und sie etwas ganz Besonderes mit den Kindern vor.

> «Es war ein Schock für mich, als der Jüngere nach all meinen Anstrengungen in seinem Essen herumstocherte und meinte, ‹ich mag keine Pilze in der Soße›. Er aß nichts, und ich fand das sehr unhöflich. Wir saßen alle um den Tisch herum, und ich war den Tränen nahe.»

Als die Jungens weder ihre Sachen aufräumten noch ihre Betten machten und die nassen Handtücher einfach auf dem Boden liegen ließen, war sie wütend, sagte aber nichts. «Ich wiederholte mir nur immer wieder, daß auch dieser Besuch bald vorbeisein würde.» Zu viele Frauen warten wie Susi jede Woche darauf, daß der Besuch der Kinder vorbeigehe.

Susis gute Miene zum bösen Spiel war einer der Hauptgründe dafür, warum sie mit ihrer Rolle als Stiefmutter so unzufrieden war. Die ganze Woche lang redete sie sich ein, daß es keinen Sinn hätte, ehrlich zu sagen, wie unwohl sie sich immer mit den Kindern fühlte. Und das ganze Wochenende lang wartete sie nur darauf, daß es endlich Sonntagabend sein würde und wieder ein Besuch der Kinder vorbei war. Erst vier Jahre später, nach einem Jahr psychotherapeutischer Behandlung und Eheberatung wegen Problemen, die direkt mit ihrer Situation als Stiefmutter zusammenhingen, hatte sie Folgendes erkannt:

> «Man sollte als Erwachsener sofort mit einer gewissen Autorität auftreten. Man kann nicht den gleichaltrigen Kumpel spielen. sondern sollte deutlich machen, was man von den Kindern erwartet. Sonst hat man keine Chancen. Die Kinder hassen ihre leiblichen Eltern ja auch nicht, weil die gewisse Dinge von ihnen verlangen, und das gleiche gilt auch für Stiefeltern. Wenn die Stiefmutter ihre Rechte aufgibt, dann haßt sie letzten Endes nur sich selbst dafür.»

Selbstbewußtsein und Konsequenz

Damit ist natürlich nicht gemeint, daß die Stiefmutter nun wie eine Furie auftreten sollte, aber sie sollte darauf bestehen, daß Dinge in ihrem Haus so gemacht werden, wie sie es für richtig hält. Das ist leichter gesagt als getan; die meisten Frauen wissen nicht recht, wie sie dabei vorgehen sollen, wie sie ihre Wünsche glaubhaft ausdrükken und dabei deutlich machen können, daß sie ein Recht haben, in dem Haus des Vaters Regeln aufzustellen. Wie sich die einzelne Frau durchsetzt, hängt von ihrer Persönlichkeit ab und natürlich auch von der Wesensart der Stiefkinder. Mit schüchternen, stillen Kindern sollte man sanfter umgehen als mit selbstbewußten oder frechen. Eine Frau, die sich selbst als rauh aber herzlich bezeichnete, meinte, daß sie große Schwierigkeiten hätte, ihre Stiefkinder überhaupt zu verstehen und sich mit ihnen zu verständigen.

Aber selbst wenn die Kinder manchmal in einer anderen Sprache zu sprechen scheinen, sollte sich die Stiefmutter immer direkt an sie wenden, statt ihre Wünsche und Klagen über den Vater zu leiten. Sie kann nicht erwarten, daß die Kinder ihr vertrauen, wenn sie sich ihnen gegenüber wie ein Lamm benimmt, hinter ihrem Rücken aber sich heftig beschwert.

Die meisten Stiefmütter werden erst aus Schaden klug. Eine Frau versuchte immer nur liebevoll zu ihren Stiefsöhnen zu sein, auch wenn sie mit schmutzigen Schuhen ins Haus kamen, wenn sie ständig ihren Kühlschrank leerten und zu spät zum Essen erschienen. Auch dann lächelte sie noch und sagte nichts. Sobald die Kinder aber aus dem Haus waren, rief sie ihren Mann in seinem Büro an und beschwerte sich.

> «Ich sagte ihm, was er den Kindern sagen sollte, daß Robert nächstes Mal seine Handtücher aufhängen und Georg den Abfall abends hinaustragen sollte. Außerdem sollte er rechtzeitig Bescheid sagen, wenn er nicht zum Essen dasein würde. Mit meinem Mann war ich ganz energisch, aber den Jungens gegenüber traute ich mich nicht.»

Eines Abends trat ihr Mann mit einem müden Ausdruck auf dem Gesicht durch die Tür und sagte in ihrem Beisein zu seinen Söhnen: «Eure Stiefmutter hat mich heute angerufen, und ich soll euch sagen...» Sie konnte es kaum fassen:

> «Ich kam mir so idiotisch vor. Georg und Robert sahen mich an, als ob sie sagen wollten, ‹wie kann man bloß so feige sein!›. Ich hatte natürlich eine Riesenwut auf meinen Mann, aber ich verstand, daß er recht hatte. Ich war selbst schuld. Ab da sagte ich ihnen selbst, was ich von ihnen wollte. Es war gar nicht so schwer, und ich fühlte mich viel besser dabei.»

Stiefmütter beschweren sich oft darüber, daß sie Köchin und Hausmädchen spielen müssen, wenn die Kinder da sind. Es kommt ihnen unnatürlich vor, und sie fühlen sich manchmal sogar ausgenutzt, wenn sie für Kinder sorgen müssen, mit denen sie nichts aus der Vergangenheit verbindet. Der Stiefmutter kommt es oft so vor, als ob sie mehr für diese Kinder tut, als sie eigentlich will; für sie sind es doch noch fremde Menschen. Zweifellos ist es falsch sich aufzuopfern. Nirgendwo steht geschrieben, daß eine Frau die Pflicht hat, ihre Stiefkinder von vorne bis hinten zu bedienen, wie vielleicht manchmal eine Mutter tut, vor allen Dingen, wenn sie sich innerlich dagegen sträubt. Ein Mann, der merkt, wie seine Frau über ihre angeblichen Pflichten als Stiefmutter denkt, hilft wahrscheinlich lieber selbst im Haushalt mit, als daß er eine ewig unzufriedene Frau zu Hause weiß. Vater und Kinder können gemeinsam helfen und sich einander dadurch näher fühlen. Vielleicht macht es ihnen Spaß, zusammen einzukaufen, zu kochen oder den Tisch zu decken; manchmal muß ihnen die Frau nur einen kleinen Stoß in die richtige Richtung geben!

Stiefkinder, die zu Besuch sind, arbeiten oft gern gemeinsam mit den Eltern an einem nützlichen Projekt im Haus. Sie fühlen sich dadurch dazugehörig und weniger als Besuch, als wenn jedesmal mit ihnen etwas Besonderes unternommen wird. Und die Frau, die es bisher ungerecht fand, daß sie allein für den Haushalt verantwortlich war, wenn die Kinder zu Besuch kamen, hat vielleicht auch Spaß daran, zusammen mit ihnen und dem Mann die Mahlzeit zu planen und zuzubereiten. Auch sie fühlt sich dann weniger als Außenstehende.

Berufstätige Stiefmütter können sich meistens schwerer an die Besuche der Kinder gewöhnen als nicht berufstätige. Sie haben nur wenig Freizeit und opfern sie nicht gern für die Kinder und die damit zusammenhängenden Pflichten. Auch viele leibliche Mütter sind berufstätig, aber sie haben es meistens schon gelernt, Beruf und Kinder miteinander zu vereinbaren; Stiefmütter haben diese Erfahrung nicht. Eine Frau bat ihren Mann darum, an den Tagen, an denen seine Kinder zu Besuch kämen, früher von der Arbeit nach Hause zu kommen, um ihr beim Kochen zu helfen:

> «Ich muß ihn immer wieder daran erinnern, daß ich 37 Jahre alt bin und bisher keine Kinder hatte. Ich kann nicht über Nacht zur perfekten Mutter werden. Er muß mir einfach helfen.»

Sollte die Stiefmutter überhaupt irgendwelche Grundregeln für das Benehmen der Kinder in ihrem Haus aufstellen und wenn ja, welche? Sicherlich sollte sie auf der einen Seite flexibel sein und auch einmal fünfe gerade sein lassen: andererseits ist es wichtig, daß die Stiefkinder den Haushalt nicht auf den Kopf stellen oder darauf bestehen, Dinge zu verändern, die ihrer Stiefmutter wichtig sind. Sie können sich an ihren Stil der Haushaltsführung, an ihre Regeln ebenso gewöhnen, wie sie sich auch an Regeln in der Schule oder im Haus eines Freundes anpassen müssen. Man muß ihnen allerdings sagen, was man von ihnen erwartet, sie können keine Gedanken lesen. Und wenn die Kinder dann meinen: «zu Hause machen wir es aber so und so», hat die Stiefmutter das Recht zu sagen: «Das mag sein, aber hier machen wir es so», und «ich möchte gern, daß du das und das tust/nicht tust.»

Trotz aller Toleranz ist es richtig und wichtig, daß die Stiefmutter in ihrem Haus das Sagen hat und sich nicht von den Kindern unterdrükken läßt. Frauen, die eine gewisse Autorität über die Stiefkinder nicht aufrechterhalten können, fühlen sich immer ausgenutzt und unfähig. Auf sie wirken die Kinder wie Eindringlinge in ihre Welt. Sie tun weder sich selbst noch ihren Stiefkindern einen Gefallen, wenn sie sich nicht bemühen, den Kindern als Erwachsene mit Autorität zu begegnen. In ihrem Haushalt sind sie der Boss.

12. Das Eheleben

Auch für die beste Ehe können Stiefkinder eine Belastung sein. Frauen, die keine eigenen Kinder haben, wollen das vielleicht anfangs nicht wahrhaben, werden aber bald eines Besseren belehrt. Selbst wenn die Frau ihre Stiefkinder nur hin und wieder zu Besuch hat, hat das einen Einfluß auf ihre Ehe, da auch die Belange und Wünsche der Kinder berücksichtigt werden müssen.

Freizeit = Kinderzeit?

> «Ich war richtig neidisch auf die geschiedene Frau meines Mannes. Sie hatte ihre Wochenenden jetzt immer für sich, während ich mich mit den Kindern beschäftigen mußte und nie genug Zeit für mich oder meinen Mann hatte.»

Eine andere fügte hinzu:

> «Von den Kindern hängt jetzt ab, mit wem wir am Wochenende zusammen sind; meistens sind es andere Familien, und unsere alten Freunde, hauptsächlich Leute ohne Kinder, sehen wir kaum noch.»

Die meisten Stiefmütter sind mit den Kindern nur am Wochenende zusammen, und es ist nicht immer leicht, etwas zu finden, was den Kindern Spaß macht, gleichzeitig aber auch den Erwachsenen Erholung und Entspannung bringt. Viele Stiefmütter wollen ungern die ganze Zeit, die die Kinder zu Besuch sind, mit ihnen verbringen; Väter dagegen haben Hemmungen, die Kinder, die sie selten genug sehen, mit einem Babysitter zu Hause zu lassen und fühlen sich statt dessen verpflichtet, immer für die Kinder dazusein. Die Stiefmutter einer Sechsjährigen hat auf dem Gebiet ganz feste Vorstellungen: «Kinder sind Kinder, und Erwachsene sind Erwachsene; Kinder müssen nicht überall dabeisein.» Sie weigert sich, das Mädchen immer zu ihren Freunden mitzunehmen; ihr Mann dagegen will das Kind dabeihaben. Also bleiben dann alle drei zu Hause und sind auch nicht glücklich.

Solche Meinungsverschiedenheiten können die Eheleute überfordern. Ob die Kinder immer bei Vater und Stiefmutter leben oder nur regelmäßig zu Besuch kommen, Mann und Frau müssen sich beide bemühen, daß die Anforderungen, die durch die Kinder an sie gestellt werden, die Ehe nicht belasten. Man sollte die Kinder natürlich nicht als Feind sehen, aber beide Partner müssen sich darüber im klaren sein, daß durch unkontrollierte Forderungen der Kinder schon manche zweite Ehe in die Brüche gegangen ist.

Ehepartner können ihre eigene Beziehung nur festigen, wenn nicht zu viele Rücksichten auf äußere Faktoren genommen werden müssen. Bei zweiten Ehen mit Stiefkindern müssen sich beide besondere Mühe geben, daß die Kinder und alles, was mit ihnen zusammenhängt, nicht zuviel Zeit und Aufmerksamkeit in Anspruch nehmen und die Ehe darüber vernachlässigt wird. Häufig ist eine Ehe allein schon dadurch gefährdet, daß die Partner unterschiedlich reagieren, wenn es Konflikte mit den Kindern gibt.

Die Stiefmutter muß erkennen, daß die Kinder einen Einfluß auf sie, ihr Verhalten und damit auch die Ehe ausüben. Es hilft nichts, wenn sie sich weigert, das zuzugeben und ihre wahren, zum Teil negativen Gefühle unterdrückt. Manchmal genügt die Gegenwart der Kinder schon, um eine Persönlichkeitsveränderung der Stiefmutter zu bewirken, was wiederum das Verhältnis zum Partner stört.

> «Es war für mich kaum auszuhalten, wenn seine Kinder kamen und ich merkte, daß ich eine Schutzwand zwischen meinem Mann und seinen Kindern und mir errichtete. Ich weiß, das klingt verrückt, aber ich wollte nur, daß ihr Besuch so schnell wie möglich wieder vorbei war. Wenn sie fort waren, konnte ich vergessen, daß es sie überhaupt gab. Ich hatte auch dauernd etwas an ihnen auszusetzen, wenn ich auch meine Kritik so drehte, als ob ich mir nur Sorgen um sie machte. Ich brachte es jedesmal fertig, alle ihre

Fehler haarklein vor ihrem Vater auszubreiten. Schließlich sprachen wir kaum noch über die Kinder; es waren seine, nicht meine.»

Ihre kalte, defensive Art entfernte diese Frau immer weiter von ihrem Mann, und schließlich war es so, daß sie die Außenseiterin in der Familie war. Kinder und Vater hielten ihre Beziehung aufrecht, und sie blieb allein zurück, der Prototyp der bösen Stiefmutter. Wenn eine Stieffamilie gut zusammenleben soll, müssen die Mitglieder ein offenes Interesse aneinander zeigen. Wenn sich die Frau emotionell von ihrem Mann isoliert, steht es um die Ehe schlecht.

Gerade in diesen Ehen müssen die Partner einander vertrauen, müssen sie ihre Meinungen austauschen und wissen, wie der andere denkt.

Wenn sie mit dieser Offenheit schon vor der Ehe beginnen können, sind die Chancen für gute Beziehungen innerhalb der Stieffamilie besonders gut, aber leider denken die meisten Paare vor der Ehe nur selten an Probleme, die durch Stiefkinder entstehen können. So passiert es, daß sich die Frau dann plötzlich in einer wenig befriedigenden Lebenssituation wiederfindet, die sie sich aber nicht zu ändern traut. Wenn das Paar sich dann endlich dazu durchringt, etwas zu verändern, dann ist es nicht selten zu spät.

Wir wollen einmal ganz ehrlich sein, nur unserem Mann zuliebe übernehmen wir seine Kinder. Wir können keine gute Ehe führen, wenn wir uns nicht auch mit den Kindern des Mannes beschäftigen. Wir wollen von diesem wichtigen Teil des Lebens unseres Ehemannes nicht ausgeschlossen sein. Eine Stiefmutter gab zu, daß sie anfangs zu ihren Stiefkindern ziemlich kühl war. Vor ihrer Ehe war sie sogar sehr dafür, daß er allein mit seinen Kindern etwas unternahm. «Irgendwie waren sie unwirklich für mich.» Als es aber so aussah, als ob sich aus der Freundschaft zu dem Mann eine feste Beziehung entwickeln würde, waren die Kinder ihr weniger gleichgültig:

«Ich war auf diese unbekannten Menschen, die offensichtlich für den Mann, den ich liebte, so wichtig waren, beinahe eifersüchtig. Ich fing an, mich für sie zu interessieren, denn ich wollte mit dazugehören.»

Meistens ist eine solche Erkenntnis von dem Gefühl begleitet, daß nun auch alles ganz schnell gehen muß. Man weiß jetzt, daß man mit dem Mann auch seine Familie in Kauf nehmen muß; die Frau fühlt, daß es sehr wichtig ist, von ihren Stiefkindern akzeptiert zu werden, wenn sie überhaupt in der Familie ihren Platz finden möchte und ihre Ehe sich zufriedenstellend entwickeln soll. Besuche der Kinder empfindet sie als Zeit der Prüfung. Kinder sehen das allerdings selten so. Auch durch Druck kann man sie nicht dazu bringen, einen nun schneller ins Herz zu schließen. Die Frau sieht ihr Familienleben also in zwei Teile geteilt: auf der einen Seite ihre Beziehung zu ihrem Mann und auf der anderen Seite die Beziehung zu seinen Kindern; beide entwickeln sich unterschiedlich schnell. Diese Spaltung läßt die Frau oft enttäuscht feststellen, daß das Ideal der großen, harmonischen Familie wohl nur in ihren Träumen existiert.

Ehe und Familie

Stiefkinder müssen für eine Ehe nicht unbedingt belastend sein. Wenn man flexibel ist und akzeptiert, daß allerlei Unerwartetes passieren kann, dann können die Kinder sogar einen positiven Einfluß auf die Ehe ausüben. Manchmal fühlen sich die Partner durch sie einander näher verbunden, ebenso, wie ein leibliches Kind aus einem Paar eine richtige Familie machen kann.

Wenn die Kinder noch jung sind und positiv auf eine liebevolle Betreuung reagieren, lernt man durch sie erst eine gemütliche Familienatmosphäre kennen. «Die Kinder haben uns einander nähergebracht», berichtete eine 40jährige Frau, deren Stiefkinder vier und neun Jahre alt waren.

> «Ich war selbst überrascht, wie schön ich das Gefühl fand, als Familie etwas zu unternehmen, ob wir Freunde oder Verwandte besuchten oder gemeinsam in den Zirkus gingen. Wir fingen an, regelmäßig am Sonntag mit ihnen in die Kirche zu gehen, gingen in den Zoo und ins Schwimmbad. Ich kann es nicht recht erklären, aber es gab mir ein warmes Gefühl, gemeinsam mit meinem Mann und seinen Kindern etwas zu machen, woran wir als Paar nie gedacht hätten.»

Es ist interessant, daß dieser Kommentar gerade von einer Frau kam, die sich am Anfang ihrer Ehe sehr gegen diese rigiden Besuchszeiten, die sie absolut lächerlich fand, gesträubt hatte. Trotzdem konnte sie die Zeit mit den Kindern genießen. Eine Stiefmutter wird immer auch mit gewissen Schwierigkeiten konfrontiert werden; was zählt, ist, ob die angenehmen Seiten ihres Stiefmutterdaseins die unangenehmen aufwiegen.

Selbst wenn eine große Stieffamilie in Harmonie zusammenlebt, ist das nicht unbedingt in jeder Beziehung ideal. Das Verhältnis zwischen den Ehepartnern wird nicht selten sehr vernachlässigt, weil sich alles um die Zufriedenheit der Gruppe dreht. Die Beziehung der Erwachsenen zueinander muß hinter den elterlichen Pflichten und Verantwortungen zurückstehen. Jutta stellte fest:

> «Viel zu häufig überschatteten die Sorgen um die Kinder unsere Beziehung als erwachsene Partner. Nur die Familie als Ganzes war wichtig. Mein Mann und ich hatten so viel mit nötigen Kleidungseinkäufen, mit den Schulen und mit Arztbesuchen der vielen Kinder zu tun, daß für wenig sonst Zeit blieb. Als die Kinder klein waren, gab es keinen ruhigen Moment. Ich glaube, ich habe es nur ausgehalten, weil mein Mann und ich die wenige Zeit zu zweit immer gut ausnutzten. Aber es war wirklich nicht leicht.»

Jutta hatte selbst vier Kinder, und die fünf ihres Mannes wohnten auch bei ihr; ihre Erfahrung zeigt, daß eine solche Mischung gutgehen kann, aber nur, weil beide Eltern immer flexibel blieben. Streit gab es zwischen ihr und ihrem Mann eigentlich nur, wenn es um Disziplin ging. Ihr Mann nahm es nicht so genau, wenn die Kinder nicht zur abgemachten Zeit zu Hause waren und regte sich auch weniger auf, als sie mit Drogen experimentierten. Für Jutta war diese Einstellung unhaltbar. Sie stritten sich heftig darüber, und einmal, als es darum ging, welche Regeln man für eine Kellerparty aufstellen sollte, warf sie sogar in ihrer Wut einen Kochtopf nach ihm.

Man kann nicht häufig genug betonen, wie wichtig es ist, daß sich die Ehepartner in einer Familie mit Stiefkindern immer wieder aussprechen, auch wenn es sich anhört, als ob ihr Leben aus einer einzigen Therapiesitzung bestünde. Es ist notwendig und nicht nur wünschenswert, daß die Partner Hoffnungen und Klagen offen äußern und diskutieren können. Wenn man sich erst daran gewöhnt hat, den anderen nicht zu fragen, ihn nicht damit zu belasten, einfach seinen Mund zu halten, fühlt man sich ihm immer stärker entfremdet und hat dann erst recht nicht den Mut, zu ihm mit seinen Sorgen wegen der Stiefkinder zu kommen. Eine Frau mit vier Stiefkindern berichtet:

«Dreißig Jahre lang habe ich meinem Mann nicht gesagt, wie schwierig ich es fand, Stiefmutter seiner Kinder zu sein. Er wollte einfach kein kritisches Wort über seine Kinder hören, also sagte ich auch nichts. Es wäre alles so viel leichter für mich gewesen, wenn wir miteinander hätten sprechen können. Ich würde jeder Frau, die einen Mann mit Kindern heiraten will, empfehlen darauf zu bestehen, von Anfang an mit ihrem Mann über die Kinder und ihre Gefühle ihnen gegenüber zu sprechen. Sonst wird allmählich die Ehe darunter leiden.»

Viele Frauen beschweren sich anfangs nur ungern über ihre Stiefkinder. Wenn sie sich aber erst in ihrer neuen Ehe sicherer fühlen, haben sie meist weniger Hemmungen, deutlich auszusprechen, was sie beschäftigt. Man sollte die Kinder des Mannes niemals unnötig kritisieren; er wird sie verteidigen, wenn man sie beschimpft oder damit droht, sie nicht mehr ins Haus zu lassen. Aber Ehepartner, die einander lieben, sollten fähig sein, miteinander über ihre Gefühle zu sprechen, selbst wenn sie sich nicht nur Positives zu sagen haben. Eine Frau machte folgende Erfahrung:

«Als ich mit meinem Mann zusammenzog, traute ich mich nicht, etwas gegen seine Kinder zu sagen, ja, ich ließ ihn noch nicht einmal wissen, was ich von ihm wollte oder von seinen Kindern. Heute haben wir eine Vergangenheit miteinander, unsere Beziehung ist fester geworden, und ich weiß, daß er mich nicht rauswerfen oder verlassen wird, wenn ich mal auf seine Kinder böse bin.»

Es ist höchst unwahrscheinlich, daß eine Frau zu den Kindern ihres Mannes dieselbe emotionelle Beziehung hat wie er und auch in allem seine Meinung über seine Kinder teilt.

Erstaunlich wenige Frauen unterhalten sich mit ihrem Mann vor der Ehe darüber, wie die Besuchszeiten seiner Kinder geregelt sind, und entsprechend viele sind dann auf die Situation später nicht eingestellt. «Ich war so verliebt, daß ich gar nicht darauf kam, mit meinem Mann über seine Kinder zu sprechen», meinte eine Frau, die ganz betroffen war, als die Kinder dann jedes Wochenende zu Besuch kamen. Vor der Ehe hatte der Mann viele Wochenenden mit ihr verbracht. Es ist erstaunlich, wie viele Paare es vermeiden, über dieses wichtige Thema zu sprechen; diese Erfahrung machen auch viele Familientherapeuten.

Selbst wenn man sich überwinden muß, schon vor der Heirat über ein so schwieriges Thema mit dem Mann zu sprechen, der Kummer über Meinungsverschiedenheiten später kann sehr viel größer sein. Nach der Hochzeit fuhr Melanies Mann beinahe jedes Wochenende mit seinen drei Kindern ans Meer und ließ sie ohne Auto allein zu Hause. «Wir stritten uns jedesmal, es war ganz furchtbar», erzählte Melanie, die auch jetzt nach dreizehn Jahren noch mit Zorn an diese Zeit zurückdenkt. «Wenn wir nur vorher darüber gesprochen hätten, wäre alles leichter gewesen.» Sie ist überzeugt, daß ihre Ehe nur deshalb hielt, weil ihr Mann ins Ausland versetzt wurde und die Wochenendfahrten mit seinen Kindern aufhörten. Zum erstenmal konnten sich die Partner aufeinander konzentrieren und ihre Ehe festigen. Als sie nach Hause zurückkehrten, machte es ihrem Mann weniger aus, Frau und Stiefkinder zusammenzubringen.

> «Wir mußten uns einfach erst einmal als Paar finden und eine feste Beziehung aufbauen, was nicht möglich war, solange wir uns dauernd der Kinder wegen stritten. Wenn wir diese Zeit zu zweit nicht gehabt hätten, wäre unsere Ehe wahrscheinlich in die Brüche gegangen.»

Die meisten Paare können mit einer solchen Versetzung, die die Partner einander näherbringt, nicht rechnen. Psychologen raten dringend, möglichst vor der Wiederverheiratung mit dem Partner über alles, was mit den Kindern zusammenhängt, zu sprechen; wenn das nicht möglich ist, vielleicht weil sich die Situation der Kinder erst ändert, nachdem der Vater schon wieder geheiratet hat, sollte man mit dem Partner bei dem ersten Anzeichen einer ehelichen Belastung durch die Kinder, ausführlich sprechen und Sorgen und Ärger nicht hinunterschlucken. Mißverständnisse und falsche Rücksichtnahme können auf lange Sicht für eine Ehe viel schädlicher sein. «Es ist immer falsch, still zu sein und abzuwarten, ob Dinge nicht von allein besser werden», meint Dr. Sager. Vielleicht sollte die Stiefmutter sich nicht gleich zu Anfang darüber beklagen, wie schlecht die Besuchszeiten der Kinder eingerichtet sind. Sie zeigt so, daß sie das Beste für alle will und flexibel ist. Sollten die Abmachungen sie aber sehr stören, wie Melanie z. B., sollte sie darauf bestehen, daß möglichst bald etwas geschieht, statt darauf zu warten, daß es zur Explosion kommt. Eine Frau muß auch Verantwortung für die Kommunikation innerhalb der Stieffamilie mitübernehmen, und sie macht sich schuldig, wenn sie in einer untragbaren Situation nichts sagt.

Mann und Frau, die ineinander verliebt sind, haben oft Schwierigkeiten negative Gefühle zu zeigen. Offene Unterhaltungen, die für das Paar wichtig sind, finden nicht statt, weil beide so sehr wollen, daß alles nur harmonisch und friedlich abläuft. Also verbergen sie ihre Ängste und Zweifel, sind nicht bereit, komplexe Probleme als solche zu erkennen und gemeinsam an ihrer Lösung zu arbeiten. In Krisensituationen, wenn sich die Partner also nur noch streiten und emotionell reagieren, sollte möglicherweise ein Psychotherapeut oder Eheberater zu Rate gezogen werden. Die Frage ist, ob ein Mann wirklich der beste Freund und Seelenverwandte sein kann, wenn er doch indirekt an dem Problem, was einen zur Zeit quält, schuldig ist? Die Antwort ist dann ja, wenn man auch seine Situation mit Verständnis und Liebe sehen kann. Man darf sich nur nicht selbst für das Opfer und ihn für die Ursache aller Schwierigkeiten halten. Wenn Mann und Frau zusammenstehen und dabei nicht nur Besuchstermine und praktische Pläne zusammen festlegen, sondern darüber auch ihre Beziehung als Ehepartner nicht vergessen, können sie ein glückliches Leben als Paar in ihrer Stieffamilie führen.

13. Ferien ohne Stress

In den Ferien möchte man vom Alltag und vom Beruf Abstand bekommen; Ferien mit Kindern sind nicht unbedingt erholsam, und Stiefkinder bringen noch besondere Probleme. Eine Frau berichtete:

«Als wir mit Toms Kinder zusammen Urlaub machten, aßen wir nur in billigen Schnellrestaurants. Ich hatte gehofft, daß Tom und ich auch einmal schön ausgehen würden, daß wir vielleicht in einem eleganten Restaurant gemütlich essen, uns ausführlich bei Kaffee und Cognac hinterher unterhalten könnten und den Abend vielleicht mit einem schönen Spaziergang beschließen würden. Das war aber nicht drin. Tom wollte jede Minute mit seinen Kindern zusammensein, weil er sonst so wenig Zeit für sie hat. Aber ich habe schließlich auch nur einmal im Jahr Urlaub und habe mir geschworen, einen solchen Urlaub nicht noch einmal zu machen.»

Viele Wünsche unter einen Hut bringen

Das Planen von Ferien und Feiertagen ist für Stieffamilien immer besonders schwierig. In unserem heutigen, hektischen Leben brauchen wir im Urlaub Ruhe und Entspannung. Eine Stiefmutter, wie übrigens die meisten Menschen, ist der Meinung, daß sie auf einen solchen Urlaub ein Recht habe, und empfindet ihn nicht als besondere Belohnung. Wenn die Stiefkinder immer dabei sind, fühlt sie sich unter Umständen um ihren Urlaub betrogen.

«Ich kann mich schon nicht mehr richtig freuen, wenn Hans sagt, er will zwei Wochen im Sommer Ferien machen», sagte Rosmarie, «wenn wir das tun, was für seine drei Kinder das richtige ist, haben er und ich keine Möglichkeit, uns von unserem anstrengenden Alltag zu erholen. Es ist schließlich auch mein Urlaub, und ich möchte ihn nicht damit verbringen, nur für seine Kinder zu sorgen.»

Kinder, die ihren Vater nur selten sehen, meinen, daß sie auch ein Recht haben, mit ihm in seinen Ferien zusammenzusein, und das haben sie auch. Das Dilemma ist offensichtlich: der Vater steht in der Mitte und versucht verzweifelt und meist ohne Erfolg, beiden Seiten gerecht zu werden.

«Wir können uns nur eine Reise im Jahr leisten und fahren dann immer meinen Stiefsohn besuchen», berichtete Miriam. «Das allein wäre ja nicht so schlimm; um aber Kosten zu sparen, wohnen wir dann immer bei meinen Eltern, die in der Nähe leben. Mein Stiefsohn wohnt dann mit uns bei meinen Eltern; ich muß also bei meinen Eltern im Haus zusammen mit meinem Stiefsohn Urlaub machen. Und natürlich muß ich da im Haushalt mithelfen, muß kochen und unsere Sachen waschen, und alle wollen etwas von mir. Für mich ist das kein Urlaub, ich grause mich eher davor.»

Beide Ehepartner haben das Recht, ihr schwer verdientes Geld in ihrer Freizeit nach ihren Wünschen auszugeben, aber wie macht man am besten von diesem Recht Gebrauch? Wichtig ist vor allen Dingen, daß das Paar die Pläne gemeinsam durchspricht.

«Ein Mann muß einsehen, daß seine Frau auch Zeit mit ihm allein braucht», sagte Dr. Sager, «das ist in Stieffamilien nicht anders als in regulären Familien. Jeder braucht mal eine Ruhepause.» In Stieffamilien spielen allerdings Schuldgefühle und Eifersucht noch eine größere Rolle. Urlaubspläne und -versprechen sollten also weder unüberlegt gemacht noch festgelegt werden, ohne daß der Partner befragt wurde. Mann und Frau sollten sich zusammensetzen und ehrlich sagen, was sie sich von dem Urlaub versprechen; darauf sollte sich dann der Urlaubsplan aufbauen, keine leichte Sache!

Finanzielle Umstände, die Zeit und die persönlichen Eigenarten der Betreffenden müssen bedacht werden, aber das Wichtigste ist, daß man sich gut vorbereitet.

«Heute versprechen wir den Jungens nichts mehr, bevor wir es nicht untereinander genau abgesprochen haben. Früher hatte ich große Hemmungen zu sagen, daß ich auch Zeit ohne die Kinder brauchte. Und wenn wir dann wieder einmal von unseren Familienferien zurückkamen, war ich innerlich wochenlang sauer, fühlte mich um meine Ferien betrogen und trauerte um die verpaßte Gelegenheit, endlich einmal mit meinem Mann allein Urlaub zu machen.»

Früher versprach ihr Mann seinen Söhnen, ihre gesamten Ferien mit ihnen zu verbringen, heute bespricht er sich mit seiner Frau, und beide legen ein paar Tage vor oder nach dem Besuch der Kinder fest, an denen sie zu zweit Urlaub machen können. Das idealisierte Bild der großen glücklichen Stieffamilie, die zusammen mit ihrem struppigen Hund in einen VW-Bus gepfercht fröhlich in Urlaub fährt, muß als Märchen entlarvt und die Erwartungen heruntergeschraubt werden, wenn keiner durchdrehen soll und das Paar seine Ehe erhalten will. Ein gut geplanter Urlaub, bei dem Zeit mit den Kindern und Zeit für das Ehepaar berücksichtigt wurde, gibt der Stiefmutter das Gefühl, daß sie auch noch Ehefrau ist und nicht nur Ersatzmutter. Ein solcher Urlaub ist für *alle* schön.

Beim Planen der Ferien sollten beide Partner versuchen, zueinander so ehrlich wie möglich zu sein, was aus verschiedenen Gründen nicht immer leicht zu sein scheint. Der Vater hat ein schlechtes Gewissen, weil er für seine Kinder das ganze Jahr über so wenig Zeit hatte, und seine Frau auch, weil sie eigentlich die Kinder am liebsten nicht dabei haben würde. Sie hofft außerdem, daß sich im Urlaub *spontan* Gelegenheiten ergeben werden, allein zu sein und will die Zeit zu zweit deshalb ungern von vorne herein festlegen. Beide haben Mühe, ihre Bedürfnisse deutlich zu machen.

Zeit zu zweit

Ehepaare mit Kindern müssen lernen, sich Zeit füreinander zu nehmen. Psychologen haben herausgefunden, daß der Hauptgrund für unglückliche Ehen der ist, daß die Partner zuwenig Zeit allein miteinander verbringen. Das gilt in besonderem Maße für zweite Ehen, bei denen Stiefkinder häufig noch das freie Wochenende des Paares besetzen. Ehepartner in Stieffamilien sollten mindestens alle sechs

Wochen ein Wochenende allein verbringen, damit sie sich wieder aufeinander konzentrieren können.

Eine Stiefmutter, die mit ihrem Mann allein sein möchte, sollte kein schlechtes Gewissen haben. Nach einem kurzen Urlaub zu zweit kann sie sich mit neuer Energie um ihre Stiefkinder kümmern; sie weiß wieder, daß sie für ihren Mann als Frau wichtig ist und daß seine Kinder ihre Ehe nicht gefährden können. In einer Familie mit leiblichen Kindern wird erwartet, daß die Kinder den Wunsch ihrer Eltern, auch einmal allein etwas zu unternehmen, respektieren; das gleiche sollte in einer Stieffamilie möglich sein.

Es ist natürlich wichtig, wie man dem Ehemann den Wunsch nach Zweisamkeit nahebringt. Falsch wäre, wenn man seine Kinder schlechtmacht oder ihm seinen Wunsch, mit ihnen zusammenzusein, ausreden will, weil man selbst ohne sie Urlaub machen möchte. Statt dessen sollte man betonen, wie gerne man wieder einmal allein mit ihm wäre.

Ferien sind häufig eine teure Angelegenheit.

> «Wir können uns zwei teure Urlaube nicht leisten», meint eine Frau mit zwei Stiefkindern, «also wechseln wir ab. Letztes Jahr fuhren wir mit den Kindern zwei Wochen an die See und hatten dann noch zwei Wochen für uns, in denen wir das Haus in Ordnung brachten, im Garten arbeiteten, lange schliefen und abends ins Kino gingen. In diesem Jahr machen wir es umgekehrt, mein Mann und ich fahren allein zwei Wochen fort und haben dann die Kinder hinterher bei uns. Hier gibt es für sie auch allerlei zu tun, es gibt Spielplätze und Schwimmbäder, und sie können auch ihre Freunde zu Besuch haben.»

Mein Mann und ich haben uns die Ferien auch eingeteilt. Manchmal fahren wir allein fort, im Winter dagegen nehmen wir seine Töchter mit zum Skilaufen. Das hatte er von Anfang an so festgelegt, damit ich gleich wußte, woran ich war. Meistens hängen wir an die Familienferien noch zwei Tage nur für uns allein an. Ich glaube, das klappt so gut, weil wir es gründlich geplant haben. Eine Frau, die keine eigenen Kinder hat, hat es oft besonders schwer, wenn Ferien oder Feiertage geplant werden sollen. Wenn es sich um ihre erste Ehe handelt, erwartet sie, daß ihr Mann und sie in ihrer Freizeit ihre Zweierbeziehung neu festigen können, und es paßt ihr nicht, daß gerade dann auch die Stiefkinder ihren Vater mit Beschlag belegen. Eine solche Frau erwartet von ihrer Ehe in erster Linie romantische Zweisamkeit, während ihr Mann auf eine feste, verläßliche Beziehung und ein gutes Familienleben Wert legt.

Diese Unterschiede in der Auffassung zeigen sich vor allen Dingen, wenn man Ferienpläne macht. Manche Frauen wehren sich mit Händen und Füßen dagegen, auch im Urlaub wieder die Ersatzmutter zu spielen. Für den Mann ist eine gemeinsame Woche mit den Kindern vielleicht eine nebensächliche Selbstverständlichkeit, und er ist erstaunt, wie sehr sich seine Frau dagegen sträubt. Beide Partner sollten miteinander über ihre Gefühle zu diesem Thema sprechen können.

Familienurlaub um jeden Preis?

Wenn man zu hohe Erwartungen an die Ferienzeit stellt, muß man mit Enttäuschungen rechnen. Ein Urlaub kann nicht alles gleichzeitig bieten: eine romantische Zweisamkeit für das Paar, kindgerechte Unternehmungen, ein sich Nahekommen von Vater und Kind und obendrein noch eine Zeit, in der sich Stiefmutter und Kind besser schätzen lernen.

Eine Stiefmutter erinnert sich:

> «Fünf Jahre lang machten wir vier Wochen mit der ganzen Familie zusammen Ferien. Jeder gab sich entsetzlich viel Mühe; ich strengte mich an, um immer gleichbleibend lieb und mütterlich zu den Kindern zu sein, sie waren höflich, aber niemand konnte sich echt entspannen. Am Ende der Ferien stellte ich immer wieder unter Tränen fest, daß dies mein einziger Urlaub gewesen war und daß ich ihn überhaupt nicht hatte genießen können. Die Kinder waren auch genervt und knallten die Türen. Dennoch schworen wir uns, daß wir es nächstes Jahr wieder versuchen würden. Wir sahen es als Herausforderung an und dachten, es muß doch klappen, wenn wir uns nur ordentlich Mühe geben.»

Aber es wurde nie ein schöner Urlaub, und schließlich schlug ein Psychologe, bei dem der Sohn in Behandlung war, vor, daß es für die Familie vielleicht besser wäre, wenn sie einmal auf die vier gemeinsamen Ferienwochen verzichten würden. Die Stiefmutter meinte dazu: «Wir waren alle wie befreit. Endlich konnten wir aufhören so zu tun, als ob wir da eine Gemeinsamkeit aufgebaut hatten, die eigentlich gar nicht vorhanden war.»

Nicht immer sind Ferien mit der Stieffamilie zum Scheitern verurteilt, aber man sollte nicht darauf bestehen, wenn die Beziehungen innerhalb der Familie nicht harmonisch sind. Auf der anderen Seite kann ein gemeinsamer Urlaub dazu beitragen, daß sich Stiefmutter und Kinder besser kennenlernen und verstehen. Wenn man gemeinsam unterwegs ist, braucht die Frau die Zeit mit den Kindern nicht mit Haushaltspflichten zu verbringen, sondern sie kann entspannt mit ihnen zusammensein und die gemeinsamen Erfahrungen genießen. Der Vater hat mehr Zeit für seine Kinder und nicht das Gefühl, daß er nun jede Sekunde des Tages für sie dasein muß. Wenn er einen Nachmittag mit ihnen gespielt hat, braucht er kein schlechtes Gewissen zu haben, wenn er danach mit seiner Frau einen Spaziergang macht.

Beziehungen stehen unter weniger Stress, Kind und Stiefmutter sammeln miteinander Erfahrungen und haben gemeinsame Erinnerungen. Wenn es Streit gibt, hat man Zeit, sich wieder zu versöhnen, sich davon zu erholen und man selbst zu sein.

Ein Frau war überrascht, welche Fortschritte ihre Beziehung zu ihren Stiefkindern auf einer gemeinsamen Reise machte:

> «Wir hörten auf, einander mit Samthandschuhen anzufassen. Wir waren ja nun einmal zusammen und mußten uns aneinander gewöhnen. Als meine Stieftochter hinten im Auto einen Wutanfall bekam, waren ihr Vater und ich uns einig, wie wir zu reagieren hatten. Sie hatte irgendeine lahme Entschuldigung, warum sie sich so unmöglich benahm, und ich schnitt ihr das Wort ab. Sie war schockiert. Ich meinte es ernst, und sie merkte das. Unsere Beziehung hatte enorme Fortschritte gemacht. Zu Hause hätte ich mich wahrscheinlich nicht getraut, so streng zu sein. Als Familie waren wir viel enger zusammengewachsen. Wenn man gemeinsam unterwegs ist, müssen alle mithelfen. Man verliert seine Hemmungen voreinander und wird freier.»

Ihr positive Haltung vertiefte sich noch, als ihr Mann feststellte, daß diese gemeinsamen Ferien zwar schön, sie aber kein Ersatz wären für eine Zeit allein mit seiner Frau. Er hatte jetzt kein schlechtes Gewissen mehr deshalb.

«Wir wurden uns stärker bewußt, daß wir auch einen Urlaub zu zweit brauchen, und im Herbst fahren wir allein zum Wandern», berichtete diese Stiefmutter, «mein Mann hat das Gefühl, er hat seinen Teil für seine Kinder getan. Wir haben die Zeit als Familie genossen und dürfen uns jetzt auch Zeit für uns nehmen.»

Manchen Stiefkindern kann man es einfach nicht recht machen, so sehr man sich auch bemüht.

«Wir fuhren mit ihm an den Strand, und Michael fühlte sich dort nicht wohl, wir gingen zum Skilaufen, und es war Michael zu kalt, wir blieben zu Hause, und Michael haßte die Stadt. Wir dachten immer nur daran, wie wir es ihm wohl recht machen könnten», berichtete eine andere Stiefmutter. Ihr Mann fühlte sich verpflichtet, seinen einzigen Sohn in seinen Urlaub mitzunehmen, aber sie hat allmählich Zweifel, ob irgend jemandem mit diesen Familienferien gedient ist: «Ich glaube, die beiden sollten ohne mich Ferien machen und sehen, ob sie ihre Beziehung nicht klären können.»

Vielleicht hat sie recht. Ein Psychologe berichtet von einem achtjährigen Mädchen, das immer unglücklich wirkte und für Mutter, Vater und Stiefmutter ein echtes Problem darstellte. Ihr Vater nahm sie immer wieder auf Reisen mit, die er mit seiner Frau machte, und das Mädchen war immer brummig und schlecht gelaunt. Schließlich unternahm er eine kurze Reise nur mit ihr allein. «Das kleine Mädchen kam vollkommen verändert zurück; sie hatte nur wieder feststellen müssen, daß sie noch eine ganz enge, direkte Verbindung zu ihrem Vater hatte.»

Eine Stiefmutter sollte einem Kind eine Extrazeit mit dem Vater gönnen, sofern es diese Aufmerksamkeit wirklich braucht und Vater und Stiefmutter durch seine Forderungen nicht nur beherrschen will. Zeit allein mit seinem Kind, in dem sich beide einander wieder ganz nahefühlen können, ist nicht selten ebenso wichtig wie Zeit für das Paar allein. Jeder Familienurlaub sollte Vater und Kind diese Möglichkeit geben. Man sieht also, daß Ferien mit Stiefkindern gründlich geplant werden müssen; viele Wünsche müssen berücksichtigt werden, damit die Zeit für jeden zufriedenstellend verlaufen kann.

14. Die Gestaltung der Feiertage

Besonders während der Feiertage wird eine Frau immer wieder daran erinnert, daß sie ihren Mann mit seiner Familie teilen muß. Der Mann und seine Kinder lieben bestimmte Familientraditionen, und die neue Frau fühlt sich leicht ausgeschlossen. Es kann sich in Kleinigkeiten zeigen, ob die Weihnachtsgans zum Beispiel mit Äpfeln oder mit Kastanien gefüllt werden soll. Das klingt zwar lächerlich; niemand wird sich doch seine Feiertage davon verderben lassen, wie die Gans gefüllt ist! Das Problem ist nur, daß selbst solche Kleinigkeiten irgendwie eine symbolische Bedeutung annehmen, wenn es um traditionelle Feiertage geht. Am besten ist man für alles gerüstet.

Festhalten an Traditionen?

Ähnliche Faktoren wie die, die oft einen Familienurlaub belasten, gelten auch für Feiertage. Auch hier handelt es sich um eine begrenzte Zeit, von der viel erwartet wird und in der Gefühle eine große Rolle spielen. Bei Feiertagen kommt noch hinzu, daß sie für die Kinder voller Erinnerungen an vergangene, glückliche Zeiten stecken, als die Familie noch zusammen war. Sie werden wieder daran erinnert, daß ihre Familie geteilt ist. Die Kinder erinnern sich an frühere Familienfeste, und auch wenn sich die Stiefmutter die größte Mühe gibt, es jedem recht zu machen, wird sie den Eindruck nicht los, daß es früher besser war. Sie sollte nicht zuviel von sich und den Kindern verlangen.

Wenn die Stiefmutter mit aller Gewalt bei traditionellen Festen die heile Familie heraufbeschwören möchte, kann sie nur enttäuscht werden, denn in der Erinnerung des Kindes werden die Feiertage mit beiden Eltern immer in leuchtenden Farben weiterleben. Auch wenn es in Wirklichkeit gar nicht so schön war, das Kind sieht es so, und die Stiefmutter kann daran nichts ändern. Ein Feiertag, den sie ausrichtet, ist vielleicht eleganter, lustiger, bequemer, gemütlicher oder festlicher, aber Mutter und Vater werden dadurch nicht wieder zusammengebracht, und die Atmosphäre ist eine andere als die des früheren Zuhauses, als die Eltern noch zusammen waren.

Die Stiefmutter sollte sich in ihrem Bemühen, alles möglichst schön zu machen, nicht verausgaben. Sie kann nicht mehr tun, als den Feiertag so vorbereiten, wie sie es möchte, und ihre Stiefkinder dann herzlich einladen, daran teilzunehmen. Wenn Kinder und Stiefmutter zu hohe Erwartungen haben, müssen sie enttäuscht werden. Wenn die Kinder bei der Mutter leben, feiern sie den eigentlichen Feiertag meist zu Hause. Wenn man für sie dann noch einmal ein großes Fest im Haus des Vaters vorbereitet, fühlen sie sich oft gezwungen, Begeisterung zu zeigen, die sie nicht in dem Maße empfinden, oder es scheint ihnen, daß man ihnen sehr deutlich klarmachen will, daß sich die Zeiten geändert haben. Jede Familie hat ihre eigenen Weihnachtstraditionen, etwa wenn es darum geht, wie der Baum geschmückt wird, wann man sich die Geschenke gibt, wann die Kerzen angezündet werden und woraus das Festessen besteht, und wir sträuben uns dagegen, etwas daran zu ändern. Natürlich hat die neue Frau das Recht, ihre eigenen Traditionen mit einzubringen, aber es ist sicher geschickt, wenn sie ihre Stiefkinder dazu anregt, das Fest mit ihr gemeinsam zu gestalten. Aber auch dabei ist Vorsicht geboten. Wenn sie nämlich unbedingt bunte Lichter am Baum haben möchte, die Kinder aber an weiße gewöhnt sind, sollte sie den Baum lieber selbst schmücken. Dafür können sie dann wählen, was es zum Essen geben und wie der Austausch der Geschenke vor sich gehen soll. Wie auch sonst in ihrem Umgang mit den Stiefkindern, sollte die Frau bei Festtagstraditionen herausfinden, was ihren Stiefkindern besonders wichtig ist und wo sie eine Abänderung des Rituals akzeptieren können.

Weihnachtsgeschenke bringen ihre eigenen Probleme mit sich. Wann sollen sie aufgemacht werden? Vielleicht möchten Vater und

Stiefmutter gern, daß das Kind sie bei ihnen auspackt, aber das Kind möchte sie lieber zu Hause unterm Weihnachtsbaum zusammen mit den anderen Geschenken auswickeln. Manchmal ist es auch umgekehrt; der Vater und seine Frau möchten, daß ihre Geschenke zusammen mit den anderen aufgemacht werden, das Kind dagegen fühlt sich unbehaglich dabei. Es sieht beinahe so aus, als ob sich Vater und Stiefmutter das Recht erschleichen wollen, wenigstens symbolisch bei Familienfeiern anwesend zu sein. Ein verständlicher Wunsch, auf den man aber dem Kind zuliebe verzichten sollte, wenn ihm das Auspacken des Geschenks, das vielleicht die Stiefmutter ausgesucht hat, vor der Mutter unangenehm ist. Keine Frau möchte schließlich ihrem Stiefkind etwas zumuten, was ihm peinlich sein könnte. Man sollte die Kinder fragen wie sie es am liebsten hätten, und sollte eine ehrliche Antwort mit Gelassenheit akzeptieren, auch wenn es nicht die ist, die man hören wollte.

Zuviel des Guten

Feiertage sind für eine Stiefmutter auch aus ganz persönlichen Gründen nicht einfach. Weil Feiertage traditionell in der Familie stattfinden, hat die Stiefmutter Schuldgefühle, denn wenn sie nicht wäre, könnte die ganze Familie ja vielleicht an diesem Tag zusammensein. Um das wettzumachen, versucht sie Weihnachten für ihren Mann und seine Kinder besonders festlich zu gestalten. Sie ist sich nicht sicher, wie sie es machen soll, und tut so lieber zuviel als zuwenig, plant alles so, wie es ihrer Meinung nach eine Supermutter tun würde und merkt nicht selten, daß ihr alles zuviel wird.

Johanna und ihr Mann wohnten erst seit drei Tagen in ihrer neuen Wohnung, als ihre Stieftochter, eine Studentin, überraschend eintraf und Weihnachten bei ihrem Vater verbringen wollte. Johanna war darauf nicht vorbereitet gewesen: «Ich hatte mich auf eine ruhige Zeit zu zweit gefreut und mußte plötzlich ein traditionelles Weihnachtsfest hervorzaubern; ein ruhiges Beisammensein schien irgendwie nicht zu genügen.» Johanna mußte jetzt die Rolle der Mutter übernehmen und ein richtiges Weihnachtsfest vorbereiten:

«Mit kam es so vor, als ob Anni und mein Mann die richtige Familie waren und ich ihnen ihr Fest schuldete. Ich fühlte mich in meiner eigenen Wohnung nicht mehr zu Hause. Mein Mann war absolut keine Hilfe, aber ich glaube, er wußte auch nicht, was er tun sollte. Er war noch nie für Weihnachtsvorbereitungen verantwortlich gewesen, sondern erwartete, daß es schon irgendwie gehen würde. Die Rolle der sorgenden Mutter mußte übernommen werden, und ich schien der beste Kandidat zu sein.»

Ihr Unmut steigerte sich noch, als Anni ihren Vater ganz mit Beschlag belegte und Johanna derweil in der Küche den Gänsebraten zubereiten mußte. Als sie schließlich ins Wohnzimmer kam, meinte Anni halb im Spaß: «Geh nur wieder in die Küche und paß auf den Braten auf.» Johanna war wütend: «Die Rolle der sich aufopfernden Mutter lag mir ganz und gar nicht. Anni war schuld, daß die Feiertage für mich verdorben waren; ich war ärgerlich auf sie.»

Kinder und Stiefmütter haben unterschiedliche Vorstellungen von den Feiertagen; das Kind wünscht sich ein Familienfest und möglichst die uneingeschränkte Aufmerksamkeit des Vaters; die Frau hat sich auf ein paar freie Tage allein mit ihrem Mann gefreut. Beide Seiten müssen Kompromisse schließen, aber nicht unbedingt Opfer bringen. Durch gute Planung kann man die größten Katastrophen vermeiden. Eine Stiefmutter berichtet:

«Die Kinder meines Mannes kommen entweder in der Woche vor Weihnachten, über Weihnachten oder über Neujahr, aber nicht die ganze Zeit. Sie können wählen, was ihnen am liebsten ist. Wenn sie hier sind, unternehmen wir viel mit ihnen, ich mache es zu Hause festlich für sie, wir gehen Geschenke einkaufen und spielen mit ihnen. Wir backen und schmücken das Haus, und es ist egal, ob Weihnachten schon vorbei ist oder nicht. Und ich weiß dabei immer, daß wir, mein Mann und ich, auch noch ein paar freie Tage für uns haben. Ich habe sie gern hier, sofern ich weiß, daß mein Mann und ich dabei nicht zu kurz kommen.»

Wenn die Kinder weit vom Vater entfernt wohnen, lohnt es sich meistens für sie nicht, nur auf ein paar Tage zu kommen. Wenn die Frau sich aber auf ein besonderes Wochenende allein mit ihrem Mann im Januar oder auf einen gemeinsamen Winterurlaub mit ihm freuen kann, kann sie die Tage mit seinen Kindern leichter ertragen. Feiertage gilt es zu planen, wenn man trotz der alten Familientraditionen sich das Glück seiner jungen Ehe erhalten möchte.

Ohne Planung geht es nicht

Ohne Frage gehen Spontaneität und eine gewisse Lässigkeit verloren, wenn man Feiertage und Ferien mit der Stieffamilie sorgfältig planen muß. Man kann eben nicht alles haben. Es gibt vielleicht Familien, wo alles ohne viel Planung läuft, bei den meisten aber gibt es Probleme mit den Familienfeiertagen, wenn man nicht rechtzeitig weiß, wie alles ablaufen wird.

Eine Stiefmutter stellt fest:

«Immer wenn mein Stiefsohn anruft und sagt, er würde gern zu den Feiertagen kommen und ob er noch einen Freund mitbringen könnte, zögere ich erst einmal mit meiner Antwort. Ich wünschte, ich könnte ganz spontan sagen, ‹ja ‹ja natürlich, du kannst doch immer kommen›, aber ich merke, wie sich etwas in mir sträubt, und ich denke, ‹will ich das wirklich? Will ich all die Extraarbeit, will ich nicht lieber mit meinem Mann einmal gemütlich allein sein?› Also verpflichte ich mich zu nichts, sage, ich will erst mit seinem Vater darüber sprechen, und ich würde ihn wieder anrufen. Danach habe ich ein schlechtes Gewissen, daß ich ihn nicht immer mit offenen Armen empfange.»

Wenn sie und ihr Mann dann aber den jungen Mann zu sich einladen, stellt sie sich gern auf ihn ein und hat nicht das Gefühl, daß man sie überfahren hat. Clifford Sager sagt in seinem Buch «Treating the Remarried Family»:

«Spontanes Miteinander läßt sich in Stieffamilien nur schwer durchführen, weil verschiedene Faktoren wie Zeit, Kosten oder vorher eingegangene Verpflichtungen eine Rolle spielen. Die Stiefmutter sollte das akzeptieren und außerdem auch wissen, daß das Planen von Familientreffen häufig anstrengend und auch frustrierend sein kann.»

So sieht die harte Wirklichkeit aus, und eine Stiefmutter sollte kein schlechtes Gewissen haben, wenn sie Feiertagen mit gemischten und manchmal auch ausgesprochen negativen Gefühlen entgegensieht.

Viele Frauen ärgern sich, wenn die Kinder den Geburtstag des Vaters vergessen und ihm nicht einmal eine Karte zum Vatertag schicken. Sie fühlen sich als Beschützer ihres Mannes, aber im allgemeinen ist es so, daß es dem Vater weniger ausmacht, wenn seine Kinder nicht rechtzeitig an ihn denken, als seiner Frau.

> «Ich war so wütend, daß mein Stiefsohn den Geburtstag seines Vaters vergessen hatte. Aber mein Mann verstand nicht, warum ich mich denn so aufregte. Sein Sohn hätte seinen Geburtstag schließlich immer vergessen, er hätte gar nichts anderes erwartet. Einen Monat später kam eine Glückwunschkarte, und mein Mann lachte darüber. Ich hatte einfach nicht gewußt, was in der Familie üblich war; ich wollte alles für meinen Mann perfekt haben. Es war mir wichtig, daß er als Vater bekam, was ihm zustand, und ich hatte Angst, daß er meinetwegen auf die Zuneigung seiner Kinder verzichten mußte.»

Selten fühlt sich eine Stiefmutter so sehr als Teil der Familie gefordert, als wenn mit den Kindern bei ihr gefeiert wird. Und nichts ist schlimmer, als wenn sie eine Geburtstagsfeier zum Beispiel sorgfältig geplant hat und das Kind sich dann im letzten Moment weigert zu kommen oder kommt und nur mürrisch herumsitzt. Bevor man als Stiefmutter also eine Familienfeier plant, sollte man sich ehrlich fragen, ob die Beziehungen innerhalb der Familie gut genug sind, um eine solche Feier zu rechtfertigen. Durch das geplante Fest sollte auf keinen Fall Druck auf ein widerspenstiges Stiefkind ausgeübt werden, sich lieb und freundlich zu verhalten, wenn ihm eigentlich nicht danach ist.

Wenn das Verhältnis zu den Kindern zur Zeit so ist, daß die Stiefmutter kaum mit ihnen spricht, kann ein geplantes Fest die Spannungen nur verschlimmern. Wenn die Beziehungen mühsam und unflexibel sind, sollte man nicht zuviel erwarten. Man kann auch den Geburtstag eines Stiefkindes feiern, ohne daß man eine Riesenparty daraus macht. Manchmal ist es angebrachter, mit dem Kind in ein Restaurant seiner Wahl zu gehen, als eine große Familienfeier zu veranstalten. Wenn man nicht weiß, wie das Stiefkind reagieren wird, ist es allemal besser, etwas nur in kleinem Rahmen zu planen, etwa ein gemütliches Essen. Das kann zur Not auch abgesagt oder verschoben werden, ohne daß es zuviel Mühe macht oder man zu sehr enttäuscht ist.

Das andere Extrem, nämlich die Stiefkinder nie an traditionellen Familienfeiertagen teilhaben zu lassen, ist natürlich ebenso verkehrt. Eine Frau sollte nie so tun, als ob es die Kinder ihres Mannes nicht gäbe und sie und er tun könnten, was ihnen gefällt. Zuviel oder zuwenig ist immer verkehrt, wenn es um Feiertage mit den Kindern geht.

Feiern ohne Kinder

Für manche Familien ist es besser, wenn Feiertage getrennt begangen werden, dann nämlich, wenn dadurch nur traurige Erinnerungen wachgerufen werden. Clifford Sager meint:

> «Traditionelle Familienfeste wie Weihnachten oder Geburtstage werden nicht immer als eine Gelegenheit empfunden, sich einander wieder näher zu fühlen, sondern sind vor allen Dingen für Kinder nicht selten eine Zeit der Trauer, weil alles nicht mehr so ist wie früher. Sie spüren den Verlust des Vaters vielleicht gerade dann besonders stark und fühlen sich in ihren Loyalitätsgefühlen hin- und hergerissen.»

Vater und Stiefmutter sollten dann lieber nicht auf einem «gemütlichen Weihnachten zu Hause» bestehen, sondern es kann für alle Beteiligten sehr viel entspannter sein, wenn man sich an einem neutralen Ort trifft und vielleicht ein paar Tage Winterferien zusammen macht.

Wenn es deutlich wird, daß das Kind zur Weihnachtszeit nur ungern zwischen zwei Haushalten hin und her pendelt, sollte man vielleicht auf ein gemeinsames Weihnachten einmal verzichten. Für den Vater ist das oft ein harter Schlag, und seine Frau muß sich bemühen, neue Traditionen einzuführen, die für sie und ihren Mann gelten. Es ist besonders wichtig, daß sie das Kind bei seinem nächsten Besuch herzlich aufnimmt. Bei Feiertagen wie Weihnachten spielen Gefühle eine große Rolle, und deshalb ist es manchmal einfacher, das Kind nach Weihnachten bei sich zu haben.

Der Psychologe Thomas Seibt meint:

«Es hat keinen Sinn, die Kinder gerade für die Tage einzuladen, die für alle Familienmitglieder eine starke emotionelle Bedeutung haben, wenn man vorhersehen kann, daß sie sich unwohl fühlen werden. Stieffamilien richten sich zu sehr danach, was die Gesellschaft angeblich von ihnen erwartet. Ich versuche, ihnen klarzumachen, daß sie sich von dem ‹Muß› freimachen und sich so verhalten sollten, wie es ihrer Situation am besten gerecht wird.»

15. Das liebe Geld

«Wenn ich meinen Mann bloß davon abhalten könnte, seinen Kindern dauernd Geld zuzustecken, wäre unser Leben weitaus harmonischer», meint Anja. Die Geschichte ihrer finanziellen Schwierigkeiten ist ein Alptraum; sie kann nur eine Warnung für alle Stiefmütter sein.

Anjas Fall

Anjas Mann ist Rechtsanwalt und hatte vor zehn Jahren sein eigenes Scheidungsabkommen aufgesetzt. Er verpflichtete sich nicht nur dazu, seine Kinder monatlich sehr großzügig zu unterstützen, sondern legte auch fest, daß er das Studium finanzieren und auch für Sportausrüstungen aufkommen würde, wenn die Kinder so etwas brauchten. (Sie kauften dann auch von Hockeyschlägern bis zu Poloponies alles, was man sich nur vorstellen konnte.) Kurz nach seiner Wiederverheiratung zog er mit seiner zweiten Frau Anja in eine preiswerte Wohngegend; sie mußten ihr Segelboot verkaufen, damit er seinen finanziellen Verpflichtungen nachkommen konnte.

> «Mein Mann hatte solche Schuldgefühle, weil er seine Kinder verlassen hatte, daß er ihnen alles gab, was sie verlangten. Ich liebe meinen Mann, aber ich würde so etwas nicht noch einmal mitmachen.»

Beide verzichteten vorläufig auf ein eigenes Kind, damit Anja weiterarbeiten und dazuverdienen konnte. Obgleich die erste Frau ihres Mannes einen wohlhabenden Mann heiratete, mußten Anja und ihr Mann weiterhin große persönliche Opfer bringen, um die Ausgaben der Kinder bestreiten zu können.

Selbst ein Rechtsanwalt sollte seinen eigenen Scheidungsvertrag nicht aufsetzen, denn ein schlechtes Gewissen des Vaters ist stärker als die Objektivität des Anwalts. Ein Kollege hätte weitaus fairere Bedingungen für Anjas Mann aushandeln können.

Übermäßige Großzügigkeit in finanziellen Dingen ist häufig ebenso schlecht wie Geiz. Je mehr Vater und Stiefmutter unter persönlichen Opfern geben, desto mehr erwarten sie wahrscheinlich von den Kindern, ein sehr ungünstiger Ausgangspunkt für eine gute Beziehung zu ihnen. Wenn sie auf besondere Zuneigung des Kindes hoffen oder erwarten, daß es sich in der teuren Ausbildung wenigstens ihnen zuliebe ordentlich anstrengt, dann werden sie wahrscheinlich enttäuscht und verdienen es vielleicht auch nicht anders.

«Wir hatten uns anfangs so angestrengt, alles für sie zu tun. Ich richtete Geburtstagsfeiern für sie aus, sie wurden mit Geschenken überhäuft; Weihnachten wurde gefeiert, wie sie es wollten, und ich kaufte ihnen Kleidung, wenn sie nur den leisesten Wunsch äußerten. Damals wollte ich es nicht anders, aber heute ärgere ich mich sehr darüber. Sie haben sich nicht zu wertvollen Menschen entwickelt.»

Obgleich die Kinder heute erwachsen sind und größtenteils ihren eigenen Unterhalt verdienen, rufen sie immer noch per R-Gespräch an und bitten um Geld. Anjas Enttäuschung und Ärger wuchs, als die Kinder den fünfzigsten Geburtstag ihres Vaters «vergaßen».

«Nicht einer schickte ihm wenigstens eine Karte zu seinem Geburtstag. Ich hatte sie alle angerufen, um sie an diesen Tag zu erinnern, hatte ihnen sogar angeboten, den Flug zu bezahlen, damit sie kommen könnten. Aber der Tag verging, ohne daß sie sich überhaupt meldeten; das tat wirklich weh. Sie zeigen dem Mann, für den ich soviel Respekt habe, weder Zuneigung noch Achtung.»

Natürlich spielte bei den Schwierigkeiten dieser Stieffamilie nicht nur Geld eine Rolle. Schuldgefühle, falsche Prioritäten und fehlende Desziplin kann man nicht durch Geld wettmachen. Wenn man mit Geld Probleme lösen will, wird es nicht selten zum größten Problem. Das Verhalten von Anjas Stiefkindern war eine schlechte Belohnung für all die finanziellen Opfer, die sie gebracht hatte, und ihre Undankbarkeit machte das Ganze nur noch schlimmer. Gegen das unmögliche Benehmen der Stiefkinder konnte Anja vielleicht nichts tun, aber es hätte weniger weh getan, wenn sie nicht gleichzeitig soviel für sie aufgegeben hätte. Es war schwierig für sie zuzugeben, daß sie und ihr Mann zuviel für die Kinder getan hatten.

Es wird immer wieder darauf hingewiesen, daß *der Lebensstandard aller Familienmitglieder nach einer Scheidung niedriger wird*, besonders, wenn der Vater der einzige Verdiener ist. Seine erste Frau und die Kinder bekommen weniger als vorher (was nicht immer bedeutet, daß sie weniger haben), der Mann behält einen kleineren Teil von seinem Gehalt für sich, und er und seine Frau müssen mit weniger Geld auskommen, wenn er für seine Kinder bezahlen muß. Falls er in seinem Beruf Karriere machen kann und dann auch mehr verdient, wird für ihn die finanzielle Belastung leichter und eine berufstätige Stiefmutter trägt ihren Teil zu den Haushaltskosten bei. Beide Haushalte aber, und nicht nur der des Vaters, sollten sich auf weniger Geld einstellen, wenn der Verdienst des Mannes neu aufgeteilt werden muß.

Man kann nur ernsthaft davon abraten, für die Kinder Summen auszugeben, die über die eigenen Verhältnisse hinausgehen, wenn man nicht Schwierigkeiten in der neuen Ehe riskieren will. Die Zuwendungen des Vaters sollten seiner finanziellen Situation entsprechen. Auch wenn die Mutter der Kinder plötzlich reich werden sollte und sie deshalb einen anderen Lebensstandard genießen kann, sollte sich der Vater auf keinen finanziellen Wettstreit um die Gunst der Kinder einlassen. Eine solche Versuchung ist immer groß; in den meisten Familien gibt es Auseinandersetzungen und Spannungen wegen Geld, in Stieffamilien spielen außerdem noch emotionelle Faktoren eine Rolle. Paare sollten versuchen, emotionelle von finanziellen Problemen zu trennen und deren Lösung einzeln anstreben.

Anja begann schließlich aus der frustrierenden Situation mit ihren Stiefkindern auszubrechen, als nämlich ihr jüngster Stiefsohn erschien und seinem Vater mitteilte, er wolle sein Studium abbrechen. «Meinem Mann brach das Herz; er flehte seinen Sohn an, doch weiterzumachen.» Als der Vater schon ins Bett gegangen war, nahm sie sich ihren Stiefsohn vor und schenkte ihm reinen Wein ein:

«Ich teilte ihm mit, wie die Dinge finanziell bei uns aussahen. Sein Vater habe Schwierigkeiten mit seinem Herzen und falls er sterben sollte, bevor sein Sohn das Studium beendet habe, müsse er sich seine Unterstützung woanders suchen. Ich fühlte mich nicht verpflichtet, für ihn zu bezahlen.»

Am nächsten Morgen teilte der Sohn seinem Vater mit, daß er es sich anders überlegt habe und weiterstudieren würde.

Offenheit schon vor der Ehe

Anjas Fall ist vielleicht etwas extrem, aber die meisten Stiefmütter haben mit finanziellen Abmachungen zu kämpfen. Die Frau sollte sich zwingen, wenn nötig, mit ihrem zukünftigen Mann über seine finanziellen Verpflichtungen zu sprechen. Über Geld aber unterhält sich ein verliebtes Paar nur ungern, und es mag der zukünftigen Frau ausgesprochen berechnend erscheinen, den geliebten Mann zu fragen, wieviel und wie lange er denn für Frau und Kinder zu zahlen hat. Wahrscheinlich wird sie mehr über sein früheres Liebesleben wissen als über seine finanzielle Situation. Und doch ist es wichtig, daß sie sich über bestimmte Punkte im klaren ist, etwa: Wird die erste Frau sich an den Ausbildungskosten der Kinder beteiligen? Hat der Mann versprochen, für teure Privatschulen zu bezahlen? Für viele Männer ist es ein Beweis ihrer Männlichkeit, daß sie für Frau und Kinder sorgen können. Eine Frau war leicht schockiert, als ihr Mann ihr unbedingt das elegante Haus zeigen wollte, in dem er mit seiner ersten Familie gewohnt hatte. Jetzt lebte er in einer bescheidenen Einzimmerwohnung. «Er wollte mir unbedingt beweisen, daß er ein zuverlässiger Ernährer war und was er für seine erste Familie geschaffen hatte.» Das war so wichtig für ihn, daß sie, wenn auch zögernd, einwilligte.

Mißtrauen und Unsicherheit entstehen zwischen den Ehepartnern, wenn sie es vermeiden, über finanzielle Angelegenheiten zu sprechen. Eheverträge sind nicht einmal nötig, und viele Paare sträuben sich auch dagegen, aber selbst dort, wo solche Verträge existieren, ersetzen sie nicht offene, ehrliche Gespräche über die finanzielle Situation. Es ist auch ratsam, sich Testamente, Eigentumsurkunden und Lebensversicherungen daraufhin anzusehen, ob sie auf die Personen ausgestellt sind, denen sie zugute kommen sollen.

Häufig wollen der Mann und seine zweite Frau an der rechtlichen Situation der Stieffamilie etwas ändern, wenn das Paar zum Beispiel ein eigenes Kind bekommt oder die erste Frau sich wieder verheiratet. Lassen Sie sich rechtzeitig von einem Anwalt beraten, oder informieren Sie sich bei der Rechtsberatung, an wen Sie sich wenden können.

Ich kann nicht behaupten, daß ich die Verpflichtungen, die mein Mann für seine Kinder und seine erste Frau eingegangen war, als angenehm empfand; das Geld hätten wir auch gut gebrauchen können. Dennoch konnte ich diese Ausgaben einigermaßen gelassen akzeptieren, weil ich von Anfang an wußte, wieviel ihn seine erste Familie kosten würde. Es war ein bekannter Faktor in unserer gemeinsamen Zukunft. Man fragt mich oft, ob mich diese Zahlungen nicht stören, denn mit Recht geht man davon aus, daß Finanzen in einer Zweitehe oft Probleme bringen. Es ist schon passiert, daß ich mich beklagte, als wir nämlich Studienkosten für zwei Kinder gleichzeitig bezahlen mußten, aber eigentlich hatte ich kein Recht dazu, denn ich wußte von vornherein, was auf mich zukommen würde. Meistens fühlte ich mich als Partnerin meines Mannes, die mit ihrem Gehalt die Stiefkinder mit unterstützte, und das gab mir eine gewisse Genugtuung. Das klingt vielleicht selbstsüchtig, ist aber besser, als sich nur in der Opferrolle zu fühlen.

Leider sieht es so aus, als ob Kinder aus geschiedenen Ehen seltener etwas zu ihrem Studium dazuverdienen als Kinder, deren Eltern verheiratet sind. Kämpfe zwischen Ex-Ehepartnern werden oft über Geld ausgetragen, und so kann es passieren, daß die Mutter ihren Kindern einredet, daß sie von ihrem Vater die vollständigen Ausbildungskosten verlangen sollten und nichts dazuverdienen müßten. Die meisten Stiefmütter sind der Meinung, daß es für das Selbstverständnis des jungen Menschen besser wäre, wenn er sich Geld dazuverdient, und die Mutter ihrem Kind keinen Gefallen tut, wenn sie ihm zuredet, den Vater bis zum letzten zu schröpfen.

Eine Stiefmutter sollte versuchen, die emotionellen Wogen zu glätten, und ihrer Familie dabei helfen, finanzielle Dinge in der richtigen Perspektive zu sehen. Geld kann eine böse Waffe gegen eine ehemalige Ehefrau oder auch gegen die neue Frau sein. Die Stiefmutter sollte niemals die Mutter mit dem, was sie den Kindern kauft, zu übertrumpfen versuchen. Statt dessen sollte sie sich bemühen, durch ihren eigenen Verdienst und eine geschickte Haushaltsführung sich und ihren Mann finanziell sicherzustellen; in den Verhandlungen zwischen ihrem Ehemann und seiner ersten Familie hat sie nichts zu suchen, außer daß sie für ihn da ist, wenn er mit ihr darüber sprechen möchte. Wenn der Mann der einzige oder auch nur der Hauptverdiener für seine erste und seine zweite Familie ist, wird es immer Schwierigkeiten und Streit um Geld geben.

Auch mit den Stiefkindern sollte sich die Frau nie um Geld streiten. Für die Kinder ist es schlimm genug, wenn sich die Eltern ihretwegen in den Haaren liegen. Ganz unerträglich ist z. B., wenn Kinder im Auftrag der Mutter fragen müssen, wann der Vater das monatliche Geld nun endlich überweisen wird. Allerdings hilft es in einer solchen Situation auch nicht, wenn die Stiefmutter sich über die Mutter lustig oder sie vor den Kindern schlecht macht. Wenn die Mutter allerdings behauptet hat, ihre Nachfolgerin leiste sich Schuhe für 500 DM, während sie nicht wisse, wovon sie den nächsten Liter Milch für die Kinder kaufen solle, dann darf die Stiefmutter auf die Unwahrheit einer solchen Behauptung hinweisen. Ansonsten sollte sie sich aus Gelddingen möglichst heraushalten. Die meisten Stiefmütter müssen mit der Zeit so viele Streitigkeiten um Geld miterleben, daß sie am liebsten auf jeglichen Besitz verzichten würden.

Manchmal zahlt es sich aus, großzügig zu sein.

«Die erste Frau meines Mannes ließ uns nie in Ruhe, wenn es um Geld ging, obgleich sie mehr zur Verfügung hatte als wir und wir oft sehr knapp dran waren. Dann lief ihr 12jähriger Sohn von zu Hause fort, sie rief uns an und meinte, sie wolle ihn nicht zurückhaben. Ich war von ihrem Verhalten so entsetzt, daß ich meinem Mann sagte, wir sollten tun, was in unserer Macht steht, um die Situation für den Jungen zu erleichtern. Es gäbe schließlich Wichtigeres als Geld. Wir schafften es, den Jungen auf ein gutes Internat zu schicken und versuchten, ihm auf verschiedene Weisen zu zeigen, daß uns sein Wohlergehen am Herzen lag, daß wir aber auch seine Mutter, die ganz deutlich Probleme hatte, nicht im Stich lassen würden. Das machte offensichtlich viel aus; unser Verhältnis zu ihr ist sehr viel besser geworden, und sie teilt sich die Internatskosten sogar mit uns. Sie mußte wohl erst erfahren, daß wir auf ihrer Seite waren und sie verstehen konnten.»

Der Einfluß der Ex-Frau

Wie auch in anderen Situationen wird die Stiefmutter feststellen, daß es hier eine feine Grenze gibt zwischen zuviel und ausreichend. Selbst mit der Großzügigkeit kann man es übertreiben. Kinder respektieren ihre Stiefmutter nicht, nur weil sie ihnen jeden materiellen Wunsch von den Augen abliest, ihnen Geschenke macht und immer ihr Lieblingsessen kocht, wenn sie gleichzeitig den Verdacht haben, daß sie damit manipuliert werden sollen. Wenn es ihr Freude macht, kann die Stiefmutter ihnen natürlich etwas schenken, kann den Rock für die Stieftochter kaufen, von dem sie glaubt, daß er ihr gut stehen würde, solange sie dabei nicht vergißt, daß sie etwas gekauft hat, *was ihrem eigenen Geschmack entspricht*. Wenn sie auf den Geschmack ihrer Stieftochter Einfluß hat, war es vielleicht sinnvoll; sie sollte sich selbst aber finanziell nicht krummlegen, in der Hoffnung, Eindruck auf ihre Stieftochter zu machen. Wenn die teure Jacke immer nur herumliegt und nie getragen wird, dann hat dieses Geschenk für die Stiefmutter offensichtlich eine größere Bedeutung gehabt als für das Mädchen.

Ex-Ehefrauen haben einen großen Einfluß auf die finanzielle Situation des neues Paares. Stiefmütter wissen manchmal nicht, was schlimmer ist, eine Vorgängerin, die Geld hat oder eine ohne ausreichende finanzielle Mittel. Eine Frau schaffte gerade das Nötigste für ihre kleine Wohnung an, während ihr Mann eine neue Anwaltspraxis aufbaute; seine erste Frau aber heiratete einen reichen Mann, zog in eine teure Wohngegend, fuhr einen großen Mercedes und verbrachte die Wochenenden auf der Yacht ihres Mannes. Ihre Kinder hatten nichts Besseres zu tun, als dem Vater und der Stiefmutter alles haarklein zu berichten. Der Vater mußte natürlich weiterhin für seine Kinder zahlen und sich dafür sogar Geld von der Bank leihen. «Ich mußte jeden Pfennig umdrehen, weil die monatlichen Zahlungen so hoch waren, und sie lebte im Luxus», klagte diese Stiefmutter. Wenn das neue Paar dann noch ein eigenes Kind hat, dann ist diese «Ungerechtigkeit» für die Frau noch schwerer zu ertragen. Die Welt ist voller Menschen, die mehr Geld haben als man selbst, aber wenn sie sozusagen zur eigenen Familie gehören und wenn sie noch einen Teil vom eigenen schwerverdienten Einkommen beanspruchen, dann schmerzen diese Kontraste besonders.

Auch wenn sie mit ihrem Verdienst dazu beiträgt, die Stiefkinder zu unterhalten, so hat die Frau keinerlei Einfluß darauf, wie das Geld im Haus der ersten Frau ausgegeben wird. Eine Frau ärgerte sich jedesmal, wenn ihre Stiefkinder mit teuren Schuhen ankamen, die sie sich für ihre Kinder nicht leisten konnte. Sie mußte einen Babysitter bezahlen, der auf ihre Kinder aufpaßte, damit sie arbeiten konnte, um bei den Zahlungen an die erste Familie ihres Mannes mitzuhelfen; seine ehemalige Ehefrau war nicht berufstätig. Die Stiefmutter kochte vor Wut, konnte aber nichts daran ändern.

Noch schlimmer ist es, wenn eine Mutter das Geld, das sie für das Kind bekommt, offensichtlich nicht für das Kind ausgibt. Eine Mutter, die den Kindesunterhalt für andere Dinge ausgibt, kann im allgemeinen behaupten, daß sie das Geld für den Haushalt gebraucht habe. Nur wenn gerichtlich untersucht wird, ob eine Mutter die für die Erziehung der Kinder geeignete Person ist, muß sie auch nachweisen, wofür sie den Unterhalt ausgibt. Ein Mann und seine zweite Frau waren außer sich, als die erste Frau das Geld, das das Gericht ihr zugesprochen hatte, für eine Schönheitsoperation verwendete statt für die Wohnung oder die Kinder. Ihre Wut ist verständlich, aber nach dem Gesetz konnte die Mutter mit dem Geld machen, was sie wollte.

Eine Frau hatte ihre Stieftochter, die in den Ferien zu Besuch war, beinahe dazu überredet, sich ein billigeres Fahrrad zu kaufen, als das Mädchen mit seiner Mutter telefonierte und die ihr riet, nur das Beste zu nehmen. Sie wäre sogar bereit, die Differenz im Preis selbst zu bezahlen. Die Stiefmutter kaufte also das teurere Rad, bekam aber von der anderen Frau das versprochene Geld nicht, obgleich sie sie ein paarmal vorsichtig daran erinnerte. Schließlich zog ihr Mann das Geld von seinem monatlichen Scheck an seine ehemalige Frau ab. Sofort drohte sie, ihn zu verklagen, ließ ihn sogar von ihrem Anwalt anrufen. «Sie macht das nur, um uns zu ärgern», sagte die Stiefmutter, «sie ruft ihren Anwalt bei jeder Kleinigkeit an.»

Scheidungsverträge können manchmal abgeändert werden, wenn sich zum Beispiel finanzielle Verhältnisse ändern oder ein Elternteil grob gegen die Abmachungen verstößt; verallgemeinern kann man das allerdings nicht. Gesetze ändern sich; heute wird «geschiedene Mutter» nicht mehr automatisch mit bedürftig und schuldlos gleichgesetzt. Wenn es ihre Umstände erlauben, wird auch von der Mutter verlangt, daß sie ihre Kinder finanziell unterstützt. «Das Familienrecht hat eine große Wandlung durchgemacht», meint Rechtsprofessor Homer H. Clark, «Die alten Vorstellungen davon, wie eine Familie funktionieren und wie Menschen sich im Falle einer Scheidung verhalten sollen, gelten nicht mehr. Die Scheidungsabmachungen sind auf den individuellen Fall abgestimmt.» Es gehen heute weitaus mehr Menschen als früher vor Gericht, wenn sie Schwierigkeiten mit ihrem ehemaligen Ehepartner haben.

Man sollte allerdings nicht vergessen, daß es viel kostet, jemanden zu verklagen und daß man mit einem Erfolg nicht unbedingt rechnen kann. Es ist immer besser und auch billiger, sich bei Auseinandersetzungen gütlich zu einigen. Trotzdem kann man sagen, daß das Familienrecht heute weitaus flexibler interpretiert wird als früher.

Geld ist nicht alles

Finanzielle Verpflichtungen fallen noch mehr ins Gewicht, wenn das neue Paar ein eigenes Kind bekommt.

> «Ich dachte nicht viel über unsere Finanzen nach, bevor unser Baby da war. Was mein Mann seiner ersten Familie schuldig war, war schließlich seine Sache. Jetzt denke ich schon manchmal daran, was wir mit dem Geld für unser Kind tun könnten»,

sagte eine der befragten Frauen. Es ist besser, wenn Frauen diese Vergleiche erst gar nicht anstellen. Der Verdienst des Mannes ist das, was er nach Hause bringt, *nachdem er seinen Verpflichtungen seiner ersten Familie gegenüber nachgekommen ist.* Die zweite Frau ist davon vielleicht nicht begeistert, aber sie muß es akzeptieren.

Wenn der Vater sich aus bestimmten Gründen eine Zeitlang finanziell besonders einschränken muß, ist es den Kindern selbstverständlich zumutbar, daß sie auf einen teuren Urlaub, Skiausrüstung oder andere Extras verzichten, genauso, als ob sie noch mit beiden Eltern zusammenlebten. Das Geld für die Kinder sollte der realen finanziellen Situation der Stieffamilie entsprechen. Der Vater oder die Stiefmutter kann das mit ihnen besprechen, und es schadet nichts, wenn man da ganz ehrlich ist; der Vater sollte ihnen offen sagen, was er monatlich für sie und die Mutter bezahlt, was besonders dann wichtig ist, wenn ihnen zu Hause alles etwas anders dargestellt wird. Finanzielle Angelegenheiten sollten nüchtern besprochen werden; Geld ist eine Ware wie anderes auch, manchmal hat man mehr davon und manchmal weniger. Es kann selbst Stiefmütter ohne eigene Kinder verbittern, wenn sie sich zusammenrechnen, wieviel sie an die erste Familie ihres Mannes zahlen müssen und sich dann überlegen, was sie selbst mit diesem Geld anfangen könnten. Man kann eine solche Denkweise egoistisch, habgierig und kleinlich nennen, auf der anderen Seite aber ist es nur allzu menschlich, und viele Stiefmütter empfinden hin und wieder einmal so. Man sollte sich allerdings nicht zu sehr solchen Gedanken hingeben; man kann an der Situation doch nichts ändern und macht sich und dem Rest der Familie höchstens das Leben schwer, wenn man immer wieder diese «Ungerechtigkeit» beklagt.

Clifford Sager meint dazu: «Wenn eine Stiefmutter sich überlegt, wieviel Geld sie und ihr Mann im Vergleich zu seiner ersten Familie haben, wird dabei nicht selten übertrieben. Der ersten Familie scheint es finanziell wunderbar zu gehen, die Stieffamilie hat nur Probleme. Die Situation ist selten so schwarz und weiß.»

Es ist leichter zu ertragen, daß die eigenen Freunde einen höheren Lebensstandard haben als man selbst, als mitanzusehen, wie die Stiefkinder und ihre Mutter von dem Geld in Saus und Braus leben, was die Stiefmutter zum Teil mitverdient hat. Die Frau sollte noch vor der Ehe mit ihrem Mann darüber sprechen, wieviel Geld ihnen nach all seinen Verpflichtungen bleibt; dann ist sie darauf vorbereitet und weniger leicht enttäuscht, wenn sie sich dieses oder jenes nicht leisten kann. Man sollte auch auf keinen Fall vergessen, daß die Kinder echte Bedürfnisse haben und daß ihr Vater verpflichtet ist, für sie zu sorgen. Sie brauchen Kleidung und ein Dach über dem Kopf; und die erste Frau erwartet wahrscheinlich mit Recht etwas für die Jahre, in denen sie verheiratet war, ihrem Mann den Haushalt geführt und die Kinder versorgt hat, auch wenn die neue Frau meint, sie bekomme zuviel.

Die finanzielle Situation muß nicht immer schwierig bleiben, Stiefkinder werden erwachsen und werden sogar schließlich mit ihrer Ausbildung fertig. Ex-Ehefrauen heiraten manchmal wieder. Mit der Zeit wird die finanzielle Belastung geringer. Und wenn die Stiefmutter berufstätig ist, kann sie mit ihrem Verdienst die finanzielle Situation erleichtern. Sie kann stolz darauf sein, daß sie ihrer Stieffamilie hilft, ein Gefühl, das die Ex-Ehefrau, sofern sie sich weigert zu arbeiten, nicht kennt.

Eine Bekannte von mir war außer sich, als ihre Stiefkinder meinten, daß der Vater mehr Geld überweisen sollte, weil ihre Mutter keine Arbeit finden könnte. Am nächsten Tag schon bemühte sie sich selbst um eine Stellung und fand etwas. Sie durfte sogar ihren Säugling zu ihrem neuen Job mitnehmen.

> «Ich wollte den Kindern nur beweisen, daß man Arbeit finden kann, wenn man gesund ist und es will. Ihre Mutter will einfach nicht; für sie ist es bequemer, mehr Geld von uns zu verlangen. Ihre Kinder sehen das jetzt selbst.»

Manche Stiefmütter handeln genau entgegengesetzt. In einer Familie, die finanzielle Schwierigkeiten hatte, hatte die Stiefmutter zu ihrem Mann gesagt: «Ich arbeite nur, wenn deine Ehemalige auch arbeitet.» Sie hatten so zwar nicht mehr Geld, aber die Frau konnte ihren Prinzipien treu bleiben. Ein solches Verhalten ist kleinlich und häßlich. Wenn Geld als Machtmittel eingesetzt wird und die Stiefmutter gerne mehr Einfluß in der Familie hätte, täte sie gut daran, von ihrem hohen Roß herabzusteigen und ihren Lieben und sich selbst das Leben zu erleichtern, indem sie eine Arbeit annimmt.

> «Beim Kampf ums Geld zeigt sich häufig jeder von seiner schlimmsten Seite, ob es sich um den Ehemann, die Frauen oder die Rechtsanwälte handelt. Motiviert werden die Streitenden einmal von der tatsächlichen Situation, aber auch von einer Reihe von emotionellen Faktoren wie Furcht, Erniedrigung, Wut, Rache, Habgier, territorialem Denken, Schuld und Chauvinismus», erklärt Clifford Sager. «Stiefmütter sollten sich bemühen, die Finanzen so nüchtern wie möglich zu betrachten und sie nicht als emotionelles Kampfmittel benutzen.»

Probleme einer Stieffamilie fallen weniger ins Gewicht, wenn Geld da ist. Die Aufgabe der Stiefmutter ist leichter, wenn sie genug Geld hat, um sich eine Haushaltshilfe leisten und die Kinder auf Gruppenreisen schicken zu können, wenn Geld für Kindergarten, psychologische Beratung, Babysitter, gute Schulen und so weiter vorhanden ist.

Selten würde eine Frau einen geschiedenen Mann seines Geldes wegen heiraten. Die meisten zweiten Ehen werden aus Liebe geschlossen und in der festen Überzeugung, man könne finanzielle

Schwierigkeiten schon überwinden, wenn man andere Werte in der Ehe betont.

Finanzielle Überlegungen sollten bei einer zweiten Ehe und im Leben der Stieffamilie keine zu große Rolle spielen. Kurz gesagt, sie sollten die Frau nicht von vornherein entmutigen. Mit den meisten Geldsorgen kann man schließlich fertigwerden, und man sollte darauf achten, daß die positiven Aspekte dieser zweiten Ehe nicht übersehen werden

16. Familientreffen

Wenn bei einer besonderen Gelegenheit der ganze Familienclan zusammenkommt, kann man nicht unbedingt damit rechnen, daß jeder sich amüsiert und das Zusammensein genießt; meistens ist ein solcher Tag für alle Beteiligten anstrengend. In besonderem Maße gilt das aber für die Stieffamilie. Es ist mehr als ungemütlich, wenn man sich vor entfernteren Verwandten zusammen mit Ehemann, seiner Ex-Ehefrau und seinen Kindern präsentieren muß. Man kann ganz schön ins Schwitzen kommen, wenn man es jedem rechtmachen will oder zumindest gute Miene zum bösen Spiel machen muß.

Die Beziehung zwischen erster und zweiter Ehefrau

Jeder muß lernen, wo er in der neuen Familienhierarchie steht. Die Beziehung zwischen erster und zweiter Ehefrau charakterisiert im allgemeinen die Atmosphäre der Familientreffen. Manche Frauen können mit ihrer Vorgängerin entspannt und gelassen zusammensein und umgekehrt auch, aber das ist nicht die Norm.

> «Die ehemalige Frau meines Mannes übernachtete bei uns, um an den Feierlichkeiten aus Anlaß des Schulabschlusses ihres Sohnes, der bei uns wohnt, teilnehmen zu können. Unsere Freunde fanden das etwas seltsam, aber mir machte es nichts aus. Ich komme mit ihr ganz gut aus, mein Mann ist mit mir und nicht mir ihr verheiratet, warum sollte es mich also stören?»

meinte eine Frau, die ein ungewöhnlich gutes Verhältnis zu ihrer Vorgängerin hatte. Bei den meisten Stiefmüttern sieht das ganz anders aus, und unsere Beziehung zu der ehemaligen Ehefrau ist weder unkompliziert und entspannt, noch für die Kinder besonders angenehm. Entweder will die Stiefmutter sich in dieser Sache keine Mühe geben, oder die ehemalige Frau lehnt es ab, ein gutes Verhältnis aufzubauen. Ehemänner und Kinder fühlen sich nicht selten extrem unwohl, wenn die ehemalige und die jetzige Frau zusammentreffen.

Familientherapeuten interessieren sich heute besonders für das Verhältnis von Ehefrau und Ehemaliger. Sie glauben, daß in Zukunft mehr und mehr die Zufriedenheit der Stieffamilien von deren Beziehung abhängen wird. In den letzten Jahren konnte man beobachten, daß Frauen immer häufiger bereit sind zu kooperieren, wenn es um Belange der Stieffamilie geht. Früher war es undenkbar, daß Ehefrau und Ex-Ehefrau wenigstens höflich zueinander waren, heute ist eine wenn auch oberflächliche Freundlichkeit nicht selten. Wenn es die Situation verlangt, können sie gelassen miteinander umgehen und bemühen sich ihrer Stieffamilie zuliebe um ein freundliches Verhältnis.

Meistens erwartet man nicht mehr von ihnen, als daß sie bei einem Familienpicknick einmal auf derselben Decke sitzen können, wenn es die Umstände verlangen, ohne sich anzugiften. Anstrengender für alle Beteiligten sind die mehr formellen Feierlichkeiten, wie Beerdigungen, Hochzeiten, Examensfeiern, Hochzeitstage der Großeltern und so weiter, bei denen die Großfamilie zusammenkommt.

Meistens können diese Familientreffen für alle Beteiligten glatt ablaufen, wenn sie gut geplant sind und die Frauen sich um Verbindlichkeit bemühen. Es gibt allerdings Situationen, die für die zweite Frau besonders schwierig sind, zum Beispiel die Beerdigung ihres Mannes; sie muß überlegen, wer bei der Beerdigung anwesend sein soll, und ist doch gerade jetzt emotionell nicht in der Lage, nüchtern über eine vernünftige Planung nachzudenken.

Nicht selten denken Stiefmütter darüber nach, wie es wohl bei der Beerdigung ihres Mannes sein würde; werden sie zu dem Zeitpunkt ihren festen Platz in der Familie haben, werden sie als Ehefrau des Mannes vollkommen akzeptiert sein, um ihren rechtmäßigen Platz einzunehmen? Eine unterschwellige Angst, daß man letzten Endes von der Großfamilie nicht anerkannt wird und um seinen Platz bei den Feierlichkeiten wird kämpfen müssen, belastet viele.

Eine Frau fühlte sich von ihren Stiefkindern und deren Mutter immer in den Hintergrund gedrängt und meinte:

«Wenn meinem Mann etwas zustoßen würde, würde ich nicht zur Beerdigung gehen. Ich bin nur eine, sie sind viele. Er gehört jetzt zu mir, aber wenn er tot ist, wird es so aussehen, als ob er zu seiner ersten Familie gehört, weil sie in der Mehrzahl sind.»

Beerdigungen und Hochzeiten

Solche Gefühle kann man zwar verstehen, aber die Frau sollte sich dennoch einmal nüchtern überlegen, wo ihre Rechte liegen.

Diana berichtete folgendes: Sie war 25, als ihr Mann (52) starb. Er hinterließ sechs Kinder (18 bis 32), und obgleich sie im Alter zu der Generation seiner Kinder gehörte, hatte Diana das Gefühl, daß sie die Dinge in die Hand nehmen mußte. Sie plante und organisierte also die Beerdigung und lud die Verwandten ihres Mannes dazu ein, einschließlich seiner ersten Frau. Die ehemalige Ehefrau benahm sich allerdings taktlos. Sie spielte nicht nur die trauernde Witwe, sondern überhäufte nach der Beerdigung die junge Frau mit Beleidigungen, so daß die Stiefkinder eingreifen mußten und ihre Mutter schnell nach Hause brachten. Eine der Töchter entschuldigte sich sogar bei Diana für das Verhalten ihrer Mutter.

Für die Stiefmutter ist es besonders wichtig, daß sie bei Familienversammlungen nicht nur nicht übersehen wird, sondern einen ihr angemessenen Platz einnehmen kann; das gilt nicht nur für Trauerfeiern. Auch bei fröhlichen Anlässen kommt es ihr auf die Stellung in der Familie an. Es wäre schön, wenn Verhaltensregeln für Stieffamilien irgendwo aufgeschrieben wären und nach jeder Scheidung den Parteien ausgehändigt würden, wenn man sich wahrscheinlich auch über die Interpretation der Regeln streiten würde. Zuviel hängt von den Charakteren der Beteiligten ab.

Manchmal hilft es schon, die gesellschaftlichen Probleme der Stieffamilie etwas lässiger zu sehen. So hängt die Seligkeit wirklich nicht davon ab, wer bei einer Hochzeit neben wem sitzt. Eine Hochzeit ist kein Stück, bei dem jeder eine ganz bestimmte Rolle zu spielen hat, sondern die Brautleute sollten das Recht haben, das Stück so umzuschreiben, daß es auf ihre Gäste paßt. So kann das Brautpaar ein Elternpaar (ob miteinander noch verheiratet oder nicht) auswählen, das die Heirat per Anzeige bekannt gibt, aber sowohl Stiefeltern wie leibliche Eltern sollten die Gäste bei einem großen Empfang begrüßen.

Ich finde es schöner, wenn die Brauteltern die Anzeige aufgeben, auch wenn sie nicht mehr miteinander verheiratet sind. Sie brauchen ja nicht als Herr und Frau M. aufgeführt zu sein, sondern können mit Vor- und Nachnamen genannt werden. Auf diese Weise fühlt sich keiner benachteiligt, und jeder, der will, kann offen erkennen, daß die Eltern der Braut nicht mehr verheiratet sind. Ich erinnere mich mit Schrecken an den Augenblick kurz vor meiner eigenen Hochzeit, als mein Vater vorschlug, seine Freundin einzuladen. Ich wollte auf keinen Fall, daß sie die Gastgeberin spielte, sie war nicht meine Mutter (die verstorben war). Jetzt, wo ich selbst Stiefkinder habe, begreife ich, daß ich mich etwas dumm und kleinlich benommen habe; aber es war meine Hochzeit, und damals war mir dieser Punkt sehr wichtig.

Ich erinnere mich auch an die Hochzeit einer Freundin. Sie legte großen Wert darauf, daß ihre Hochzeit ganz traditionell und festlich gefeiert wurde. Und dann tauchte ihre Stiefmutter in einem roten Samtanzug mit einem großen Hut und Schleier in der Kirche auf; ein Stöhnen ging durch die versammelte Gesellschaft. In einem Woody Allen-Film hätte man darüber lachen können, bei seiner eigenen Hochzeit legt man andere Maßstäbe an. Ich würde Stiefmüttern immer raten, sich in einer solchen Situation möglichst nach den Kindern zu richten. Das Verständnis, das sie jetzt zeigen, wird sich später auszahlen.

Ich will damit nicht sagen, daß die Stiefmutter als graue Maus völlig von der Bildfläche verschwinden sollte. Wenn sie von vornherein ausgeschlossen wird, ist sie verständlicherweise verletzt. Der Vater möchte seine Frau wahrscheinlich auch dabeihaben, vor allen Dingen, wenn er für die Hochzeit bezahlt. Es ist aber für die Kinder schon schwierig genug, sich mit ihren geschiedenen Eltern darüber zu einigen, wie alles ablaufen soll; wieviel mehr Probleme gibt es, wenn sich nun die Stiefeltern auch noch einmischen! Trotz allem sollte die Stiefmutter sich nicht als Märtyrer fühlen. Wenn ihr die Planung nicht gefällt oder sie sich übergangen fühlt. sollte sie das sagen. Wenn sie gerne dabeisein möchte, sogar einen bestimmten Platz in der Kirche für angemessen hält und auch an dem Empfang teilnehmen möchte, weil sie ihrer Meinung nach genug für das Stiefkind getan hat, sollte sie auch das sagen. Die anderen wissen genausowenig wie sie, wie man sich in einer solchen Situation verhält. Wenn sie keine bestimmten Vorstellungen hat, kann es das beste sein, wenn sie sich im Hintergrund hält und sich freut, daß sie für nichts verantwortlich sein muß. Diesmal sind die Kinder und ihre Eltern dran! Im allgemeinen gilt, daß bei Festlichkeiten, bei denen die Kinder die Hauptpersonen sind, möglichst alles nach ihrem Wunsch ablaufen sollte.

So kann es gelingen

Feierlichkeiten wie jährliche Familientreffen, Hochzeiten und Examensfeiern, bei denen sich die weitläufigere Verwandtschaft trifft und wo es schon etwas bedeuten kann, Gastgeberin zu sein oder neben der Hauptperson zu sitzen, sind für Stieffamilien besonders kompliziert. Hier sind ein paar Tips für Stiefmütter:

1. Man kann meistens mit Recht annehmen, daß die anderen Beteiligten sich auch nicht sicher sind, wie etwas am besten arrangiert wird, und sich deshalb wahrscheinlich über Vorschläge der Stiefmutter freuen werden. Eine Frau berichtete:

> «Die Mutter meines Stiefsohns ging zu seiner Promotionsfeier und mein Mann auch; da aber nur eine bestimmte Anzahl von Plätzen pro Familie vorgesehen war, mußte ich zu Hause bleiben. Ich wäre auch gern dabeigewesen, aber ich tröstete mich selbst mit einem kleinen Empfang, den ich hinterher für ihn gab. Wir luden auch seine Mutter dazu ein, die aber nicht kommen wollte. Ich hatte das Gefühl, daß ich meinen Teil getan hatte, indem ich sie eingeladen hatte und es auch ernst meinte, und mein Stiefsohn war zufrieden und fand, daß wir uns fair benommen hatten. Ich hatte vorher mit ihm darüber gesprochen.»

Stiefmütter haben oft berichtet, daß sie von Familienfestlichkeiten ausgeschlossen werden, weil andere sich unbehaglich fühlen, wenn Frauen und Ex-Ehefrauen zusammensind. Eine Frau machte folgende Erfahrung:

«Als der Neffe meines Mannes heiratete, waren wir nicht eingeladen, dafür aber Delia, die ehemalige Frau meines Mannes. Die Kinder leben bei ihr, und der Vater des Bräutigams, der Bruder meines Mannes, wollte sie gern dabeihaben. Ich fand es auch richtig, daß die Kinder an der Hochzeit ihres Cousins teilnahmen, war aber dennoch sehr verletzt. Mein Mann tat so, als ob es ihm egal war, aber später entschuldigte sich sein Bruder bei ihm und gestand, daß er einfach nicht gewußt habe, wie er es jedem rechtmachen könnte. Wenn wir gesagt hätten, daß es uns nicht stören würde, wenn Delia auch dabei wäre, wäre es vielleicht anders gelaufen.»

2. Die Stiefmutter kann denjenigen helfen, die das Fest planen, wenn sie von vornherein deutlich macht, daß es ihr nichts ausmacht, wenn die erste Frau dabei ist. Falls sie selbst mit der ersten Frau nicht gut auskommt, kann sie vorschlagen, daß deren Kinder eingeladen werden. Manchmal bringt es eine Stiefmutter sogar fertig, die erste Frau anzurufen und sie nach ihrer Meinung zu fragen. Wenn sich beide einig sind, daß sie auch dabeisein wollen, kann man das die Gastgeber wissen lassen, die zweifellos erleichtert sein werden, daß dieses Problem schon einmal aus dem Weg geräumt ist.

Die Stiefmutter sollte sich jedoch wie ein Familienmitglied verhalten, was sie ja auch ist, und nicht nur darauf warten, daß sie jemand verletzt, indem er sie übersieht oder schneidet. Wenn sie sicher und gelassen auftritt, macht sie es auch den anderen Verwandten leichter. Eine Frau erzählt:

«Ich sagte meiner Schwiegermutter ziemlich am Anfang, daß ich annahm, daß sie die Beziehung zu der ersten Frau meines Mannes aufrecht erhalten würde. Sie hatten einander schließlich 10 Jahre lang gekannt. Ihr gutes Verhältnis kam auch den Kindern zugute, und es machte mir wirklich nichts aus. Sie war so dankbar, daß ich mit ihr dieses Thema angeschnitten hatte, und sagte, daß sie einfach nicht gewußt hätte, wie sie sich benehmen sollte. Ich glaube auch, daß es einen guten Eindruck auf sie gemacht hatte, daß ich sie darauf ansprach. Sie fand es großzügig und verständnisvoll von mir.»

3. Man sollte sich nicht wundern, wenn andere Familienmitglieder, Schwiegereltern oder Ex-Ehefrauen einfach noch kein gutes Verhältnis zu der «Neuen» wollen, und sollte versuchen, das nicht persönlich zu nehmen oder beleidigt zu sein. Wenn die gutgemeinten Vorschläge der Stiefmutter auf eisiges Schweigen treffen, darf sie sich darüber nicht ärgern oder nun auf Rache sinnen. Sie kann ein solches Verhalten dumm finden, sollte aber schlechtes Benehmen am besten ignorieren.

4. Familienfeiern sollten nie zum Schauplatz eines Wettbewerbs zwischen Stiefmutter und Ex-Ehefrau werden. Es ist sicher nicht immer leicht, sich zurückzuhalten, vor allen Dingen wenn man herausgefordert wird, aber letzten Endes wird die zweite Frau froh sein, daß sie sich nicht hat hinreißen lassen, und in den Augen der Anwesenden hat sie ohne Zweifel an Ansehen gewonnen.

Judith Martin meint dazu:

> «Das Verhalten der Stiefmutter im Kreise der größeren Familie hängt unter anderem davon ab, welche gefühlsmäßigen Bindungen sie zu der Familie hat und was für einen Umgangston man dort miteinander pflegt.»

Das ist allerdings Ansichtssache. Was für den einen ein frostiges Verhältnis ist, fällt für den anderen noch in den Rahmen des höflichen Umgangs. Ich befragte eine Stiefmutter, die meinte:

> «Ja, ich glaube schon, daß mein Mann und seine Ex-Frau normal miteinander umgehen; wenigstens bedrohen sie sich nicht gegenseitig mit einem Revolver. Manchmal ruft sie ihn an, und er ist freundlich am Telefon. Dann wieder schreien sie sich an; eigentlich haßt er sie. Ja, ich glaube, sie gehen normal miteinander um.»

Manchmal sind es die Kinder selbst, die in potentiell schwierigen Situationen das Richtige tun. Eine Stiefmutter saß bei der Konfirmation ihres Stiefsohns unglücklich in der hintersten Reihe und war überrascht, als plötzlich ihre Stieftochter erschien und sie einlud, doch vorne bei der Familie zu sitzen, neben ihrer Mutter und ihren Großeltern.

In einem anderen Beispiel wohnten Stiefmutter, ihr Ehemann, seine Tochter, deren Mutter und Großeltern in demselben Hotel, um den Abschlußfeierlichkeiten an der Universtität ihres Stiefsohnes beizuwohnen. Die Stiefmutter berichtet:

«Ich hatte nur darauf bestanden, daß unser Zimmer nicht direkt neben dem seiner ersten Frau lag und daß wir am nächsten Morgen allein zur Universität fahren würden. Alles andere war mir egal. Anfangs war die Atmosphäre innerhalb der Familie etwas steif, bis die erste Schwiegermutter meines Mannes zu mir trat und mit mir eine Unterhaltung anfing. Sie lud mich und ihre Enkelin sogar zu einem Eis ein. Ab da schien es normal, daß alle freundlich miteinander umgingen. Als die Zeit des Abendessens herangekommen war, war die Spannung verschwunden. Wir saßen alle an einem Tisch, und ich half meiner Stieftochter dabei, sich etwas auf der Speisekarte auszusuchen. Sie saß näher bei mir als bei ihrer Mutter, und die war außerdem in ein Gespräch mit ihrem Sohn vertieft. Es war alles wirklich erstaunlich harmonisch.»

Familienzusammenkünfte können für alle Seiten angenehm sein, wenn Ehefrau und Ex-Ehefrau es vermeiden, über problematische Themen zu sprechen. Die Unterhaltung sollte freundlich und oberflächlich geführt werden; gut ist, wenn man sich darüber hinaus noch ein dickes Fell anschafft. Falls etwas gesagt wird, was einen ärgern soll, sollte man es ignorieren.

Ein anderer wichtiger Punkt ist, daß die Stiefmutter niemals die Autorität der Mutter in Frage stellen darf. Die Mutter hat das Sagen. Wenn das Kind im Haus des Vaters zu Besuch ist, kann die Stiefmutter es zurechtweisen, z. B. wenn seine Tischmanieren zu wünschen übrig lassen, aber sie sollte nie etwas sagen, wenn die Mutter und andere Familienangehörige dabei sind. Eine Mutter wird die Kritik an ihrem Kind persönlich nehmen, deshalb sollte man es immer ihr überlassen zu kritisieren.

Familienfeiern sollten für alle Beteiligten möglichst harmonisch ablaufen. Das Verhalten der Stiefmutter spielt eine große Rolle dabei; wenn sie gelassen und freundlich sein kann, dann können sich auch die anderen entspannen und das Fest genießen. Denn so merkwürdig es vielleicht auch klingt, die Aufmerksamkeit des Clans konzentriert sich anfangs gespannt auf die Ex-Ehefrau und die neue Frau, und man kann sich erst richtig an dem Fest freuen, wenn das Verhältnis der Frauen sich als offensichtlich problemlos herausgestellt hat. Die Stiefmutter ist die neue unbekannte Variable in einer Familie, in der alle anderen sich schon lange kennen und feste Beziehungen aufgebaut haben. Wenn die neue Frau es fertigbringt, ihnen die Befangenheit zu nehmen und sich um das Gelingen des Festes bemüht, wird man ihr das hoch anrechnen.

Böse Stiefmütter…

...kommen wohl nur noch im Märchen vor. Ein Kind möchte vor allem beschützt sein und sich geborgen fühlen. Es fragt nicht danach, ob eine leibliche Mutter oder eine «Stiefmutter» ihm diese Sicherheit gibt.

17. Ein eigenes Kind

Ein Kind oder kein Kind, das ist hier die Frage!
Partner in einer zweiten Ehe sind sich über nichts so uneins wie über diesen Punkt.

Wenn zwei Menschen sich lieben und heiraten wollen, sind sie nicht immer ganz ehrlich, wenn sie von ihren Erwartungen und Hoffnungen in bezug auf die Zukunft sprechen. Oder sie behaupten etwas, was sie auch im Moment glauben, und ändern später ihre Meinung. Eine kinderlose Frau, die einen Mann mit Kindern heiraten will, glaubt nicht selten, daß seine Kinder ihr die eigenen ersetzen werden, und sagt aus Überzeugung, daß sie kein eigenes Kind will. Wenn sie dann feststellt, daß Stiefkinder etwas anderes als eigene Kinder sind und um sie herum alle Freundinnen Kinder bekommen, denkt sie plötzlich anders darüber.

Und Männern, die früher einmal meinten, «ja, wir können schon ein Kind haben, wenn du wirklich eins willst», wird klar, daß sie zusätzlich zu der Verantwortung für die Kinder aus erster Ehe nicht auch noch die für ein neues Baby übernehmen wollen. Sie hatten ihr Versprechen vielleicht im Überschwang der ersten Verliebtheit gegeben, wollten aber eigentlich nie weitere Kinder haben.

Die Angst des Mannes vor weiterer Verantwortung

Manche Frau merkt, daß ihr zukünftiger Mann schon mit den Kindern aus erster Ehe ausgelastet ist und behauptet deshalb, daß ihr an einem eigenen Kind nichts läge, hofft aber insgeheim, daß er seine Meinung vielleicht später ändern wird. Andere Frauen können sich anfangs nicht entscheiden, stellen aber dann fest, daß sie ihr Leben sowieso auf Kinder, nämlich auf seine, einrichten müssen und meinen dann, daß da auch noch Platz für ein eigenes wäre.

Bei der Antwort auf die Frage: ein eigenes Kind ja oder nein, werden nicht selten frühere Entschlüsse umgeworfen und neue Entscheidungen getroffen. Lillian Messinger sagt: «Ein Mann will heiraten und verspricht seiner Zukünftigen deshalb ein Kind, wenn sie eins möchte.» Sie gibt zu bedenken, daß der Entschluß zu einem Kind in einer zweiten Ehe, wenn schon Kinder aus erster Ehe da sind, weitaus sorgfältiger durchdacht werden muß als beim ersten Mal. Beide Partner müssen verstehen, welche Hoffnungen und Erwartungen der andere an dieses Kind knüpft.

Mißverständnisse und widersprüchliche Empfindungen sind nicht selten. Diskussionen, ob man überhaupt ein Kind haben sollte oder nicht, sind für die Frau besonders unangenehm, die sich in ihrer Rolle als zweite Frau noch nicht sicher fühlt. Auch wenn sie sich letztlich zu einem Kind entschließt, macht sie sich Sorgen, ob ihr Mann dieses Kind genauso lieben, es ihm soviel bedeuten wird, wie die Kinder aus erster Ehe. Darüber allerdings sollte sie sich keine Sorgen machen. Wenn der Mann sich zu einer zweiten Familie entschlossen hat, wird er zu dem neuen Baby meistens eine sehr viel engere Bindung haben, als er sie zu seinen anderen Kindern als Babys hatte. Er genießt die Möglichkeit, mit dem Kind von Anfang an mehr Zeit zu verbringen und entdeckt seine Vatergefühle wieder. Bei der ersten Ehe wird seltener darüber nachgedacht, ob man Kinder haben will oder nicht, man hat sie eben. Das Wunschkind aus einer zweiten Ehe wurde dadagegen von den meist reiferen Partnern bewußt geplant.

Ein eigenes Baby in einer Stieffamilie ist aus vielerlei Gründen zu empfehlen, allerdings nur, wenn Mann und Frau es beide wirklich wollen. Nur dann werden sie auch die Verantwortung und vermehrte Arbeit gerne auf sich nehmen.

Manchmal allerdings kann die Stiefmutter schlecht herausfinden, was sie wirklich will. Sie kennt nur Stiefkinder und ihre Probleme und weiß nicht, wie es mit einem eigenen Kind wäre. Die Beziehung zu Stiefkindern ist jedoch anders als die Beziehung zu einem eigenen Kind; Stiefkinder sind kein Ersatz für eigene Kinder, wie Frauen immer wieder feststellen.

Die Frage, ob man ein Kind haben sollte oder nicht, berührt unterschwellige Sehnsüchte und Unsicherheiten in jeder Ehe. Für die Stiefmutter ist mit dieser Frage auch noch der Vergleich zur ersten Ehe verknüpft; für sie zeigt sich in der Antwort des Mannes, wie sehr er sie liebt und wie fest er auf eine Zukunft mit ihr baut. Wenn diese Frage diskutiert wird, werden viele Wahrheiten über die Partner und ihre Ehe deutlich, unabhängig davon, wie die Entscheidung letzten Endes ausfällt. Melanie berichtet:

«Als ich am Anfang unserer Beziehung mit meinem Mann über das Thema Kinder sprach, meinte er, daß er lieber keine weiteren Kinder mehr wollte, daß er aber noch eins mit mir haben würde, falls ich unbedingt wollte. Ich wußte zu dem Zeitpunkt noch nicht, was ich wollte. Seine Söhne lebten bei der Mutter, besuchten uns aber regelmäßig; nach zwei Jahren, ich war jetzt 34, entschied ich mich für ein eigenes Kind. Aber in der Zwischenzeit hatte mein Mann seine Meinung geändert und wollte kein Kind mehr. Ab da wurde unser Zusammenleben sehr schwierig. Ich warf ihm vor: ‹Zwei Jahre lang habe ich mich für deine Kinder aufgeopfert, und nun hältst du dein Versprechen nicht.› Ich machte beinahe so etwas wie eine Persönlichkeitsveränderung durch; zeitweilig haßte ich ihn und seine Kinder direkt und klagte ihn an: ‹Tu doch nicht so, als ob du deine Söhne liebst. Offensichtlich sind sie mehr Last als Freude, wenn du dir nicht vorstellen kannst, noch ein Kind zu haben.› Ich war bisher eine mustergültige Stiefmutter gewesen; jetzt warf ich ihm an den Kopf: ‹Denk bloß nicht, daß ich weiter ihre Betten machen oder für sie kochen werde, und wenn sie irgendwohin gefahren werden müssen, dann kannst du das tun. Es sind deine Söhne, also kannst du auch für sie sorgen. Ich habe die Nase voll.› Ich ging sogar so weit, daß ich meinen Eltern, die die Kinder wie eigene Enkel liebten, sagte, daß sie ihnen nichts zu Weihnachten schicken sollten. ‹Sie brauchen wirklich nichts›, log ich. Mein Herz war zu Eis geworden.»

Dann spielte sie ihren letzten Trumpf aus: sie wurde mit Absicht schwanger. Als sie das schließlich ihrem Mann gestand, reagierte er zuerst ganz positiv und meinte: «Es wird schon klappen; wir werden dieses Kind liebhaben.» Dann wurde alles schlimmer:

«Gerd konnte nicht mehr; er schlief kaum noch, sondern stand um halb fünf morgens auf und ging zur Arbeit. Schließlich sagte er mir, daß er es nicht schaffen würde, ich sollte mir einen Anwalt nehmen und die Scheidung einreichen. Er sagte, daß er hoffe, ich würde einen anderen, besseren Mann kennenlernen, mit dem ich ein neues Leben beginnen könne. Er könne mir nur den Rat geben, das Kind abzutreiben.»

Zum ersten Mal sah Melanie, welche Belastung die Söhne für Gerd gewesen waren, schon während der Scheidung und dann auch in seiner zweiten Ehe. Er hatte einfach Angst vor mehr Verantwortung. Trotzdem wurde ihre Beziehung immer schwieriger; sie hatte sich zu einer Abtreibung entschlossen und überlegte ernsthaft, ob sie sich scheiden lassen sollte. Beim jährlichen Familientreffen saß sie mit steinernem Gesicht neben ihrem Mann und mußte mit anhören, wie Gerd eine Rede auf seinen Vater, auf Familie überhaupt und auf seine Söhne hielt. Auf dem Weg nach Hause konnte sie sich nicht beherrschen, sondern beschimpfte ihn als «Heuchler».

Erstaunlicherweise schafften es Melanie und Gerd, ihre Ehe wieder zu kitten. Als sie merkten, daß es unter Umständen mit der Scheidung ernst werden würde, bekamen beide eine solche Angst, den anderen zu verlieren, daß sie das Kind nicht abtreiben ließen. Ihre Geschichte hat ein glückliches Ende, aber beide Partner brauchten viel Zeit und Kraft. Mit der Entscheidung allein waren natürlich noch nicht all die Fragen aus dem Weg geräumt, die sie in bezug auf den Partner hatten. Würde sie ihm vergeben können, daß er sein Wort nicht hatte halten wollen? Würde er trotz der Schuldgefühle wegen seiner Söhne das neue Baby uneingeschränkt lieben können? Sie mußten gemeinsam an den Lösungen dieser Probleme arbeiten.

Als sie ihr eigenes Kind hatte, wurde Melanie wieder zu der guten Stiefmutter, die sie vorher gewesen war. Es war rührend, wie die Jungens sich um das Baby kümmerten. Sie bastelten ihm Spielsachen und waren von dem kleinen Geschwister begeistert.

Wenn das neue Baby geboren wird, verändert sich oft auch das Verhältnis des Vaters zu seinen Kindern aus erster Ehe, zu seiner «alten» Familie. Während die Mutter nun all ihre Aufmerksamkeit dem Baby widmet, wird der Vater an die Zeiten erinnert, als seine älteren Kinder Babies waren, und er wendet sich ihnen mit erneutem Interesse und vermehrter Zuneigung zu, ohne deshalb aber das Baby zu vernachlässigen.

Neu erwachte Vatergefühle sind sicherlich positive Impulse, können allerdings auch Probleme in der Stieffamilie hervorrufen, wenn sie nämlich aus einem schlechten Gewissen des Vaters seinen älteren Kindern gegenüber übertrieben werden. Eine Frau berichtete:

«Mein Mann entwickelte sich zu einem Supervater. Man kann sich meine Überraschung vorstellen, als er plötzlich am Heiligabend im Beisein meiner Schwiegereltern und seiner Söhne aus erster Ehe bekanntgab, daß die Jungens zu uns ziehen würden. Ich war zu der Zeit im fünften Monat schwanger und war noch nicht einmal gefragt worden. Ich fand es unfair von ihm, gerade jetzt so etwas von mir zu verlangen, aber er blieb eisern. Es seien seine Kinder, und er würde sie immer lieben und wolle sie bei sich haben. Ich war so mit meiner Schwangerschaft beschäftigt und freute mich so auf mein Kind, daß ich mich nicht mit ihm streiten wollte.

Unser Sohn war zwei Monate alt, als meine Stiefsöhne erst einmal für den Sommer zu uns zogen. Mein Mann war rührend mit unserem Baby, aber es erinnerte ihn auch daran, was er damals bei seinen Söhnen versäumt hatte. Wenn er jetzt von der Arbeit nach Hause kam, zog er sich nur schnell um und zog dann sofort mit den Großen los, um mit ihnen Tennis oder Fußball zu spielen. Ich saß im Haus und kochte das Essen oder stillte das Baby. Meine Gefühle schwankten zwischen Begeisterung und Verzweiflung über die Situation. Zu Ende der Ferien war ich so durcheinander, daß ich in psychotherapeutische Behandlung ging und mein Mann auf meine Bitte hin mitkam.

Heute, zwei Jahre danach, führen wir eine sehr glückliche Ehe, aber wir haben uns auch sehr darum bemüht. Mein Mann mußte sich erst einmal all seiner ehrlichen Empfindungen für seine älteren Söhne bewußt werden, Schuldgefühle, Hilflosigkeit und Zuneigung mußten an die Oberfläche kommen und akzeptiert werden, bevor er vorbehaltlos Freude an unserem Kind haben konnte. Ich mußte erst einmal verstehen lernen, was es für ihn bedeutete, Vater zu sein, und warum er so lange zögerte, noch einmal von vorne anzufangen und mußte seine Gefühle akzeptieren. Ich brauchte es, daß er mir immer wieder versicherte, daß er mich liebte. Wir haben vor unserer Ehe einfach nicht genug miteinander geredet. Mein Mann wußte selbst nicht, wie sehr er eigentlich dagegen war, noch ein Kind zu haben, und ich hatte mir nicht einmal selbst eingestanden, wie dringend ich wirklich ein Baby wollte.»

Gründe für oder gegen Kinder

Der oben geschilderte Fall enthält viele Elemente, die auf wiederverheiratete Partner zutreffen, die vor der Frage stehen, ob sie ein eigenes Kind wollen und sich dann dafür entscheiden. Die Reaktionen der Partner, ihre unterschiedlichen Ausgangspositionen und die Skala der Empfindungen sind typisch für eine solche Situation.

Eine Frau hatte einen Mann mit Kindern geheiratet, der sich hatte sterilisieren lassen.

«Er hatte mir ausdrücklich versichert, daß er die Vasektomie rückgängig machen lassen würde, falls ich gern ein Kind hätte. Jetzt wechselt er am liebsten das Thema, wenn ich mit ihm darüber sprechen möchte. Ich bin noch nicht sicher, was ich will; aber ich habe das Gefühl, daß ich mit ihm offen über die Vor- und Nachteile sprechen muß, und er drückt sich davor. Er behauptet, daß ich nur enttäuscht sein würde, wenn ich mich für ein Kind entscheide und seine Sterilisation sich dann nicht rückgängig machen ließe. Aber wir müssen uns doch entscheiden, ob wir es probieren wollen oder nicht; entweder es geht, oder es geht nicht. Seine Argumente sind nicht überzeugend.»

Viele Stiefmütter beklagen sich darüber, daß ihre Männer offensichtlich ihre Kinder aus erster Ehe lieben und trotzdem behaupten, daß es zu mühsam sei, zuviel Verantwortung bedeute, noch ein Kind zu haben. Eine drückte es so aus:

«Wenn ein Kind etwas so Wunderbares ist, warum enthält er mir diese Erfahrung vor? Das gibt mir das Gefühl, als ob er unser Kind nicht so lieben könnte wie seine Kinder aus erster Ehe.»

Diese Befürchtungen sind allerdings meistens unbegründet. Ein geschiedener Mann mit Kindern will meistens deshalb keine weiteren Kinder, weil er noch Schuldgefühle seinen anderen Kindern gegenüber hat, die, wie er glaubt, zunehmen würden, wenn er ein

Kind in zweiter Ehe zeugt. Außerdem hat er Angst vor zusätzlicher Verantwortung. Man sollte die Gefühle eines Mannes ernst nehmen, der immer wieder sagt, daß er keine weiteren Kinder möchte; da es sich aber hier um ein für beide Partner wichtiges Thema handelt, sollte man seine Begründungen schon genau untersuchen. «Mein Mann meinte, seine Tochter würde sich durch ein Baby zurückgesetzt fühlen, außer wenn wir sie dann auch bei uns wohnen lassen», berichtete eine Frau. Ihr Therapeut half ihr dabei, die Einwände ihres Mannes zu verstehen: «Er ist es, der Zweifel hat, ob er seine Tochter nicht vernachlässigen würde, wenn er ein zweites Kind hat. Und das vergrößert seine Schuldgefühle noch.»

Wenn Partner in ihren Diskussionen über ein Baby nicht weiterkommen, kann ein Eheberater häufig helfen. Manchmal braucht man nur einen unbeteiligten Dritten, der sich die Argumente anhört, um zu erkennen, wie man wirklich empfindet und was einem wichtig ist. Da die Zukunft der Ehe wesentlich davon abhängt, sollte das Paar gemeinsam eine klare Entscheidung treffen.

Nicht selten befinden sich Mann und Frau in verschiedenen Stadien ihres Lebens, wenn sie diese Entscheidung treffen sollen. Der Mann hat vielleicht schon beinahe erwachsene Kinder und freut sich darauf, seiner väterlichen Verantwortung bald ledig zu sein; die Frau dagegen hat gerade erst ihren Wunsch nach einem Baby entdeckt. Es ist wichtig, daß die Partner über ihre unterschiedlichen Ausgangspositionen und ihre Vorstellungen von der Zukunft sprechen. Es kann auch sein, daß sich der ältere Mann finanziell jetzt sicherer fühlt und in seiner glücklichen zweiten Ehe nichts gegen ein Kind einzuwenden hätte, oder daß eine jüngere Frau so mit ihrer beruflichen Karriere beschäftigt ist, daß sie eigentlich gar keine Kinder haben möchte, selbst wenn alle Freundinnen schwanger werden. Wichtig ist, daß die Entscheidung von beiden Partnern in einer ehrlichen, offenen Atmosphäre gefällt werden kann.

Eine in ihrem Beruf sehr erfolgreiche Frau, die sich eigentlich immer sicher gewesen war, daß sie keine eigenen Kinder wollte, fühlte sich trotzdem in ihrer Entscheidung schwankend werden, vor allen Dingen, weil sie auf ihre Stiefkinder eifersüchtig war. Als sie diese zeitweilige Unsicherheit überwunden hatte, meinte sie:

> «Ich bin froh, daß ich mir wirklich die Zeit genommen habe, um herauszufinden, was ich wirklich will. Ich weiß, daß ich eigentlich

keine Kinder haben möchte. Aber es gab eine Zeit in meiner Ehe, in der ich mich unsicher fühlte; da wollte ich irgendwie stärker geliebt werden und dachte, ein Baby könnte mir diese Liebe geben. Mittlerweile aber habe ich andere Wege gefunden, um die Zuneigung und Sicherheit zu bekommen, die ich brauche.»

Reaktionen der Stiefkinder

Stiefkinder reagieren ganz unterschiedlich auf ein neues Baby in der Familie. Wie in jeder Familie sind ältere Kinder manchmal eifersüchtig, aber im allgemeinen hat ein Halbgeschwister eher eine positive Wirkung auf die Stieffamilie. Kinder fühlen sich in einer Familie wohl, sie brauchen die Sicherheit, die ihnen die Erwachsenen geben und lieben den Umtrieb durch andere Kinder. Ich war das einzige Kind meiner Eltern und erinnere mich noch genau, wie gern ich immer eine Freundin besuchte, die fünf Geschwister hatte. Es war einfach wunderbar für mich, einmal nicht der Mittelpunkt der Aufmerksamkeit zu sein und all die Aktivitäten mitzuerleben, die in dieser großen Familie vor sich gingen. Stiefkinder empfinden ähnlich, wenn es um ein neues Baby in der Familie geht, was nicht bedeutet, daß sie nicht auch einmal auf das Geschwister eifersüchtig sein werden. Das Stiefkind genießt es, mit dem Baby zu spielen, nicht mehr das einzige Kind zu sein, auf das sich die ganze Aufmerksamkeit der Erwachsenen richtet. Man kann nicht leugnen, daß sich Kinder aus erster Ehe durch ein neues Baby zurückgesetzt fühlen können, was allerdings in leiblichen Familien genauso passiert. Wenn Vater und Kind nicht zusammenleben, kann dieses Problem schwerwiegender sein, vor allen Dingen, wenn die Beziehung zwischen Vater und Kind nicht stabil und selbstverständlich ist. Alter und Persönlichkeit des Stiefkindes spielen offensichtlich eine Rolle, wenn es darum geht, wie gut es sich an ein Stiefgeschwister gewöhnen kann.

Eine Frau berichtete, wie unterschiedlich ihre beiden Stieftöchter auf das neue Baby reagierten. Die jüngere, mit der sie und ihr Mann eine herzliche Beziehung hatten aufbauen können, schien wirklich Spaß an dem kleinen Bruder zu haben. Die ältere, deren Verhältnis zum Vater noch nicht ungetrübt war, schien Schwierigkeiten zu haben, das kleine Geschwister zu akzeptieren; er war für sie noch ein zusätzlicher Faktor, der ihre Beziehung zum Vater belastete. Ein solches Verhalten einer älteren Tochter ist nicht so ungewöhnlich. Die älteste Tochter hatte das Gefühl, daß das Baby aus der neuen Ehe des Vaters sie verdränge, daß sie nun in den Augen des Vaters weniger wert wäre. Die Tochter war jetzt nur noch die Erstgeborene *aus der ersten Ehe*; es gab jetzt einen anderen Erstgeborenen aus der zweiten Ehe des Vaters. Die jüngsten Kinder dagegen finden es schön, daß sie nun nicht mehr «das Baby der Familie» sind, und akzeptieren deshalb das Halbgeschwister gern. Ich hörte immer wieder von Stieffamilien, bei denen das jüngste Kind aus erster Ehe ein besonders gutes Verhältnis zu den Kindern aus der zweiten Ehe hatte. Selbst wenn die Altersunterschiede groß waren, schufen diese Kinder eine Verbindung zwischen den Familien. Natürlich hängt die Harmonie in der Stieffamilie auch von den Persönlichkeiten der Betreffenden ab und davon, ob es noch andere Probleme in der Stieffamilie gibt und wie die Eltern damit umgehen können.

Die ältere Tochter gab zu, daß es ihr wehtat, wenn der Vater mit dem neuen Baby spielte und schmuste. Wie die meisten anderen Kinder aus erster Ehe auch brauchte sie es, daß der Vater ihr zeigte, daß sich an seiner Liebe zu ihr nichts verändert hatte, daß er dem Baby nur das zukommen ließ, was sie als Baby auch bekommen hatte und daß diese Zärtlichkeit nichts von der Zuneigung wegnahm, die er für seine erste Tochter verspürte. Es tat beiden gut, miteinander über ihre Ängste und ihre Beziehung zu sprechen. Vor diesen Gesprächen war sie ihrem Vater gegenüber gehemmt und unsicher gewesen und hatte sich von dem Baby ferngehalten. Der Vater hatte seinerseits auch Hemmungen, weil er diese Spannung gespürt hatte und nicht wußte, wie er sie abbauen konnte.

Die biologische Bindung der Halbgeschwister ist ein Faktor, den man nicht unterschätzen sollte. Das eigene Kind ist mit seinen Halbgeschwistern blutsverwandt und hat automatisch ein Verhältnis zu ihnen, von dem die eigene Mutter ausgeschlossen ist. Viele Frauen berichteten, daß sie erstaunt waren, wie ihre eigenen Kinder die Stiefkinder als enge Familie identifizieren und selbstverständlich akzeptieren, auch wenn sie sie nur selten sehen.

Die Soziologin Lucille Duberman schreibt in ihrem Buch über Stieffamilien «The Reconstituted Family»: «In einer Stieffamilie sind die Mitglieder häufig besser integriert, wenn ein Kind aus der neuen Bindung da ist.» Ein eigenes Kind wird aber selbstverständlich nicht als Lösung empfohlen, wenn die Frau Schwierigkeiten in der neuen Ehe hat. Es wird aus den Untersuchungen von Duberman auch nicht deutlich, ob sich ein Paar zu einem eigenen Kind entschloß, weil man in der Familie gut miteinander auskam, oder ob dieser Zusammenhalt erst durch das Baby hervorgerufen wurde. Sie schreibt allerdings, daß sich Partner einer zweiten Ehe meist mehr um die Beziehung bemühen und wahrscheinlich erst dann ein eigenes Kind planen, wenn sie glauben, daß diese Ehe stabil ist und Zukunft haben wird. Mit größerer Wahrscheinlichkeit wird dieses Baby also in einer glücklichen Stieffamilie aufwachsen. In Familien, in die auch die Frau Kinder aus erster Ehe eingebracht hat, bildet das neue Baby oft ein Verbindungsglied für die Stiefgeschwister. Es ist so offensichtlich unschuldig an den Schwierigkeiten innerhalb der Stieffamilie, daß sich jeder, selbst Jugendliche, die sonst an allem etwas auszusetzen haben, von ihm angerührt fühlt. Man empfindet es als etwas Gemeinsames und fühlt sich durch das Baby mit dem Rest der Familie enger verbunden. Die neue Ehe bekommt durch das Baby etwas Dauerhaftes, und die Stiefkinder fühlen sich in dieser Familie sicherer und aufgehoben.

Manchmal allerdings wird ein Baby von den Stiefkindern nicht ohne weiteres akzeptiert, und ihre Einstellung kann die Stieffamilie spalten. Die Frau ist dann versucht, die Familie in «meine» und «seine» aufzuteilen, was aber genau die falsche Reaktion wäre. Sie hat ein gemeinsames Kind mit ihrem Mann, es ist also auch «seins», nur hat er auch noch andere Kinder, und beide Eltern müssen versuchen, den Stiefkindern dabei zu helfen, das neue Familienmitglied zu akzeptieren. Man kann sie nicht dazu zwingen, das Kind zu lieben und zu verwöhnen. Man sollte schon zufrieden sein, wenn sie ein gewisses Interesse an dem Baby zeigen. Ältere Kinder fürchten oft, daß man sie nun als Babysitter einspannen wird und daß sich überhaupt das Leben der Familie ändern wird. Eine Freundin von mir war 16, als ihre Eltern noch einmal ein Kind bekamen. Sie erinnert sich genau an ihre Reaktion, als ihre Mutter ihr die Neuigkeit mitteilte: «Ich warf mich auf die Couch und schluchzte, daß mein Leben ruiniert sei.» Wenn solche Reaktionen schon in einer leiblichen Familie vorkommen, dann darf eine Stiefmutter es nicht persönlich nehmen, wenn die Kinder ihres Mannes nicht mit Begeisterung darauf reagieren, daß sie ein Halbgeschwister bekommen werden. Kinder sind von Natur aus konservativ, sie mögen Veränderungen in ihrem Leben nicht und wehren sich dagegen.

Man kann seinem Stiefkind auf verschiedene Weisen zeigen, daß ein neues Baby auf sein Leben keinen negativen Einfluß haben wird. Man sollte darauf achten, daß der Große nach wie vor auch seine Zeit allein mit den Eltern hat, ohne daß das Baby stört; man kann zum Beispiel mit ihm ins Kino oder zum Essen ausgehen und das Baby zu Hause lassen. Obgleich die Stiefmutter mit ihrem neuen Baby sicher viel zu tun hat, muß sie jetzt besonders darauf achten, daß sie das Stiefkind nicht vernachlässigt.

Babies und Kleinkinder haben ihre eigenen Methoden, sich die Halbgeschwister zu Freunden zu machen; manchmal braucht man überhaupt nichts dazu zu tun. Wenn ein Kleinkind seinen großen Bruder voller Begeisterung und Bewunderung ansieht, dann nützt das der Beziehung mehr als alle Bemühungen der Stiefmutter. Wenn es nicht klappt und die Halbgeschwister nie ein wirklich enges Verhältnis zueinander finden, sollte man nicht verzweifeln. Bei vielen leiblichen Geschwistern ist das auch nicht anders. Wenn das Stiefkind allerdings nicht nur kein Interesse zeigt, sondern negativ und feindselig bleibt, sollte man sich mit einem Psychologen beraten. Es nützt nichts, das Problem von sich fortzuschieben und zu hoffen, daß es mit der Zeit besser wird. Ein Vater muß sich bewußtmachen, daß es hier um die seelische Gesundheit seines Kindes geht und nicht nur darum, ob es sein Stiefgeschwister mag oder nicht. Wie andere negative Verhaltensweisen auch bedeutet dieses aggressive Ablehnen des Halbgeschwisters, daß das Kind die Aufmerksamkeit auf sich lenken will. Wenn der Vater versteht, wo die grundsätzlichen Bedürfnisse seines älteren Kindes liegen und ihm entsprechend hilft, dann wird das Verhältnis zwischen den Stiefgeschwistern wahrscheinlich auch besser werden.

Nicht jede Frau macht die Erfahrung, daß sich die Atmosphäre in der Stieffamilie verbessert, wenn sie ein eigenes Kind hat.

> «Als mein Stiefsohn (14) erfuhr, daß ich schwanger war, reagierte er auf ganz gemeine Weise. Er kam zu mir und meinte, daß Abtreibungen doch heute möglich seien. Ich konnte ihm das nie verzeihen», berichtete eine Stiefmutter, «wir hatten lange mit dieser

Schwangerschaft gewartet, damit sich meine Stiefkinder nicht zurückgesetzt fühlen würden. Ich hatte alles für sie getan, hatte ihnen ihre Geburtstage ausgerichtet, Familienfeste bei mir gefeiert, sie zu ihren Sportveranstaltungen gefahren und so weiter. Ich kann nicht sagen, wie weh es tut, wenn ich jetzt mitansehen muß, daß sie ihren kleinen Bruder total links liegenlassen.»

Ihr Verhältnis zu den Stiefsöhnen wurde vollends zerstört, als ihr Vierjähriger eines Tages weinend sagte, daß seine Halbbrüder und ihre Freunde seinem Lieblingsteddy die Arme ausgerissen hätten. «Ich hätte sie umbringen können. Zum ersten Mal schrie ich sie an, daß ich die Nase vollhätte und schickte sie nach Hause.» Dieses beinahe «gestörte» Verhalten der Halbwüchsigen hatte wahrscheinlich sehr viel tiefere Gründe als nur das Vorhandensein eines Halbgeschwisters; aber es ist verständlich, daß die Frau so heftig reagierte, denn die Bosheit der Stiefsöhne hatte sich schließlich gegen ihr Kind gerichtet.

Stiefmutter und Mutter in einer Person

Eine Frau hatte es mit ihren zwei halbwüchsigen Stiefsöhnen oft sehr schwer und meinte:

«Ich hätte sie manchmal erwürgen können, wenn sie nicht immer so lieb zu unserer Tochter gewesen wären. Sie standen nachts auf, wenn sie weinte und brachten ihr Spielsachen und gaben bei anderen mit ihrer kleinen Schwester an. Ich liebte sie dafür und verzieh ihnen alles andere.»

Manche Stiefmutter, die zu Anfang ihrer Ehe noch kein Kind hatte, stellt fest, daß sie den Kindern ihres Mannes nicht nur dankbar ist, wenn sie nett zu dem neuen Geschwister sind, sondern daß sie selbst jetzt eine ganz andere Beziehung zu ihnen hat. Ellen berichtet:

«Ich war manchmal wenig begeistert, daß sich soviel in unserem Leben um meine Stiefkinder drehte, daß wir sie immer mitnehmen oder Babysitter anheuern mußten und nie so wirklich ungehindert Pläne machen konnten. Da aber daran nichts zu ändern war, dachte ich, könnten wir ja genausogut noch ein eigenes Kind haben. Seit unser Baby da war, machten mir die kindbezogenen

Aktivitäten auch nichts mehr aus. Eins meiner Stiefkinder war mit fünf Jahren zu uns gezogen; jetzt mit dem neuen Baby hatte ich endlich das Gefühl, daß mein Mann und ich gleichberechtigt waren; ich hatte, was er hatte. Unser Leben als Familie wurde viel selbstverständlicher, denn es schien mir nicht mehr ein Opfer zu sein, der Kinder wegen auf etwas zu verzichten.»

Nicht jede Frau aber kann Stiefmutter- und Mutterdasein so gut miteinander verbinden. Manche Frau würde am liebsten die Zeit nur mit ihrem Baby verbringen und hat wenig Lust, sich um die Stiefkinder zu kümmern. Die ersten Monate mit dem gemeinsamen Baby möchte sie ganz intensiv zusammen mit dem geliebten Mann erleben, und seine Kinder aus erster Ehe stören dabei. Die Frau fürchtet, daß ihr Mann dieses Kind weniger intensiv erleben wird als sie, weil er Kinder bereits hat heranwachsen sehen.

«Mein Mann sagte seiner 10jährigen Tochter Klara, daß sie das Kinderbett, das wir aus zweiter Hand gekauft hatten, anmalen durfte; ich war entsetzt! Hier ging es um mein Kind, um mein erstes und wahrscheinlich auch einziges Baby; ich wollte sein Kinderzimmer so perfekt wie möglich einrichten. Es kam überhaupt nicht in Frage, daß Klara das Bett anmalte. Ich konnte mich durchsetzen; dafür ließ ich Klara mit dem neuen Kinderwagen spielen und beschwerte mich nicht, als sie unsere beiden Katzen hineinsetzte und in der Nachbarschaft spazierenfuhr. Ich fand es zwar auch nicht schön, aber ich wollte ihr auch nicht alles verbieten, sonst wäre sie nachher auf das Baby wütend. Aber ich muß gestehen, daß ich mir schon manchmal wünschte, daß wir gerade jetzt nicht die Verantwortung für sie hätten.»

Eine andere Frau, deren Stiefkinder bei ihr und ihrem Mann lebten, machte folgende Erfahrung:

«Unser Baby hat uns einander nähergebracht. Wir haben alle zu Edward eine Beziehung. Er und meine Stiefkinder sind jetzt ‹unsere Kinder›. Mein Mann traut mir jetzt mehr zu, wenn es um die Erziehung seiner Tochter geht, und ich habe weniger Hemmungen, sie auch einmal zu strafen, wenn es sein muß. Anfangs wollte mein Mann sie noch nicht einmal in der Obhut eines Babysitters lassen. Wenn wir jetzt ausgehen wollen, vertrauen wir beide unsere Kinder einem Babysitter an. Und sie sind zusammen, das macht die Sache auch leichter.»

Viele Stiefmütter haben weniger Probleme, die Kinder ihres Mannes auch einmal zu strafen, wenn sie ein eigenes Kind haben. «Vorher hatte ich Angst, daß ich in ihren Augen immer die böse Stiefmutter sein würde; heute weiß ich, daß gute Eltern ihren Kindern Grenzen setzen müssen.».

Durch ein eigenes Kind lernt die Frau erst, was es bedeutet, Mutter zu sein, und sie kann auch das Verhalten ihres Mannes zu seinen Kindern besser verstehen. Eine Stiefmutter meint:

«Mein eigenes Kind hat auch mein Verhältnis zu meinem Stiefsohn verändert. Ich sehe ihm jetzt mehr nach. Seit ich selbst ein Kind habe, kann ich auch die Sorge und Verantwortung nachempfinden, die mein Mann für ihn fühlt.»

Ich kann ihr nur zustimmen. Erst als mein Mann und ich ein gemeinsames Kind hatten, konnte ich erkennen, was für ein guter Vater er für seine anderen Kinder gewesen war, und ich war stolz auf ihn. Ich fand es bewundernswert, wie er seinen halbwüchsigen Kindern in Krisenzeiten half und wie er sie immer wieder ermunterte, sich in der Schule Mühe zu geben. Vorher war mir kaum aufgefallen, wie er mit seinen Kindern umging, aber jetzt war es mir sehr wichtig geworden, was für ein Vater er war. Ich hatte plötzlich ein schlechtes Gewissen, daß ich manchmal zu gleichgültig gewesen war und wenig Verständnis gezeigt hatte, wenn es um meine Stiefkinder ging. Eine Psychologin hatte mir einmal gesagt, daß ich wahrscheinlich nie nachempfinden könne, was seine Kinder für ihn bedeuteten, auch wenn ich mich noch so sehr um sie bemühte. Damals glaubte ich ihr nicht, aber heute weiß ich, daß sie recht hatte. Die komplexen Gefühle, die Eltern ihren Kindern entgegenbringen, wurden mir erst wirklich bewußt, als ich selbst ein Kind hatte.

Ob man ein Kind haben soll oder nicht, ist für jedes Paar eine ganz persönliche und emotionelle Frage. Für eine Frau, deren Mann schon Kinder hat, können in dieser Frage noch andere Probleme eine Rolle spielen: wird ihr die Sorge für die Stiefkinder zuviel? Hat sie Angst, daß ihr Mann immer noch seine zweite mit seiner ersten Ehe vergleicht?

«Wenn das Paar über das Thema gemeinsames Kind spricht, kommen häufig noch andere Probleme der Beziehung ans Licht, etwa Stiefkinder, finanzielle Sorgen oder anderes», warnt Thomas Seibt. «Wenn eine Frau enttäuscht ist, weil ihr Mann kein weiteres Kind will, dann ist sie nicht selten auch aus anderen Gründen ärgerlich auf ihn, über die sie mit ihm sprechen sollte; aber das Thema eigenes Kind überschattet alles andere.»

Da die Versuchung groß ist, das Kind als Waffe zu benutzen, sollten gerade die Frauen, die psychische Probleme haben oder übermäßig auf ihr Recht auf ein eigenes Kind pochen, sich selbst und ihrem zukünftigen Kind zuliebe genau überlegen, warum sie ein eigenes Kind wollen.

Ein Kind sollte um seiner selbst gewollt sein. Vielleicht hat es später außerdem auch einen guten Einfluß auf die Stiefkinder und die ganze Familie, aber diese Überlegung sollte auf die eigentliche Entscheidung keinen Einfluß haben. Viele Stiefmütter mußten erfahren, daß Kinder, die geboren wurden, um eine brüchige Ehe zu kitten, später häufig selbst zu Stiefkindern wurden.

18. Wenn die Kinder bei dem Vater leben

Frauen, die durch die Besuche ihrer Stiefkinder immer wieder aus ihrem alltäglichen Lebensrhythmus gebracht werden, beneiden oft diejenigen, die die Kinder des Mannes immer bei sich haben; ob deren Situation allerdings wirklich einfacher ist, ist die Frage. Man gewöhnt sich vielleicht schneller aneinander, und langfristig können die Beziehungen zwischen Frau und Stiefkindern unter Umständen enger und herzlicher sein. Die erste Zeit aber ist zweifellos weitaus schwieriger.

Eine Familie von Anfang an

Wenn die Kinder ihres Mannes immer bei ihr leben, muß die Frau ihr tägliches Leben nach ihnen richten und kann selten allein mit ihrem Mann einen Tag so verbringen, wie sie es will. Sie hat wahrscheinlich bei der Erziehung der Stiefkinder mehr zu sagen, als wenn sie nur am Wochenende die Gastgeberin für sie spielt, weil sie schließlich in ihrem Haushalt leben, aber es werden auch große Anforderungen an sie gestellt. Manchmal hat sie das Gefühl, daß sie von ihrer neuen Familie aufgefressen wird, statt integriert zu werden. Die Stimmung in der Stieffamilie hängt zum Teil von den Umständen ab, unter denen die Kinder in das Haus des Vaters kamen. Eine Frau etwa mußte ihren Beruf aufgeben, als ihr Mann das Sorgerecht für seine drei Töchter übernahm, weil seine erste Frau psychisch krank war.

«Wir holten die Mädchen ab, die ganz verstört waren. Da saßen wir mit einem Mal alle zusammen im Hotelzimmer, und ich sollte die Kinder trösten und beruhigen, daß alles gutgehen würde; es war die schwierigste Aufgabe meines Lebens.»

Es ist nicht einfach, wenn die Stiefmutter in einer Krisensituation plötzlich für die Kinder zuständig ist. Diese Stiefmutter meinte allerdings, daß es Vorteile habe, wenn die ganze Familie unverhofft zusammengewürfelt wird und alle sich bemühen müssen, gemeinsam zu überleben.

«Es war nicht einfach, sich an diese Situation zu gewöhnen. Wir mußten ganz von vorne anfangen, jeder hatte mit emotionellen Problemen zu kämpfen, aber ganz langsam wuchsen wir als Familie zusammen.»

Vieles hängt natürlich von den Umständen ab, aber eine Stiefmutter hat meistens keine Wahl, wenn sie sich einer Krisensituation gegenübersieht. Wie sie mit ihren Stiefkindern zusammenlebt, wird letzten Endes wichtiger sein, als das Wie und Warum die Kinder zu ihrem Vater zogen.

Manchmal zieht ein Kind erst zu seinem Vater, nachdem der mit seiner zweiten Frau schon eine Weile verheiratet ist. Das kann eine enorme und schwierige Umstellung für die Frau bedeuten; aber letzten Endes war es wahrscheinlich von Vorteil, daß sie vorher eine gewisse Zeit allein mit ihrem Mann gelebt hatte.

Wenn man nie damit gerechnet hat, daß die Stiefkinder eines Tages zu ihrem Vater ziehen, braucht es schon einige Anstrengung, freundlich zu akzeptieren, daß sich das eigene Leben total verändern wird. Jeder hat Mitleid mit Kindern, die von einem Elternteil zum anderen geschoben werden, aber auch die Stiefmutter verdient in dieser Situation Mitgefühl. Obgleich auch ihr die Kinder leidtun, ist ihre erste Reaktion vielleicht Enttäuschung, daß sich das Leben zu zweit verändern wird. Jetzt muß sie sich nicht nur selbst an diese neuen Umstände gewöhnen, sondern es wird auch von ihr erwartet, daß sie dem Kind das Eingewöhnen möglichst leicht macht. Eine Stiefmutter berichtet:

«Der Junge wollte gar nicht zu uns kommen, nachdem seine Mutter wieder geheiratet hatte; es war eine traurige Geschichte. Seine Mutter wollte ihn nicht, und, ganz ehrlich, ich wollte eigentlich auch nicht, daß er zu uns zog. Aber da gab es keine Wahl, er mußte kommen, und wir mußten das Beste daraus machen. Leider hörte er einen Streit, den ich mit meinem Mann seinetwegen hatte; es war entsetzlich. Da half nur Offenheit, und so rief ich ihn und meinen Mann in die Küche und gestand ihnen, daß diese neue Situation für mich nicht leicht sei und daß ich glaubte, daß auch er daran zu knacken habe. Er fand es gut, daß ich ehrlich war, und gab zu, daß es für ihn schwierig sei. Wir kamen überein, daß wir uns weiterhin Mühe geben wollten und miteinander über die Schwierigkeiten sprechen würden.»

Es ist oft sinnvoller, mit den Kindern ganz ehrlich über die Probleme in der Stieffamilie zu sprechen, statt so zu tun, als fände man selbst alles wunderbar, so daß die Kinder dann ein schlechtes Gewissen haben, weil sie von dem neuen Leben nicht ebenso begeistert sind. Und die Stiefmutter fuhr fort:

«Als wir schließlich besser miteinander zurechtkamen und uns an die neuen Umstände gewöhnt hatten, hatten wir beide das Gefühl, daß wir es gemeinsam geschafft hatten.»

Susannes halbwüchsige Stieftöchter waren begeistert, als sie ihren Vater heiratete. Sie meinten, etwas Besseres hätte ihm gar nicht passieren können, und sie seien so dankbar, daß Susanne in ihr Leben getreten wäre. Sie wohnten im Haus des Vaters, und Susanne erwartete, daß alles glattgehen würde:

«Wir mochten einander; ich nahm an, daß ich den Haushalt übernehmen würde, daß ihr Haus mein Haus werden würde und daß meine Anwesenheit die Dinge für alle erleichtern würde.»

Aber schon nach einem Monat sah alles ganz anders aus:

«Ich kam mir wie eine Fremde vor, die nichts zu sagen hat. Pläne wurden nur mit dem Vater gemacht, so als ob ich unsichtbar war oder nichts dazu zu sagen hatte. Die Mädchen bestimmten, wer das Auto benutzen durfte, ob wir Freunde einluden, ob wir in der Veranda aßen oder im Haus, ob wir am Sonntag lange ausschlafen oder gemeinsam frühstücken wollten. Ich saß nur dabei und wartete ab, was entschieden wurde.»

Als sie sich schließlich anhören mußte, welche Zahnpasta sie für die ganze Familie (einschließlich sich selbst) kaufen sollte, fiel es ihr wie Schuppen von den Augen:

«Als die Älteste mir sagte, daß ich alles so machen sollte, wie sie es wollten, wurde mir klar, auf was ich mich da eingelassen hatte. Ich hatte in diesem Haus überhaupt nichts zu sagen. Die Mädchen weigerten sich, irgendeinem meiner Vorschläge zu folgen; ich fühlte mich wie ein unmündiges Kind.»

Als Susanne anfing, auf ihrer Autorität als Stiefmutter zu bestehen, gab es einen ernsthaften Machtkampf.

Wenn die Frau in das Haus des Mannes zieht, der dort mit seinen Kindern lebt, muß sie sich auf schwierige Zeiten gefaßt machen. Selbst wenn die Kinder sie mögen, betrachten sie sie als Eindringling in ihren Haushalt. Kinder, die mit ihrem unverheirateten Vater zusammenleben, müssen häufig mehr Haushaltspflichten übernehmen und sind daran gewöhnt mitzubestimmen, wie der Haushalt laufen soll. Die neue Frau droht, an dieser Situation etwas zu verändern, und Kinder hassen Veränderungen, selbst wenn sie gleichzeitig erleichtert sind, daß sie nicht mehr so viel Verantwortung tragen müssen. Eine Stiefmutter sollte mit einem gewissen Widerstand rechnen, sollte aber kein schlechtes Gewissen haben, sondern darauf bestehen, daß sie in dem Haushalt auch etwas zu sagen hat.

Sie sollte anfangs sicherlich nicht zuviel verlangen, sollte aber dennoch deutlich machen, daß sich manches im Haushalt verändern wird. Vielleicht will sie alles langsam angehen lassen, bis man sich aneinander gewöhnt hat; die neue Frau des Vaters sollte seine Kinder darauf vorbereiten, daß sich ihr Leben durch sie wahrscheinlich verändern wird. Sie werden dann nicht so schockiert sein, wenn die Stiefmutter wirklich anfängt, die Dinge in die Hand zu nehmen. Solche Kleinigkeiten können das Leben für alle Mitglieder der Stieffamilie enorm erleichtern. In unserem Beispiel kaufte Susanne zwei Sorten Zahnpasta, ihre Marke und die der Kinder, damit sie begreifen lernten, daß sich von nun an nicht mehr alles nach ihren Vorstellungen richten würde.

Der Ehemann kann gerade zu Anfang eine große Hilfe sein. Er kann seinen Kindern versichern, daß sich an seiner Liebe und Zuneigung zu ihnen nichts ändern wird, auch wenn der Haushalt allerlei Veränderungen durchmachen wird. Er darf seiner Frau jetzt auf keinen Fall die Sorge für die Kinder allein überlassen. Wenn eine neue Frau in das Haus einzieht, haben die Kinder vor allen Dingen Angst, daß sie die Liebe ihres Vaters verlieren. Jetzt muß der Vater stark sein, muß Geduld und Einfühlungsvermögen zeigen, damit die Umstellungszeit für alle Beteiligten möglichst schmerzlos ablaufen kann.

Auch die Stiefmutter kann den Kindern einige ihrer Ängste nehmen. Sie kann sie beruhigen, daß z. B. die Zimmerverteilung gleichbleiben wird; sie kann sie vorsichtig auf die geplanten Veränderungen vorbereiten. Wenn sie und ihr Mann in der Woche auch allein ausgehen wollen oder wenn sie auch nur die Eßzimmermöbel umstellen will, sollten die Kinder rechtzeitig davon in Kenntnis gesetzt werden. Ebenso müssen sie wissen, wem sie zu gehorchen haben. Nichts ist schlimmer für Kinder, als von allerlei Veränderungen überrascht zu werden; man sollte nicht einfach von ihnen erwarten, daß sie «schon verstehen werden», sondern sie möglichst auf jede Veränderung vorbereiten.

Beziehungen zwischen Stiefmutter und Stiefkindern sind weder automatisch vorhanden noch von vornherein festgelegt. Man muß daran arbeiten. Wenn man nur dasitzt und hofft, daß die Kinder einem endlich Zuneigung und den nötigen Respekt zeigen, dann kann man lange warten.

Stiefmütter möchten zwar eine gewisse Autorität haben, gleichzeitig aber auch von ihren Stiefkindern geliebt werden und wissen oft nicht, wie eine solche Kombination möglich ist. Selbst Erzieherinnen, die in ihrem Beruf Autorität besitzen, aber auch beliebt sein wollen, haben manchmal große Probleme als Stiefmütter. Eine erfolgreiche und beliebte Lehrerin und Stiefmutter von fünf Kindern wußte nicht, ob sie weinen oder lachen sollte, als sie gestand:

> «Mein größtes Problem ist, daß die Kinder in meinem Haushalt ganz das Sagen haben; ich tue, was sie wollen. Es ist schwierig für mich, meine eigene Meinung durchzudrücken. Ich möchte, daß sie mich mögen. Sie haben mich freundlich aufgenommen, aber sie können es nicht ausstehen, wenn ich auch nur einen Stuhl an einen anderen Platz stelle.»

Schüler wissen, daß, sofern ein Lehrer wirkliche Autorität besitzt, er sie auch anwenden wird, falls nötig. Kinder müssen das auch bei ihrer Stiefmutter voraussetzen.

Oft überlassen die Väter sämtliche Erziehungsbemühungen nur zu gern der Stiefmutter. Eine Stiefmutter berichtet: «Es ist so, als ob mein Mann seine Elternpflichten einfach an mich abgetreten hat. Er macht es sich wirklich leicht.» Es ist für eine Frau sehr wichtig, daß ihr Mann seine Verantwortungen als Vater weiterhin ernst nimmt und sie nicht einfach erleichtert seiner neuen Frau überträgt. In einem solchen Fall muß eine Frau ihren Mann daran erinnern, daß sie seine Hilfe braucht. Eine Stiefmutter machte folgende Erfahrungen:

> «Sobald wir geheiratet hatten, dachte mein Mann, daß er nun endlich die tägliche Verantwortung für seine Kinder los sei und abends länger arbeiten oder auch seine Geschäftsreisen wieder aufnehmen könnte. ‹Wenigstens haben die Kinder jetzt wieder eine Mutter!› war seine Reaktion. Ich mußte ihm also ganz deutlich sagen, daß ich die Zeit zwischen 6 und 8 Uhr abends allmählich nicht mehr aushalten konnte. Er war dann noch im Büro, und die Kinder verlangten meine gesamte Aufmerksamkeit. Ich kam mir ausgenutzt vor. Entweder mußte er früher nach Hause kommen oder jemanden anstellen, der mir im Haushalt helfen konnte. Es war ihm einfach nicht eingefallen, daß diese Stunden mit den Kindern mich sehr belasteten, also mußte ich es ihm sagen.»

Manche Männer nehmen fälschlicherweise an, daß ihre Frauen es lieber haben, wenn sie, die Väter, sich nicht einmischen. Das ist genauso ein Märchen wie das, der Vater habe nichts mit der täglichen Versorgung seines Babys zu tun. Andere verfallen ins andere Extrem. Eine Frau meinte:

> «Ich war immer nur Zuschauer, bis ich meinen Mann schließlich überzeugte, daß auch ich mich um seinen Sohn kümmern wollte. Er war so lange Alleinerzieher gewesen, daß er mir daraufhin nun seinen Sohn am liebsten ganz überlassen hätte. Er mußte lernen, die Freuden und Lasten der Kindererziehung mit mir zu teilen, mich in das Verhältnis zu seinem Sohn mit einzubeziehen.»

Seine Kinder – meine Kinder

Wenn Mann und Frau aus ihren jeweils ersten Ehen Kinder mitbringen, muß das Elternpaar nicht nur eine befriedigende Zweierbeziehung aufbauen, sondern auch dafür sorgen, daß alle miteinander auskommen. Selbst Mütter, die zusammen mit ihren Kindern zu ihrem neuen Mann und seinen Kindern ziehen, sind überrascht, daß die neue, große Stieffamilie eine ganz andere Dynamik, eine andere innere Struktur hat als ihre erste Familie. Kay hatte drei Kinder und heiratete einen Mann mit fünf Kindern:

«Zusammenleben und Haushalt waren jetzt sehr viel loser strukturiert, und es dauerte lange, bis sich engere Beziehungen zwischen meinen und seinen Kindern entwickelten.»

Wenn Mann und Frau beide Kinder mit in die neue Ehe bringen, ist es nicht nur hilfreich, sondern geradezu notwendig, daß der Vater sich weiterhin um die Kinder kümmert. Kays Mann war immer für die Kinder da. Sie berichtet:

«Er stand nachts auf, wenn ein Kind krank war, und versäumte es nie, seine Kinder zum Arzt zu bringen und sich um ihre Probleme zu kümmern. Wir versuchten einander zu helfen, hatten aber meistens mit den eigenen Kindern alle Hände voll zu tun. Aber alle Kinder respektierten und gehorchten uns beiden. Wenn wir nicht mit unserem Haushalt etwas lässig gewesen wären, hätten wir es wohl nicht geschafft. Wir waren eine Familie, wie wir sie vorher noch nie gesehen hatten. Ich stellte sehr bald fest, daß ich manche seiner Kinder lieber mochte als andere. Zwei waren anfangs ziemlich feindselig, eins war ganz entzückend.

Trotz anfänglicher Spannungen, vor allen Dingen zwischen mir und den älteren Stiefkindern, kamen wir später alle recht gut miteinander aus; aber man mußte eine gehörige Portion Flexibilität besitzen. Probleme blieben irgendwie nicht besonders lange wichtig. Manchen Tag hatte ich den Eindruck, daß der eine oder andere ärgerlich auf mich war, oder ich war auf jemanden wütend. Aber es gab immer so viel zu tun, daß man einfach nicht sehr lange daran dachte, und es schien sich von ganz allein wieder einzurenken.»

Frauen, die mit ihren Kindern zu dem Mann und seinen Kindern ziehen, stellen bald fest, daß *die Bindung zu den Stiefkindern nie so eng* sein wird *wie die zu ihren eigenen Kindern.* Die Vorstellung, daß alle zusammen eine einzige glückliche Familie bilden werden, muß aufgegeben werden. Je mehr sich eine Frau um diese idealisierte Familiensituation bemüht, desto angespannter wird ihr Verhältnis zu den Stiefkindern. Die Frau mit Kindern hat einen großen Vorteil gegenüber der kinderlosen Stiefmutter, sofern sie sich den ganzen Tag um die Kinder kümmert. Sie hat Erfahrung in der Kindererziehung und mehr Selbstvertrauen auf diesem Gebiet. Außerdem braucht sie nicht mehr zu beweisen, daß sie eine gute Mutter ist, und ist im allgemeinen schon zufrieden, wenn sie mit ihren Stiefkindern ein freundschaftliches Verhältnis aufbauen kann.

Wenn zwei Familien zusammenziehen, hängt ihre Zufriedenheit zu einem nicht geringen Teil von der finanziellen Situation ab. Mit Geld kann man vieles kaufen, ein geräumiges Haus, eine Haushaltshilfe, Babysitter, Ferienreisen für die Kinder und die Möglichkeit für das Paar, auch einmal allein Urlaub zu machen. Wichtig für ein glückliches Zusammenleben ist außerdem die Fähigkeit der Partner zu akzeptieren, daß die Kinder verschieden sind.

> «Wir leben zwar alle zusammen, was aber nicht bedeutet, daß wir auch alle gleich sind», meint eine Stiefmutter und Mutter, «meine Kinder sind ehrgeiziger, und seinen Kindern ist es wichtiger, mit ihren Freunden zusammenzusein.»

All das, was für Stieffamilien gilt, in denen nur die Kinder eines Elternteils leben, gilt noch vermehrt, wenn ihre und seine Kinder zusammenwohnen. Es ist beinahe so, als ob Probleme und Spannungen mit jeder zusätzlichen Stief-Beziehung wachsen.

An Feiertagen zeigen sich die Schwierigkeiten besonders deutlich. Irgendwelche Kinder, manchmal auch alle, sind immer verpflichtet, das andere Elternteil zu besuchen. Man kann eigentlich nur enttäuscht werden, wenn man es sich in den Kopf gesetzt hat, wenigstens an einem Festtag einmal alle Kinder um sich zu versammeln. «Wir haben gelernt, uns an dem Zusammensein zu freuen, wenn es möglich ist, auch wenn das meistens nicht gerade auf die Feiertage fällt. Da hat jeder zu viele familiäre Verpflichtungen», sagte eine Stiefmutter. Es ist für Eltern nicht immer leicht, mit ihren Stiefkindern einen wichtigen Feiertag zu begehen und ihre eigenen Kinder bei dem Ex-Partner zu wissen. Erfahrene Stiefmütter wissen aber, daß es ein großer Fehler ist, dem Ideal der großen, glücklichen Familie anzuhängen:

> «Jeder muß seinen Freiraum haben. Wenn man Kinder zwingt, dazubleiben, damit alle zusammensein können, liegt ihnen bald nichts mehr daran, mit allen zusammenzusein. Wenn sie allerdings ihr Zuhause als den sicheren Hafen empfinden, wo sie sich entspannen können, dann werden sie auch meistens tolerieren, wenn die Stiefkinder auch da sind», meinte eine Stiefmutter.

Beziehungen zwischen Stiefgeschwistern sind eigentlich immer schwierig, und diese Probleme sollten von den Eltern nicht unterschätzt werden. Wenn Stiefgeschwister zusammenziehen, erwarten die Eltern häufig, daß sie ihren Lebensstil verändern, um sich der neuen Situation anzupassen. Eine Stiefmutter sollte geduldig sein und emotionale Reaktionen, besonders wenn sie mit räumlichen Veränderungen zusammenhängen, ernstnehmen.

> «Als meine Stieftochter zu uns ziehen sollte, war das Schlimmste für meine Tochter, daß sie mit ihr ein Badezimmer teilen mußte. Sie konnte an nichts anderes mehr denken. Und mir war sehr wichtig, daß meine Stieftochter meine Tochter nicht unglücklich machte.»

Die Frau sprach mit ihrem Mann darüber, der daraufhin seine Tochter auf die Einstellung der Stiefschwester vorbereitete. Die Mädchen mußten zwar ein Badezimmer teilen, aber es ging besser als erwartet, weil die Eltern darauf bestanden, daß beide das Bad gleich lange zur Verfügung hatten und sich auch beim Putzen abwechselten. Die Frau kaufte beiden Mädchen neue Handtücher, und ein zweiter Handtuchhalter wurde anmontiert. (Falls eine meiner Leserinnen sich wundern sollte, wie man ein solches Theater um ein Bad machen kann, sollte sie sich es lieber zweimal überlegen, bevor sie mit ihren Kindern zu ihrem zukünftigen Mann und seinen Kindern zieht.)

Der Verlust des eigenen Zimmers ist oft ein echtes Problem in gemischten Familien. Eine Frau zog mit ihrer Tochter zu ihrem Mann, dessen 21jährige Tochter nur selten zu Hause war. Trotzdem weigerte sich diese, die Stiefschwester in ihrem Zimmer wohnen zu lassen. Es gibt keine Patentlösungen für diese Probleme; wichtig ist vor allen Dingen, daß das Paar sich einig ist und darauf besteht, daß sich die Kinder nach bestimmten Regeln richten. Etwas Phantasie kann da helfen. Ein Paar hatte je ein Kind, das noch zu Hause lebte und eins, das schon in einer anderen Stadt studierte. Sie beschlossen, daß die jüngeren Kinder je ein eigenes Zimmer haben sollten und daß die anderen sich ein Zimmer teilen mußten, wenn sie in den Ferien nach Hause kamen. Die Eltern bemühten sich allerdings auch, das verbliebene Zimmer gerecht aufzuteilen und die Schlafekken durch Bücherborde voneinander zu trennen.

Stiefkinder fühlen sich meistens unwohl, wenn die jungverheirateten Eltern ihre Verliebtheit zu deutlich zeigen. Vielleicht sind sie in einem Alter, in dem sie ein schwieriges Verhältnis zu ihrer eigenen Sexualität haben, und wenn sie spüren, daß es zwischen Vater und Stiefmutter knistert, stört sie das nicht selten sehr. Clifford Sager rät Jungverheirateten mit halbwüchsigen Kindern, wenigstens zu Anfang Zärtlichkeiten nur dann auszutauschen, wenn sie allein sind. Mit der Zeit gewöhnen sich die Kinder an den Lebensstil der Erwachsenen, und vieles wird einfacher für alle Beteiligten.

Kinder, die bisher mit ihrem Vater allein gelebt haben, sehen der neuen Stiefmutter oft mit Bangen entgegen. Umgekehrt ist auch die Frau unsicher, wie sich ihr Leben mit ihrem Mann ändern wird, wenn sich sein Kind plötzlich entscheidet, zum Vater zu ziehen.

> «Meine Stieftochter hat immer ein ganz anderes Leben geführt als wir und meine Kinder, so daß ich darauf bestand, einen Familientherapeuten zu Rate zu ziehen, bevor sie bei uns einzöge. Ich machte ihr klar, daß ich schon wollte, daß sie zu uns kommt, daß ich aber Probleme sah, die vorher besprochen werden mußten.»

Ihr Mann willigte nur zögernd ein, aber er wußte auch, daß seine Tochter schwierig und oft ungezogen war. Bei Besuchen war es vorgekommen, daß seine Stieftochter jeden Morgen ihre Vorlesungen an der Universität besuchte, seine eigene Tochter aber bis mittags schlief und empört war, daß sie im Haushalt helfen sollte. Auch ihr Vater fand es ungerecht, daß seine Tochter helfen sollte und die Tochter seiner Frau nicht. Die Stiefmutter berichtet weiter:

> «Ich wußte also, daß es Schwierigkeiten geben würde, wenn meine Stieftochter immer bei uns wohnen würde. Mein Mann hatte natürlich das Recht, seine Tochter bei sich aufzunehmen, aber ich konnte mich nur darauf einlassen, wenn sie sich auch bemühte, sich an uns anzupassen und wenn er ihr dabei helfen würde. Die Beratung hat uns allen geholfen, die Probleme realistischer zu sehen. Ich bin nicht ihre Mutter und will es auch nicht sein, ich bestehe nicht darauf, daß sie sich grundlegend ändert, aber sie muß akzeptieren, daß ich in diesem Haushalt bestimme. Sie muß sich nach unseren Regeln richten, muß sich anständig anziehen, wenn wir mit ihr ausgehen, und darf meine Tochter nicht zu etwas verleiten, was ich nicht möchte.»

Überraschenderweise war es ihre eigene Tochter, die ihre Forderungen zu streng fand.

«Sie fand das irgendwie gemein und hatte Angst, daß meine Stieftochter glauben würde, ich wollte sie nicht. Sie konnte sich ganz in sie hineinversetzen. Es war für alle nicht einfach, aber ich glaube, daß meine Stieftochter letzten Endes froh war, daß wir sie so ernst genommen und uns vorher Gedanken darüber gemacht haben, wie es für alle werden würde. Bisher ist alles sehr gut gegangen, und es hat keine unangenehmen Überraschungen gegeben.»

In vielen großen Stieffamilien setzen sich Eltern und Kinder zusammen, um gemeinsam bestimmte Regeln festzulegen und Probleme zu lösen. Eine solche Diskussion wird von vielen Psychologen befürwortet, allerdings mit der Einschränkung, daß diese Treffen nicht rein demokratisch verlaufen dürfen.

«Es wäre ein Fehler, wenn die Kinder, nur weil sie in der Mehrzahl sind, den Ablauf der Versammlung nur nach ihrem Gutdünken bestimmen könnten. Die Eltern sollten immer eine leitende Position innehaben, sonst kann eine solche Diskussion nur in ein Chaos ausarten», meint Thomas Seibt.

Maren hatte eine große Familie zu betreuen; Kinder und Stiefkinder lebten unter einem Dach. Sie wurde verständlicherweise ärgerlich, als ihre Stiefkinder gegen jegliche Veränderung waren, die sie an ihrem Haus vornehmen lassen wollte. Die Mutter der Kinder war gestorben, und sie wollten, daß alles genau blieb wie zu deren Lebzeiten. Das Verhältnis zu den Stiefkindern, das ursprünglich gut gewesen war, verschlechterte sich und wurde schließlich ausgesprochen frostig:

«Sie waren gegen jede kleinste Veränderung. Sie wollten sogar, daß das große Bild, auf dem die ganze erste Familie abgebildet war, im Eßzimmer hängenblieb. Ich war natürlich dagegen, schließlich war das ja jetzt auch mein Eßzimmer.»

Maren konnte schon verstehen, daß die Kinder an alten Fotos und Erinnerungsstücken hingen; als sie ihr aber verbieten wollten, einen kleinen Fernsehapparat in die Küche zu stellen, war es mit ihrer Geduld vorbei: «Sie meinten, ein Fernseher würde dort nicht hineinpassen, und außerdem sei vorher nie einer da gewesen», berichtete Maren. Als schließlich ihr 16jähriger Stiefsohn sie auch noch anwies, ihren schmutzigen Teller nach dem Essen gleich in die Spülmaschine zu stellen, statt wie sie es gewohnt war erst einmal in den

Ausguß, platzte sie: «Es war eine Unverschämtheit, daß dieser Schnösel mir vorschreiben wollte, wo ich meinen schmutzigen Teller abzustellen hätte.»

Ein Psychologe wies sie darauf hin, daß ein Teil ihres Problems darin läge, daß sie so gereizt auf die Bemerkungen der Kinder reagierte, als ob sie von einem Erwachsenen kämen:

> «Ich ließ mich von ihnen einschüchtern. Ich hätte sie einfach ignorieren oder sie zurechtweisen sollen. Statt dessen behandelte ich sie wie Gleichberechtigte.»

Es läuft meistens besser, wenn ein wiederverheiratetes Paar in eine andere Wohnung zieht, aber das ist nicht immer möglich. Schon aus finanziellen Gründen ist es oft praktischer, eine der früheren Wohnungen weiter zu benutzen, vor allen Dingen, wenn genug Platz da ist und die Wohnung in der Nähe von Arbeitsplatz und Schulen liegt. Wenn die Frau also in das Haus des Mannes zieht, dann gibt es nicht selten territoriale Kämpfe mit den Stiefkindern. Ihr Mann und sie müssen sich einig sein und die Entscheidung dann bei den Kindern durchsetzen. Maren hatte das Gefühl, daß ihr Mann bei diesen Streitereien zwar den Vermittler spielte, aber nicht eindeutig auf ihrer Seite stand:

> «Er hat mir einfach nicht genug Unterstützung gegeben. Er erwartete immer von mir Verständnis. Wir wußten, daß das Zusammenleben schwierig sein würde, aber eben nicht, wie schwierig!»

Der Psychologe, den sie schließlich fragte, wies sie auf mehrere Punkte hin, die häufig Stieffamilien in Schwierigkeiten bringen. Zum Beispiel, daß sie und ihr Mann nicht von Anfang an ihre Rolle in den Diskussionen offengelegt und sich nicht das letzte Wort vorbehalten hatten. Außerdem zeigte das Verhalten der Kinder, ihr Festhalten an dem, wie es früher gewesen war, daß sie den Tod der Mutter noch nicht überwunden hatten. Der Psychologe schlug vor, daß die ganze Familie einen Familientherapeuten aufsuchen sollte, aber Maren war die einzige, die diesem Rat auch folgte. Die Atmosphäre in der Familie wurde immer gespannter. Ihre Stieftochter, die schon 21 war und nur selten nach Hause kam, weigerte sich trotzdem, Marens Tochter ihr Zimmer zu überlassen. Maren und ihre Stiefkinder hätten einander sicher oft am liebsten erwürgen mögen, aber ihr Mann bestand darauf, daß niemand ein böses Wort zu dem anderen sagte. Diese Höflichkeit, die nur mühsam die Haßgefühle überdeckte, machte alles nur noch schlimmer; man hatte das Gefühl, auf einem Pulverfaß zu sitzen. «Ich liebe meinen Mann, aber die Anforderungen, die seine Familie an mich stellt, sind beinahe unerträglich», erklärte Maren. Daß gerade sie einen Therapeuten aufsuchen mußte, erboste sie.

«Eigentlich war es doch ihr Problem, aber ich war diejenige, die sich um Lösungen bemühen mußte. Ich hatte das Gefühl, daß sie mein Leben mit ihren Problemen unglücklich gemacht hatten. Ich fand, daß mein Mann und seine Kinder auch zu einer psychologischen Beratung gehen sollten.»

Psychologen und Familientherapeuten sind der Meinung, daß es bei der Lösung von Problemen in Stieffamilien helfen kann, wenn ein oder mehrere Mitglieder der Familie eine Therapie mitmachen; es ist nicht unbedingt notwendig, daß alle daran teilnehmen. Der Therapeut schlug Maren vor, daß sie und ihr Mann stärker als Einheit, als Team auftreten sollten. Sie sollten erst an ihrer Ehe arbeiten und dann gemeinsam an den Problemen in der Familie.

Mut zur Auseinandersetzung

Im allgemeinen sollten Stiefmütter sich nicht allzu sehr bemühen, es ihrer Familie in allem recht zu machen. Zwischenmenschliche Beziehungen werden häufig in scheinbaren Kleinigkeiten deutlich: Zahnpastasorten, das alte Porträt an der Wand und der Fernsehapparat in der Küche haben eine symbolische Bedeutung, werden als Machtmittel eingesetzt. Thomas Seibt rät Stiefmüttern, Grenzen zu setzen und sich ernsthaft zu überlegen, wie weit sie den Stiefkindern entgegenkommen würden.

«Eine Frau kam zu mir und war verzweifelt, weil sie nichts im Kühlschrank für sich aufbewahren konnte. Ihre Stiefkinder nahmen alles, was sie fanden. Ich riet ihr, endlich einmal an sich selbst zu denken. Sie kaufte also eine Sechserpackung Coladosen und sagte ihren Stiefkindern, daß das ihre Cola sei und daß sie davon nichts nehmen dürften. Es hört sich bescheiden an, aber es war immerhin ein Anfang. Sie hatte ihnen Grenzen gesetzt.»

Maren sollte doch ihren Fernseher in die Küche stellen!

Es ist zwar wichtig, daß Stiefkinder wissen, wo die Grenzen sind und daß die Stiefmutter in ihrem Haus das Sagen hat, trotzdem meinen erfahrene Stiefmütter und auch Familientherapeuten, daß man ernsthafte Streitigkeiten mit den Stiefkindern möglichst vermeiden sollte. Emotionale Auseinandersetzungen können mehr zerstören als klären. Leibliche Eltern und Kinder streiten sich zwar auch, haben aber eine biologische Bindung und eine gemeinsame Geschichte, die eine Versöhnung leichter macht. Eine Frau und ihr Stiefkind haben diese Bindung, wenigstens am Anfang der Beziehung, nicht. Böse Worte können verletzen, und Zorn kann sich auf Dauer in der Seele festsetzen. In einer neuen Familienbeziehung sollte man darauf achten, daß Spannungen nicht lange anhalten.

Frau und Stiefkind haben die biologische Bindung nicht, die es für leibliche Kinder und Eltern leichter macht, sich nach Mißverständnissen auszusprechen und nach einem Streit zu versöhnen; wenn das Kind aber bei seiner Stiefmutter lebt, dann wird sich auch zwischen ihnen wahrscheinlich eine herzliche Beziehung aufbauen, die auch manche Uneinigkeit aushält.

Die Stiefmutter einer Achtjährigen meinte:

> «Nach dem ersten Jahr hörte ich auf, auf Charlottes Mutter eifersüchtig zu sein. Ich weiß, daß die beiden eine biologische Bindung haben, aber ich bin jeden Tag für Charlotte da, und das bedeutet uns viel.»

Es ist ja meistens die Frau, die sich um das Kind kümmert, also die Stiefmutter, die den Geburtstagskuchen backt, die am Bett des kranken Kindes sitzt und die am Elternabend in die Schule geht. Man kann das Verhältnis des Kindes zu seiner Mutter und zu seiner Stiefmutter mit dem vergleichen, was es mit einer guten Freundin und mit einer Schwester hat. Zu seiner Schwester wie zu seiner Mutter hat es eine unleugbare biologische Beziehung, aber mit seiner besten Freundin hat es vieles gemeinsam, weil es so viel Zeit mit ihr verbringt. Eine Beziehung zwischen Freunden baut sich aus gemeinsamen Erlebnissen und Erfahrungen auf und kann stärker sein als manche geschwisterliche Bindung. Geschwister haben ein ganz bestimmtes Verhältnis zueinander ebenso wie die Beziehung zwischen Freunden ganz besondere Strukturen hat, und ähnliches kann man auch bei Mutter und Kind und Stiefmutter und Kind feststellen. Der Grad der Zuneigung eines Kindes zu seiner Mutter hängt auch davon ab, wie sich die Mutter verhält. Die Bindung ist zwar da, aber das Kind wird Liebe und Zärtlichkeit für seine Mutter nur ausdrükken, wenn sie sich entsprechend verhält. Die Stiefmutter kann allerdings nicht erwarten, daß das Kind seine Mutter objektiv beurteilen kann. Lillian Messinger rät:

«Es ist besser, die leiblichen Eltern nicht vor dem Kind zu kritisieren. Kinder nehmen einen solchen Angriff persönlich und werden die Eltern beinahe immer verteidigen; sie sind eben etwas Besonderes für Kinder.»

Gemeinsames Sorgerecht der Eltern

Gemeinsames Sorgerecht verstärkt nicht selten die Schwierigkeiten für die Stiefmutter, wenn es angeblich auch für die Kinder die beste Lösung sein soll, weil sie ihre Beziehung zu beiden Eltern aufrechterhalten können. Eine Stiefmutter hat in einer solchen Situation keine feste Rolle, sie hat die Kinder nicht immer bei sich, aber auch nicht nur besuchsweise und stellt fest, daß sie sich mit den Nachteilen beider Arrangements abfinden muß. «Die Kinder sind zwar hier, aber ich habe ihnen eigentlich nichts zu sagen. Die Hälfte der Zeit habe ich zwar all die Last, die ihr Leben hier mit sich bringt, habe aber keinerlei Macht über sie», berichtet eine Frau, deren zwei Stiefsöhne jede zweite Woche bei dem Vater und ihr lebten. Sie und ihr Mann haben den Kindern ein Zimmer eingerichtet, und wenn sie da sind, sind sie bei Unternehmungen der Familie mit eingeplant, und man richtet sich nach ihnen. Stiefmütter in einer solchen Situation sollten aber auch das Positive dieser Abmachung sehen. Frauen, die die Stiefkinder ständig bei sich haben, beneiden sie um die «kinderlose Zeit», mit der sie in festen Abständen rechnen können; die Frauen, die nur sporadisch Besuch von ihren Stiefkindern bekommen, fänden es schön, wenn sie genug und regelmäßig Zeit hätten, um sich mit den Kindern mehr wie eine Familie fühlen zu können.

Psychologen warnen Stiefmütter davor, sich mit zuviel Eifer in ihre neue Aufgabe zu stürzen. Es ist nicht leicht, eine Stieffamilie zusammenzuhalten, und Fortschritte brauchen oft viel Zeit. Wenn eine Frau einen Plan nach dem anderen ausprobiert und sichtbare Erfolge ihrer Bemühungen braucht, um sich in ihrer neuen Aufgabe nicht wie ein vollkommener Versager zu fühlen, wird sie Enttäuschungen erleben müssen, denn Erfolge auf dem Gebiet der Familienbeziehungen kann man oft nur an ganz kleinen Schritten messen. Clifford Sager meint:

«Wir haben festgestellt, daß eine Stieffamilie meistens besser funktioniert, wenn beide Erwachsenen berufstätig sind. Auf diese Weise erwarten die Frauen nicht so viel, und ihr Selbstbewußtsein hängt nicht unmittelbar von ihrem Erfolg als Stiefmutter ab.»

Manche Frauen glauben vielleicht, daß sie die Probleme der Stieffamilie nur lösen können, wenn sie sich ihnen ganz widmen. Aber das stimmt nicht. Eine Frau nahm sich einen sechsmonatigen unbezahlten Urlaub, um die Dinge in ihrer neuen Stieffamilie möglichst schnell in den Griff zu bekommen. Nach kurzer Zeit war sie verzweifelt:

«Ich konnte nichts erzwingen, es war ganz egal, ob ich zu Hause war oder nicht. Jetzt hatte ich noch nicht einmal meine Arbeit, auf die ich mich konzentrieren und die mich ablenken konnte; statt dessen dachte ich nur ständig über die Probleme der Familie nach, an denen ich sowieso nichts ändern konnte. Ich kam mir wie ein völliger Versager vor, es war furchtbar.»

Eine Frau hatte fünf Stiefkinder zu versorgen und meint heute, daß sie die ersten zwei Jahre nur heil überstanden hat, weil sie in den Sommermonaten viermal in der Woche an einem Sommerkurs teilgenommen hatte. «Ich konnte einmal herauskommen, bekam Abstand von Haushalt, Kindern und dem Stress.» Und eine dritte Frau hatte ihre Stelle als Krankenschwester aufgegeben, um für ihren Mann und seine vier kleinen Kinder zu sorgen. Sie bereut diesen Schritt nicht, gibt aber zu, daß sie irgendwie auf eine Belohnung gewartet hatte, die nie kam.

«Als ich mich ganz den Kindern widmete, dachte ich, daß sie wie meine eigenen Kinder sein würden. Heute weiß ich, daß das falsch war, sie werden immer meine Stiefkinder bleiben. Ich erwartete, daß sie mich dafür entschädigen würden, daß ich meinen geliebten Beruf aufgegeben hatte. Ich würde mich heute ebenso entscheiden, aber ich würde nicht soviel von ihnen erwarten.»

Das Zusammenleben mit Stiefkindern ist eine dauernde Herausforderung, ob die Frau nun eigene Kinder hat oder nicht. «Verschiedene Aspekte ihrer Persönlichkeiten und manche ihrer Reaktionen werde ich nie begreifen können, ich bin da auch völlig hilflos», meinte eine Stiefmutter und fügte hinzu, «wenn wir nicht im selben Haus leben würden, wären mir diese Unterschiede zwischen ihnen und mir sicher nicht so stark aufgefallen.»

Wenn man nicht erwartet, daß man großen Einfluß auf die Entwicklung der Stiefkinder nehmen kann, wird man wahrscheinlich auch nicht enttäuscht. Die Vishers schlagen vor, daß man sich bemühen sollte, die Stiefkinder kennenzulernen, auf eine Weise, die man vielleicht auch bei anderen Hausgenossen anwenden würde. Vielleicht geht man mit den älteren mal zum Kaffeetrinken oder spielt Squash oder Tennis mit ihnen. Eine leibliche Familie kann sich auf angeborene Bindungen verlassen, Frauen und ihre Stiefkinder müssen ihre eigenen Bindungen erst aufbauen.

«Eine Stiefmutter muß viel schlucken», sagte Lillian Messinger, «ich halte es für außerordentlich wichtig, realistisch zu bleiben. Es gibt keine sofortige Zuneigung und kein ‹sie lieben wie die eigenen Kinder›. Die Stiefmutter sollte sich zum Ziel nehmen, daß sie den Kindern ein Zuhause geben möchte. Das ist das Wichtigste; alles andere wird sich finden, wenn man es fertigbringt, sich auf die positiven Aspekte dieser Beziehungen zu konzentrieren.»

19. Schwierige Stiefkinder

Lange bevor ich selbst Stiefmutter wurde, arbeitete ich mit einer Frau zusammen, deren Stiefsohn ihr und ihrem Mann das Leben zur Hölle machte. Eines Morgens zum Beispiel erschien sie völlig übermüdet im Büro, weil sie und ihr Mann nachts um drei bei der Polizei gewesen waren, um den Sohn gegen Kaution freizubekommen. Dann stahl er Geld aus ihrer Schublade und verschwand. Sein Verhalten ließ sie nicht zur Ruhe kommen. «Wir kommen schon miteinander aus. Er taugt bloß nichts.» Trotzdem konnte sie sich nicht einfach von ihm lossagen; es war zwar weniger ihr Problem als das ihres Mannes, aber der Stiefsohn hatte natürlich auch einen starken negativen Einfluß auf ihr Leben.

Andere Frauen haben Stiefkinder, die Autos stehlen oder schon als Jugendliche zu Straftätern werden; auch wenn sich eine solche Stiefmutter sagen kann, daß sich die Wut des Jugendlichen wenigstens nicht gegen sie richtet, ein Stiefkind, das in Schwierigkeiten ist, macht auch ihr das Leben schwer. Eine Frau, die ihre Ehe ernst nimmt, kann die Sorgen ihres Mannes nicht einfach von sich wegschieben und meinen, das habe nichts mit ihrem Leben zu tun.

Inneren Abstand wahren

Wenn man mit schwierigen Stiefkindern zu tun hat, von denen man obendrein nicht viel hält, muß man sich daran erinnern, daß man als Stiefmutter die Probleme des jungen Menschen nicht zu seinen eigenen machen sollte; damit wäre niemandem geholfen. Einmal hat die Stiefmutter nicht die emotionelle Bindung zu dem Kind, die ihr durch Frustrationen und Rückschläge hindurchhelfen kann. Zum anderen werden ihre Chancen, mit ihm eine gute Beziehung aufzubauen, immer schlechter, wenn der junge Mensch wegen ihrer «grenzenlosen Güte» immer ein schlechtes Gewissen haben muß.

Sie sollte schon versuchen zu helfen, dabei aber emotionell immer eine gewisse Distanz bewahren. Auf diese Weise kann sie ihrem Mann besser durch schwierige Zeiten mit seinem Kind hindurchhelfen.

Eine Frau bemühte sich lange, ihrem Stiefkind das Schuleschwänzen abzugewöhnen. Schließlich sah sie ein:

> «Durch mein Einmischen habe ich mehr Probleme geschaffen als gelöst. Wenn aus dem Jungen nichts wird, kann ich meinem Mann nur dabei helfen, damit fertigzuwerden, etwas anderes kann ich nicht tun.»

Psychologen wie Thomas Seibt geben ihr Recht:

> «Man muß eine Grenze ziehen, wie tief man sich in die Probleme eines anderen verstricken läßt. Man sollte sich überlegen, ob man wirklich helfen kann, oder ob man sich nur einmischt, damit man sich selbst nichts vorwerfen kann.»

Welchen Weg man auch einschlägt, man sollte sein eigenes Verhalten sorgfältig planen.

Wenn man bewußt Grenzen setzt, wie weit man sich in die Schwierigkeiten des Stiefkindes hineinziehen lassen will, darf man aber nun nicht ins andere Extrem verfallen. Eine verständnisvolle Stiefmutter darf sich nicht aus allem heraushalten, das Stiefkind als Taugenichts abtun oder jederzeit bereit sein, seine ganzen Schandtaten aufzuzählen. Distanz halten bedeutet nicht, daß man die Person des jungen Menschen angreifen sollte. Man darf dem Vater seine Bindung an sein Kind nicht nehmen, darf nicht anzweifeln, daß sich seine Bemühungen um das Kind lohnen, selbst wenn es manchmal hoffnungslos zu sein scheint.

Manche Probleme der Stiefkinder sind für die Frau besonders schwer zu ertragen, weil sie mit ihrer Stellung in der Familie direkt zu tun haben. Häufig wird als eins dieser Probleme der «Elektra-Komplex» genannt. Eine Tochter, sie kann noch Kind, junges Mädchen oder auch schon erwachsen sein, hängt besonders stark an ihrem Vater. Sie ist sehr besitzergreifend, wenn es um ihn geht und versucht alles, um das Leben der Stiefmutter unglücklich zu machen, wobei ihre Methoden manchmal direkt aus einem billigen Roman zu stammen scheinen. Die Tochter will, ob bewußt oder unbewußt, die Ehe des Vaters zerstören. Mit einem solchen Problem muß vorsichtig umgegangen werden. Die Stiefmutter sollte versuchen, emotionell eine Position einzunehmen, wo ihr die Manipulation der Stieftochter nichts mehr anhaben können. Sie muß sich von dem Problem distanzieren, um sich selbst Kummer zu ersparen und ihren Mann dabei zu unterstützen, der Tochter mit ihren psychischen Problemen zu helfen.

Eine Frau erzählte, daß ihre 23jährige Stieftochter ihr sogar an ihrem eigenen Hochzeitstag die Schau stehlen wollte. Sie erschien in einem weißen Kleid, das eher für eine Braut passend war als für die Tochter des Bräutigams. Als dann beim Empfang im Garten auf das Ehepaar angestoßen wurde, rannte sie plötzlich laut und theatralisch schluchzend ins Haus. Auch jetzt, ein Jahr später, hat sich ihr Verhältnis zur Frau des Vaters noch nicht gebessert. Sie beklagt sich, daß die Stiefmutter unhöflich zu ihr sei und behauptet, daß sie den Vater nur seines Geldes wegen geheiratet habe.

> «Wenn ich es eilig habe und ihr im Flur nur ein kurzes Hallo zurufe, rennt sie zu ihrem Vater und klagt, daß ich sie mit Absicht schneide. Sie macht es mir so schwer wie möglich.»

Am schlimmsten ist es an Feiertagen und bei besonderen Anlässen. Die Tochter will die Stiefmutter bei Familienfeiern nicht dabei haben. Als sie ihrem Bruder den Geburtstag ausrichtete, meinte sie, die Stiefmutter solle lieber nicht kommen, denn das würde ihm alles verderben. Der Vater hatte mittlerweile verstanden, daß die Tochter ihn manipulieren wollte, und weigerte sich, ohne seine Frau zu der Geburtstagsfeier zu gehen.

Ein anderes Paar ging zur psychologischen Beratung, weil die Tochter des Mannes ihren Vater nur sehen wollte, wenn seine neue Frau nicht dabei war. Der Vater war der Ansicht, daß seine Tochter mit den Veränderungen einfach noch nicht fertigwerden konnte und daß ihr Verhalten nicht bewußt gegen seine Frau gerichtet war. Die nahm es allerdings persönlich und fühlte sich durch die Forderungen des Mädchens beleidigt. Kinder, die ihren Vater zwingen wollen, sich von seiner Frau zu trennen, wenn er mit ihnen zusammensein will, wissen genau, was sie tun. Der Therapeut erklärte dem Paar:

> «Das Kind hat vielleicht wirklich Schwierigkeiten, mit der verän-

derten Situation fertigzuwerden. Aber Kinder, die ihren Vater auf diese Weise erpressen wollen, sind sich dessen bewußt. Es gibt ihnen ein Gefühl der Macht.»

Er schlug dem Paar verschiedene Strategien vor. Erstens sollte man das Kind zu nichts zwingen. Dann sollte der Vater mit seiner Tochter über ihre Bedingungen sprechen und ihr deutlich sagen, daß er und seine Frau damit nicht einverstanden seien.

«Man sollte ein solches Verhalten nicht übersehen oder entschuldigen. Eltern können einem Kind ihre Liebe zeigen, aber dennoch klarmachen, daß sie sich nicht erpressen lassen werden. Auf diese Weise liegt die Entscheidung beim Kind.»

Auch die Stiefmutter muß mit dieser Strategie einverstanden sein und darf von dem Kind nicht mehr verlangen, als es im Moment geben kann; sie sollte auf keinen Fall auf Einsicht und Entschuldigungen bestehen.

Mit Kompromissen leben

Eine Stiefmutter muß lernen, mit Kompromissen zu leben. Es hat keinen Sinn, die tatsächlichen Beziehungen zu den Stiefkindern immer damit zu vergleichen, wie man es am liebsten hätte; ebensogut könnte man mit einer Faust gegen eine verschlossene Tür schlagen. Man verletzt sich letzten Endes nur selbst.

Stiefkinder mit Problemen sind nicht immer bösartig. Eine Frau fühlte sich vollkommen überfordert, wenn ihre 13jährige Stieftochter zu Besuch kam, die geistig behindert war.

«Als ich Karl heiratete, wußte ich zwar, daß seine Tochter geistig behindert war, hatte aber keine Ahnung, was das für mich bedeuten würde. Ich mußte sie füttern, windeln und waschen. Mit ihrer Mutter konnte ich nicht über das Kind sprechen, sie konnte mir nicht helfen. Mein Mann war hilflos. Er hatte große Schwierigkeiten, mit der Sorge und seinen Schuldgefühlen der Tochter gegenüber fertigzuwerden. Als sie ihre Mensis bekam, wurde alles noch viel schlimmer, und ich brauchte Hilfe. Ich konnte es anfangs nicht fassen, daß man mir einfach alles überließ. Mein Mann hatte Probleme, ich wußte nicht weiter. Schließlich ließen wir eine Schwesternhelferin kommen, wenn die Tochter meines Mannes zu Besuch kam. Und ich muß gestehen, daß ich mit Absicht eine oder zwei meiner Musikstunden auf das Wochenende lege, wenn sie kommt, damit ich zwischendurch einmal von ihr wegkomme.»

Wenn man ein problematisches Stiefkind hat, bei dessen bisheriger Erziehung viel versäumt wurde, was nicht mehr nachzuholen ist, sollte man sich das ruhig eingestehen. Wenn man nämlich versucht, einen solchen Menschen zu bessern oder sein Verhalten sogar persönlich nimmt, macht man sich nur unglücklich und gefährdet seine Ehe.

Eine Frau sollte nie laut sagen, daß sie ihr Stiefkind einfach nicht mag; Kinder werden ja auch älter und ändern sich, genauso wie Stiefmütter. Aber natürlich kann ihr niemand übelnehmen, wenn sie ihr Stiefkind, das nur Sorgen und Schwierigkeiten macht, nicht besonders schätzt. Dennoch sollte sie es aus Respekt für seinen Vater höflich und anständig behandeln, sich aber den Kopf nicht darüber zerbrechen, wie sie das Stiefkind wieder auf den richtigen Weg bringen oder das Verhältnis zu ihm verbessern könnte.

Beziehungen verändern sich, aber die Stiefmutter hat nur selten Einfluß auf die Faktoren, die eine positive Wandlung bringen können. Steffi war Stiefmutter von vier Kindern und hatte von Anfang an Schwierigkeiten mit dem Ältesten:

«Glücklicherweise besuchte er ein Internat, andernfalls hätte meine Ehe sicher nicht lang gehalten. Der Älteste hing sehr an seiner Mutter und versuchte alles, um mir das Leben schwer zu machen. Er war arrogant und ließ keinen Zweifel daran, daß er fand, daß ich weder gut genug für ihn noch für seinen Vater sei. Das Schlimmste war, daß er sich vor unseren Bekannten und seinen Geschwistern über mich lustig machte. Mir gegenüber war er gleichbleibend höflich, aber die anderen Kinder berichteten mir, wie er mich hinter meinem Rücken schlecht machte und versuchte, sie gegen mich aufzuhetzen. Er stiftete sie zu Ungezogenheiten an, überredete sie, mich in der Öffentlichkeit zu blamieren, indem sie sich über meine Kleidung oder Ausdrucksweise lustig machten. Das machte mich sehr wütend und tat mir weh.»

Viele Jahre später, nachdem sein Vater längst verstorben war, änderte der junge Mann sein Verhalten. «Er ist heute in jeder Beziehung netter geworden. Er lädt mich zu sich nach Hause ein und denkt sogar an meinen Geburtstag.»

Diese Frau erfuhr erst von seinem jüngeren Bruder, daß es ihm jetzt sehr leid täte, wie er sie behandelt hatte. Ein Grund für diese plötzliche Einsicht war wahrscheinlich, daß er zum zweiten Mal heiratete und seine neue Frau selbst Stiefmutter für seine drei Kinder aus erster Ehe wurde. Er kann die Situation der Stiefmutter jetzt besser verstehen.

Steffi lächelte und meinte:

«Ich werde ihn nie wirklich lieben können, dafür hat er mich zu sehr verletzt. Aber das liegt jetzt hinter mir, und wir sind heute keine Feinde mehr. Ich bin froh darüber; mein Verhältnis zu ihm war so lange so unerfreulich. Ich hätte nie geglaubt, daß es einmal so gut werden könnte.»

20. Stiefkinder als Problem

Es war einmal eine wunderbare Frau, freundlich und gut, die ihre große Liebe heiratete, einen Mann mit Kindern. Da sie ihren Mann so sehr liebte, bemühte sie sich ganz besonders um seine Kinder. Sie backte Kuchen für sie, sie bezog ihnen die Betten frisch, wenn sie zu Besuch kamen, sie kaufte ihnen Weihnachtsgeschenke und achtete darauf, daß die Geburtstagspäckchen immer rechtzeitig abgeschickt wurden. Aber die bösen Stiefkinder versuchten mit allen Mitteln, ihr das Leben schwer zu machen. Die Tochter, die pickelig war und Warzen hatte, war so eifersüchtig auf die schöne Frau des Vaters, daß sie ihr vergiftetes Konfekt mitbrachte. Der Sohn fuhr mit dem Auto des Vaters an einen Baum und behauptete, die Stiefmutter habe es getan. Die Kinder schimpften über die Mahlzeiten, so sehr sich die schöne Frau auch Mühe gab, immer ihr Lieblingsessen zu kochen, und wenn sie geduscht hatten, warfen sie die nassen Handtücher einfach auf den Fußboden und ließen sie da liegen. Wenn ihr Vater dabei war, waren sie lieb und freundlich zu der Stiefmutter, aber wenn sie allein mit ihr waren, beschimpften sie sie und machten sich über sie lustig. «Wir werden dich nie mögen», schrien sie höhnisch, «du gehörst nicht zu uns. Wir werden deine Ehe zerstören.» Jetzt aber war es mit der Geduld der Stiefmutter vorbei; sie verwandelte die Kinder in kleine Schokoladenhäschen und aß sie auf.

Ihr Mann verstand sie.

Kein Interesse

Es gibt zwei Sorten von problematischen Stiefkindern: die einen mag man selbst nicht, und die anderen mögen einen nicht, beziehungsweise können einfach nicht mit einem warmwerden. Meistens können sich Stiefmutter und Kinder mit der Zeit aneinander gewöhnen und auch ihre Schwierigkeiten gemeinsam meistern. Manchmal aber wird ein Stiefkind zu einem Dauerproblem, bleibt immer mürrisch und läßt die Stiefmutter nicht an sich herankommen. Wenn die Frau dann kein gesundes Selbstbewußtsein hat, können Schwierigkeiten mit dem Kind ihr Leben auf unterschiedliche Art und Weise belasten; Eheprobleme sind nicht selten die Folge, aber manchmal können sogar nervöse Angstzustände eintreten oder sie kann mit Allergien reagieren.

Eine Frau zeigte eine allergische Reaktion, als sie zusammen mit den Stiefkindern im Ferienhaus der Familie Urlaub machte. Sie ließ sich daraufhin testen, weil man annahm, daß vielleicht die Hunde der Familie, die Federkissen oder auch die Isolierung oder das Dachmaterial des Hauses die Allergie hervorriefen. Alle Testergebnisse waren negativ. Einige Jahre später besuchte der problematische älteste Sohn ihres Mannes, der schon erwachsen war, seinen Vater in ihrer Stadtwohnung, und nur ein paar Stunden nach seiner Ankunft entwickelte die Frau dieselben Symptome.

Es gibt viele Stiefkinder, die sich mit der neuen Familiensituation nur schwer befreunden können und sich auch selbst in ihrer Beziehung zur Stiefmutter im Wege stehen. Was wir aber hier mit problematischem Stiefkind bezeichnen, ist ein Kind, das sich weigert, eine normale Beziehung zu der Stiefmutter überhaupt zuzulassen.

Die Verhaltensweisen eines solchen Stiefkindes sind eigentlich immer die gleichen: das Kind weigert sich, der Stiefmutter ins Gesicht zu sehen, es sagt weder Guten Tag noch Auf Wiedersehen. Häufig wird so getan, als ob die Stiefmutter Luft sei, sie wird von Unterhaltungen ausgeschlossen. Ein anderes Gebiet, auf dem sich der Widerstand des Stiefkindes zeigt, sind die Mahlzeiten. Natürlich kocht die Mutter immer besser, oder das Kind behauptet kategorisch: «Das kann ich nicht essen.» Alle diese Verhaltensweisen sollen der Stiefmutter sagen, daß sie nicht akzeptiert wird; im allgemeinen treten sie immer seltener auf, wenn sich Frau und Stiefkind besser kennenlernen. Natürlich kann ein solches Benehmen der Kinder verletzen, und manche erwachsene Frau ist darüber schon in Tränen ausgebrochen. Aber eigentlich sind es nur störende Sticheleien, und man sollte sich davon einen schönen Tag nicht verderben oder gute Beziehungen zu anderen Menschen nicht vergiften lassen. Es gibt sehr viel schwerwiegendere Probleme, die man mit Stiefkindern haben kann.

Manchmal scheinen Stiefkinder in kurzer Zeit starke Persönlichkeitsveränderungen durchzumachen. Eine Zeitlang verstehen sich Frau und Stiefkind gut; die Stiefmutter atmet auf und denkt, daß es wohl doch noch Hoffnung für sie und das Kind gibt. Dann plötzlich im nächsten Augenblick merkt sie richtig, wie eine Klappe fällt. Was hat sie getan, was ist passiert?

> «Wahrscheinlich ist dem Kind nur bewußt geworden, daß es seine Stiefmutter eigentlich doch ganz nett findet, und es hat sofort ein schlechtes Gewissen seiner Mutter gegenüber»,

sagt Clifford Sager und fügt noch hinzu, daß sich ein ausgesprochen abweisendes Verhalten des Kindes nicht selten gerade dann zeigt, wenn die Stiefmutter das Gefühl hat, daß sie mit ihm endlich ein Stück weitergekommen sei. Er rät der Frau in einem solchen Fall, vorsichtig mit dem Kind über diese plötzlichen Stimmungsschwankungen zu sprechen, es zu fragen, ob es sich ärgert oder ein schlechtes Gewissen hat, weil es gerne mit ihr zusammen war und sie eigentlich ganz gern mag. Es ist nicht so entscheidend, was es darauf antwortet; wichtiger ist, daß man ihm dabei hilft, seine eigenen widersprüchlichen Gefühle zu verstehen.

Antipathie gegen das Kind

Auch Vaters Liebling oder Großmutters Augapfel ist manchmal der Stiefmutter unsympathisch; vielleicht schikaniert gerade dieses Kind die Frau seines Vaters, wo es kann. Es gibt eine Reihe von Gründen, warum eine Stiefmutter dem oder den Kindern ihres Mannes absolut nichts abgewinnen kann. Manchmal sind beide einfach zu verschieden; eine Frau meint: «Ich will es einmal so sagen, wenn meine Stieftochter Angela und ich einander in der Schule kennengelernt hätten, dann wären wir ganz sicher keine Freundinnen geworden.» Eine andere berichtete:

«Mein Mann hat zwei Söhne; den einen mag ich sehr, den anderen kann ich nicht ausstehen. Er ist faul, versucht jeden zu manipulieren, hilft nie und ist dazu noch unverschämt zu seinem Vater und dem Rest der Familie. Wenn er ein Fremder wäre, würde ich nichts mit ihm zu tun haben wollen. Körperlich finde ich ihn auch abstoßend; ich muß aufpassen, daß ich nicht automatisch zurückzucke, wenn er mich berührt.»

Selten besteht eine ausgesprochene Aversion zwischen Stiefmutter und Kind; da aber beide manchmal eine ganz unterschiedliche Erziehung hatten und ganz verschiedene Lebensziele haben, liegen häufig Welten zwischen ihren Einstellungen und der Art und Weise, wie sie ihr Leben führen wollen.

«Meine Stieftochter ist entsetzlich verwöhnt; man hat sich immer nach ihr gerichtet, hat ihr jeden Wunsch von den Augen abgelesen, und heute hat sie eine ganz andere Sicht vom Leben als ich. Wenn sie zum Beispiel Schnupfen hat, legt sie sich eine Woche lang ins Bett; ich dagegen finde, man sollte sich zusammennehmen und versuchen, Schwierigkeiten zu überwinden.»

In Stieffamilien müssen oft die unterschiedlichsten Persönlichkeiten zusammenleben, und die Stiefmutter sollte sich bemühen, ihre eigenen Vorurteile und Empfindlichkeiten möglichst auszuschalten, wenn sie mit den Kindern ihres Mannes umgeht. Mitglieder einer Stieffamilie können oft nur eine oberflächliche Beziehung zueinander haben; ja, man sollte gar nicht mehr verlangen. Man würde schließlich ein Geschäft mit einem Kunden auch nicht ausschlagen oder sich weigern, freundlich zu dem Nachbarn zu sein, nur weil man anders erzogen wurde und unterschiedliche Ansichten hat.

Es klingt vielleicht widersprüchlich, daß man bei diesen neuen Beziehungen einen gewissen Abstand halten sollte, aber es ist sinnvoll. Die Stiefmutter sollte versuchen, die Kinder möglichst nicht nach ihren persönlichen Vorstellungen zu beurteilen. Es ist zum Beispiel unfair, ein Kind verschwenderisch zu nennen, nur weil man selbst sehr bescheiden leben muß, aber die Versuchung ist groß, solche Pauschalurteile zu fällen. Vorlieben und Abneigungen, dazu der Wunsch nach einer liebevollen Beziehung zu den Kindern des Mannes, können eine Frau zum Verzweifeln bringen. Sie sollte ganz nüchtern Bilanz ziehen, sollte als erstes die unrealistischen Erwartungen, die Kinder zu lieben und von ihnen geliebt zu werden, fallenlassen und statt dessen zufrieden sein, wenn man einander zu tolerieren lernt.

Jeder von uns kennt oder arbeitet mit Menschen, mit denen einen eigentlich nichts verbindet. Wenn aber ein solcher Mensch plötzlich in der eigenen Familie auftaucht, ist man nicht selten entsetzt und gerät in Panik. «Deshalb betonen wir bei unseren Gesprächen mit Stiefeltern immer wieder, daß es völlig in Ordnung ist, wenn sie ihre Stiefkinder nicht lieben. Sie sollen sich nicht selbst diesen Druck auferlegen.» (Thomas Seibt)

«Ich liebe meinen Mann und unser gemeinsames Leben, aber an meiner Stieftochter liegt mir eigentlich gar nichts, aber es macht mir nichts mehr aus. Ich hatte keinerlei Einfluß auf ihre Erziehung, und meiner Meinung nach ist sie weder nett noch interessant. Genauso würde ich auch von dem Kind meiner besten Freundin sprechen. Wenn Lucie morgen aus unserem Leben verschwinden würde, ich würde sie kaum vermissen.»

Ihre Haltung der Stieftochter gegenüber äußert sich aber nie in ungerechter Behandlung oder gar Haß, und sie achtet sehr darauf, daß sie das Kind nicht vor seinem Vater schlechtmacht.

«Mein Mann glaubt wahrscheinlich, daß ich Lucie mehr schätze, als es wirklich der Fall ist. Ich sehe nicht ein, warum ich ihm haarklein von meinen negativen Gefühlen erzählen soll; sie haben nichts mit seinem und meinem Verhältnis zu tun. Auch wenn ich aufzählen würde, warum ich sie nicht mag, würde sich ja nichts daran ändern. Er sieht selbst, daß wir nicht das innigste Verhältnis haben.»

Ihre Reaktion wird von Psychologen durchaus als normal bezeichnet.

Verständlicherweise können Stiefmütter ihre Gefühle nicht immer von ihrem Verhalten trennen. Es ist nichts dagegen zu sagen, wenn man einem schwierigen, widerborstigen Kind nicht besonders positive Gefühle entgegenbringen kann, aber das sollte sich möglichst nicht im Verhalten ausdrücken. Man muß seine Empfindungen, die vielleicht kälter sind, als man sich selbst eingestehen möchte, nicht in Taten umsetzen. Gefühle sind weder richtig noch falsch, Gefühle sind einfach da. Aber mit Handlungen ist es etwas anderes; sein Verhalten kann man regulieren. Stiefmütter müssen also akzeptieren, daß sie an ihren Empfindungen nichts ändern können. Wenn man die negativen ins Unterbewußtsein verbannt, kann man sich eigentlich nur selbst schaden. Statt dessen sollte man daran arbeiten, daß man sein Verhalten, seine Handlungen unter Kontrolle bekommt, was einfacher ist, als die negativen Gefühle zu unterdrücken.

Antipathie gegen die Stiefmutter

Es gibt also zwei Sorten von schwierigen Stiefkindern: diejenigen, die man selbst nicht mag und die, die einen nicht mögen. Leider gesellen sich die aus der zweiten Kategorie bald zu denen aus der ersten, so sehr Stiefmütter daran auch etwas verändern möchten.

Nichts tut so weh, als wenn man voll guten Willens, mit Freundlichkeit und Verständnis auf ein Kind zugeht und von ihm abgewiesen wird. Eine solche Beziehung bleibt nicht lange neutral, sondern wird bald unerfreulich, eine deprimierende Situation für die Stiefmutter, die doch nur das Beste für das Kind wollte. Man kann natürlich oft mit Recht sagen, daß die Frau bei diesen schwierigen Beziehungen von Anfang an vorsichtiger hätte vorgehen und weniger Erwartungen hätte haben sollen, aber das nützt ihr jetzt auch nicht viel. Sie fühlt sich verletzt, ist ärgerlich, und es ist nicht leicht für sie, mit diesen Gefühlen fertigzuwerden. Wenn sie sich noch mehr bemüht, noch selbstloser handelt, wird alles schlimmer.

Ihr Stiefkind wird ihr offensichtlich nicht aus dieser schwierigen emotionalen Situation heraushelfen, indem es ihr plötzlich mit Zuneigung entgegenkommt. Sie fühlt sich wie ein abgewiesener Liebhaber. Sie sollte sich vom Schauplatz der Konfrontation zurückziehen, versuchen ihr Gleichgewicht wiederzugewinnen und überlegen, nach welcher Strategie sie vorgehen kann, statt sich dem Gefühl von Selbstverachtung und Bitterkeit zu überlassen. Sie kann ihr Stiefkind nicht zwingen, sie zu mögen. Statt dessen hat es ihr zu verstehen gegeben, daß es in Ruhe gelassen werden möchte. Auf keinen Fall sollte die Frau in ihrem Bemühen, das Kind für sich zu gewinnen, ihre gesamte Selbstachtung aufs Spiel setzen.

Wichtig ist, daß man die Fassung behält und einen emotionellen Abstand zu einem Kind schaffen kann, das auf alle Versuche negativ oder beleidigend reagiert. Auf keinen Fall sollte die Frau sich Vorwürfe machen, wenn sie immer und immer wieder abgewiesen wird. Statt dessen kann sie dem Kind, ohne ärgerlich zu sein, auf möglichst nüchterne Weise klarmachen, daß sie sich lange genug um die Beziehung bemüht hat, daß es nichts gebracht hat und daß sie deshalb damit jetzt aufhören wird.

«Soviel sollte man ruhig sagen», meint Thomas Seibt, «man darf da ruhig ehrlich sein, sollte aber keinen Druck auf das Kind ausüben. Vielleicht kann man es so formulieren: ‹Ich hatte gehofft, daß wir uns vertragen könnten, daß wir einander besser kennenlernen könnten; aber mir ist klar geworden, daß du daran zur Zeit nicht interessiert bist...›»

Man sollte einen emotionellen Abstand zwischen sich und dem problematischen Stiefkind schaffen. Das bedeutet nicht, daß man verzweifelt aufgibt. Es sollte dem Kind deutlich gemacht werden, daß sein Verhalten Konsequenzen hat, zum Beispiel das Ende der Bemühungen von Seiten der Stiefmutter. Es kann nicht erwarten, daß sie eine grenzenlose Geduld hat, noch darf sie das von sich selbst erwarten.

Leider neigen Stiefmütter dazu, sich selbst für die negativen Gefühle dem Kind gegenüber zu bestrafen, selbst wenn diese Gefühle berechtigt sind. «Das ist verkehrt», sagt Seibt, «natürlich ist man wütend auf jemanden, der einen beleidigt oder verletzt hat. Das ist doch völlig verständlich.» Man sollte sich allerdings davor hüten, daß diese negativen Gefühle vollkommen von einem Besitz ergreifen. Eine Stiefmutter ging zum Beispiel so weit, daß sie heimlich ein Mikrofon in das Zimmer ihrer Stieftochter einbaute, um sie zu überwachen und beim Lügen zu ertappen. Wie unter einem inneren Zwang mußte sie die Kinder immer wieder bespitzeln. Sie hatte jetzt zwar Beweise für deren Unehrlichkeiten, aber ihr ganzes Leben drehte sich nur um die Schwierigkeiten mit den Stiefkindern. Sie war enttäuscht und verbittert.

Das problematische Stiefkind bedeutet schon einen harten Test für die Frau. Sie muß versuchen, unter allen Umständen die Fassung zu bewahren und sich von den Problemen nicht allzu sehr mitnehmen zu lassen. Sie sollte zwar einen emotionellen Abstand zwischen sich und das Problemkind bringen, sich dabei aber nicht von dem Rest der Familie zurückziehen, zu der sie schließlich gehört. Eine Frau floh («wie ein richtiger Feigling», sagt sie heute) zu einer alten

Freundin über die Osterfeiertage und ließ ihren Mann mit seiner Tochter zu Hause, weil sie sich den Frechheiten des Mädchens gar nicht erst aussetzen wollte. Heute meint sie:

«Das war verkehrt. Als ich heiratete, nahm ich an, daß ich von nun an Feiertage mit meiner Familie zusammen verbringen würde. Und das wird auch in Zukunft wieder so sein. Wenn das Mädchen damit nicht einverstanden ist, dann muß sie die Konsequenzen ziehen. Mein Mann sieht das allmählich auch so.»

Gerade für Beziehungen mit schwierigen Stiefkindern ist es wichtig, daß Vater und Stiefmutter zusammenhalten und ihre Einheit auch vor den Kindern völlig selbstverständlich aufrechterhalten.

Die Stiefmutter muß das schwierige Kind als Teil ihrer neuen Familie akzeptieren. Niemand kann von ihr verlangen, daß sie es mit Freuden tut, aber man kann nicht oft genug betonen, daß es für sie wichtig ist, Faktoren ihrer neuen Lebenssituation, die sie nicht ändern kann, als solche zu erkennen und zu akzeptieren.

Wenn man mit einem Stiefkind zusammenleben muß, das einem das Leben schwer macht, sollte man lernen, wie man sich bei seinen Angriffen oder Beleidigungen verhält, dabei ehrlich bleibt und seine Selbstachtung behält. Man sollte dem Kind sagen, daß man gehofft hatte, daß sich ein gutes Verhältnis entwickeln würde, daß man sich aber nun nicht mehr ohne einen besonderen Anlaß für es einsetzen würde.

«Es ist falsch, negative Verhaltensweisen des Kindes einfach zu übersehen, so zu tun, als ob es sich ganz normal benommen hätte», sagt Thomas Seibt, «die Stiefkinder sind für gute Beziehungen zwischen Eltern und Kindern ebenso verantwortlich wie die Eltern selbst.»

21. Hilfe von außen

Verletzt und am Ende ihrer Weisheit angelangt suchen viele Stiefmütter schließlich außerhalb der Familie Rat. Die meisten gehen zu einem Psychologen oder Psychotherapeuten, aber es gibt auch schon vereinzelt Selbsthilfegruppen, die Unterstützung anbieten; vor allen Dingen machen wir da die angenehme Erfahrung, daß auch andere unsere Probleme aus Erfahrung kennen.

Die Sache hat allerdings einen Haken. Familientherapeuten und auch die Teilnehmer an Selbsthilfegruppen hören zwar geduldig und auch mit Mitgefühl an, was man zu beklagen hat, aber sie erwarten auch, daß man selbst etwas für die Lösung seiner Probleme tut, zu einem Zeitpunkt, an dem man eigentlich nur bemitleidet werden möchte.

Es ist nicht einfach zu akzeptieren, daß man vielleicht für seine Schwierigkeiten mitverantwortlich ist; auf der anderen Seite ist es aber auch tröstlich, daß man selbst wahrscheinlich etwas an dieser Situation verändern kann.

Ich will hier nicht unbedingt eine Lanze für Psychologen und Familientherapeuten brechen, aber *in meinen Gesprächen mit vielen Stiefmüttern kam ich zu dem Schluß, daß eine psychologische Beratung sehr oft helfen kann.* Selbst diejenigen, die zuerst sehr dagegen waren, fanden letzten Endes doch, daß es etwas gebracht hatte. Stieffamilien sind in ihrer Familiendynamik oft so kompliziert, daß ein Außenstehender mit einiger Erfahrung auf diesem Gebiet nötig ist, um die verschiedenen Persönlichkeiten und die Gefühlsströmungen innerhalb der Familie zu verstehen und Lösungen zu finden.

«Ich kann nicht sagen, wie wunderbar es war, endlich ehrlich zu sein. Meiner Therapeutin konnte ich sagen, daß ich meinen Stiefsohn manchmal haßte, und sie war nicht entsetzt, sondern verstand mich. Sie machte gute Vorschläge, wie ich an der verfahrenen Situation etwas ändern könnte. Sie versicherte mir, daß meine Reaktionen vollkommen normal seien, und allein dadurch fühlte ich mich weniger in die Defensive gedrängt und konnte mehr Toleranz für die Einstellung meines Stiefsohns aufbringen.»

Eine Beratungstherapie muß nicht lange dauern, vielleicht ein paar Wochen oder Monate, bis die Stiefmutter wieder zuversichtlicher ist und vielleicht ein paar neue Strategien gelernt hat, nach denen sie zu Hause vorgehen kann. Hier handelt es sich nicht um eine Behandlung über Jahre wie eine Psychoanalyse, eine Vorstellung, die viele Stiefmütter abschreckt, sondern normalerweise genügen schon etwa fünf Beratungsstunden, um ihr weiterzuhelfen. Sie kann wieder zu ihrem Therapeuten zurückkehren, wenn neue Schwierigkeiten aufgetaucht sind und sie erneut seinen Rat braucht. Eine Stiefmutter berichtet von ihren Erfahrungen:

«Ich hatte immer das Gefühl, daß ich die Last der ganzen Familie auf meinen Schultern trage, nicht nur meine eigenen Sorgen, sondern auch die meines Mannes, meiner zwei Stieftöchter und sogar die ihrer Mutter. Ich nahm mir alles so zu Herzen, bis ich einfach nicht mehr konnte und einen Psychologen aufsuchte. In der ersten Stunde weinte ich beinahe die ganze Zeit. Ich war so erleichtert, daß da endlich jemand war, der mir helfen wollte. Zum ersten Mal hatte ich die Hoffnung, daß es vielleicht doch noch eine Lösung für unsere Schwierigkeiten gab.»

Eine andere fügte hinzu:

«Es war einfach zuviel für mich. Ich wußte, daß ich nicht verrückt war, aber ich wußte auch, daß ich die Situation, so wie sie war, nicht mehr allein bewältigen konnte. Und ich fand, daß ich es mir selbst schuldig war, alles zu versuchen, bevor ich die Scheidung einreichte. Ich konnte einfach nicht mehr so weiterleben. Ich sah keinen Ausweg mehr, kam mir verloren vor. Mit Hilfe des Therapeuten konnte ich erkennen, daß ich mir manche Schwierigkeiten auch selbst geschaffen hatte; ich wollte, daß alles perfekt war, und konnte Dinge nicht so akzeptieren, wie sie waren. Jemand mußte mich erst auf meine Fehler hinweisen. Danach konnte ich auch meinen Mann ganz anders sehen; er war nicht mehr derjenige, der jedes Problem für mich lösen mußte, sondern wir mußten es gemeinsam tun.»

Wenn die Ehe auf Grund von Schwierigkeiten mit den Stiefkindern gefährdet ist, kann ein *Eheberater* helfen. Wenn die Stiefmutter meint, daß sie unfähig ist, die Situation länger auszuhalten, kann sie in einer individuellen Beratung Rat und Hilfe bekommen. Manche Therapeuten halten es für richtig, daß die ganze Familie sich beraten läßt, wenn das Kind offensichtlich unglücklich ist.

Ein Mädchen machte ihren Eltern und ihrer Stiefmutter zum Beispiel Disziplinschwierigkeiten, weil sie sich nicht mit der Scheidung der Eltern und der Wiederverheiratung des Vaters abfinden konnte. In diesem Fall ging nicht nur sie regelmäßig zu einem Psychologen, sondern auch die Erwachsenen hatten monatliche Sitzungen mit ihm.

Der Therapeut kann natürlich nicht jedes Problem lösen, aber er kann der Stiefmutter im allgemeinen dabei helfen zu erkennen, warum sie und andere Familienmitglieder auf eine bestimmte Weise reagieren. Wenn eine Frau zum Beispiel ärgerlich ist, weil ihr Mann seiner Tochter zuviel Aufmerksamkeit schenkt, sollte sie herausfinden, warum das sie so ärgerlich macht. Wenn ihr Mann sich wirklich übermäßig viel mit dem Mädchen beschäftigt, kann sie ihm vielleicht helfen, das einzusehen und die Gründe für sein Verhalten zu finden. Wenn aber ihre feindseligen Reaktionen in ihrem Charakter verwurzelt sind, mit ihrer Erziehung zu tun haben oder auf einem Minderwertigkeitskomplex beruhen, sollte sie versuchen, ihnen auf den Grund zu gehen.

Jeder von uns stellt bestimmte Erwartungen an eine Ehe und verbindet Gefühle damit, die er von seinen Eltern übernommen hat. Wenn eine Frau zum Beispiel ein schlechtes Verhältnis zu ihrem Vater hat, weil er die Mutter verlassen hatte, immer ihre Schwester vorzog oder kalt und unnahbar war, ist sie jetzt so unsicher, daß sie immer wieder Bestätigung verlangt, mehr Beweise für die Zuneigung ihres Mannes braucht, als er geben kann. Wenn Familienbeziehungen ziemlich eindeutig und unkompliziert sind, ist es vielleicht nicht nötig, seine innersten Gefühle und Motivationen zu untersuchen, aber Stieffamilien können meistens nur einigermaßen harmonisch funktionieren, wenn jeder sich um viel Verständnis, auch für die eigene Person, bemüht.

Am meisten leidet oft die Ehe selbst unter den Schwierigkeiten mit der Stieffamilie, und das Paar kann durch eine Eheberatung lernen, mit Schwierigkeiten fertigzuwerden.

Aus unterschiedlichen Gründen wehren sich allerdings Männer nicht selten gegen eine solche Beratung, und es ist gut, wenn die Frau versucht zu verstehen, warum er sich so sträubt. Manchmal möchte der Mann nicht wahrhaben, daß es in seiner neuen Ehe Probleme gibt, denn es erinnert ihn an die Schwierigkeiten in seiner ersten Ehe. Er hat Angst davor, wieder zu versagen und verschließt deshalb die Augen vor möglichen Problemen. Wenn er aber erst einmal die neuen Eheschwierigkeiten in der richtigen Perspektive sieht, wenn er erkennt, daß sie zum größten Teil aus der Situation mit den Kindern entstehen, hat er auch weniger Hemmungen, einen Therapeuten zu Rate zu ziehen. Seine Frau muß ihn vielleicht vorsichtig dazu bringen zu sehen, daß nicht er allein Schuld an den ehelichen Schwierigkeiten hat, sondern daß beide in einer komplizierten Situation sind, die sie gemeinsam lösen müssen.

Männer glauben auch heute noch häufig, daß es unmännlich sei, wenn sie persönliche und familiäre Probleme nicht allein lösen können, lassen sich aber dann noch übereden, wenigstens einmal zu einem Psychologen zu gehen, um herauszufinden, ob er ihnen weiterhelfen kann. Thomas Seibt rät der Frau zu ungefähr folgender Strategie ihrem Mann gegenüber: «Ich weiß allmählich wirklich nicht mehr weiter. Komm doch bitte mit mir zur Beratung; vielleicht kannst du mir helfen zu lernen, was ich machen muß, um in meinem Leben wieder glücklicher zu sein.» Wenn ihr Mann sie liebt, wird er meistens einwilligen, mit ihr zu gehen.

Familientherapeuten machen Ehepaaren mit Stieffamilien als erstes klar, daß in ihrer Situation Spannungen und Mißverständnisse normal und zu erwarten sind. Wenn die Partner erst einmal erkannt haben, daß es vielen anderen Paaren in ihrer Situation ganz ähnlich geht, fühlen sie sich nicht mehr so stark in die Defensive gedrängt, öffnen sich anderen Interpretationen und wollen gemeinsam an Lösungen arbeiten.

«Mann und Frau sind meistens sehr erleichtert, daß diese Schwierigkeiten kein Anzeichen dafür sind, daß ihre Ehe ernsthaft in Gefahr ist, denn sie wollen ja, daß diese neue Verbindung funktioniert», sagt Thomas Seibt, «Männer mit Kindern gehen die zweite Ehe meistens erst nach sehr viel Überlegung ein und wollen, daß es diesmal klappt. Und ihre Frauen stellen fest, daß die Männer oft soviel Geduld haben und mit einer solchen Ausdauer an der Beziehung arbeiten, daß die Ehe letzten Endes doch viele Frustrationen und Schwierigkeiten mit der Stieffamilie aufwiegt.»

Die Stiefmutter findet es ungerecht, wenn der Rest der Familie sich weigert, zu einem Therapeuten zu gehen; trotzdem kann es der Situation weiterhelfen, wenn wenigstens sie sich dazu durchringt. Eine Frau meinte: «Bevor ich diese Familie kannte, gab es dieses Problem nicht für mich. Warum bin ich dann diejenige, die zum Therapeuten geht?» Ihre Reaktion ist zwar verständlich, aber nicht ganz logisch, denn natürlich gibt es Gründe, warum sie gehen sollte.

Wenn das Leben innerhalb der Stieffamilie nahezu unerträglich geworden ist, kann es schon helfen, wenn wenigstens einer, in diesem Fall die Stiefmutter, sich bemüht, das Problem von einer neuen Seite her anzugehen. Allein der Versuch kann schon die Atmosphäre innerhalb der Familie verändern. Und selbst wenn ihre Besuche beim Psychologen die ganze Situation nicht wesentlich verbessern können, wird sie selbst eine andere Einstellung dazu bekommen und wird selbstsicherer werden, weil sie sich wenigstens um Lösungen bemüht. Die ganze Familiensituation ist für alle ziemlich verfahren, und es spricht für die Stiefmutter, daß sie nicht einfach resigniert, sondern sich um Rat und Hilfe von außen bemüht.

Bei dem Zusammenleben als Familie sollte es nicht in erster Linie darum gehen, wer über wen zu bestimmen hat und wie man seinen Einfluß geltend macht. Aber es schadet nichts, wenn die Stiefmutter versucht, ihre Rolle innerhalb der Familie zu festigen und alles zu tun, was ihr Leben mit ihrer Stieffamilie angenehmer macht. Sie wird feststellen, daß gerade in Stieffamilien häufig Rivalitäten vorkommen und man versucht, sich auf eine Weise darzustellen, die einem vielleicht Vorteile bringen könnte. Wie auch in anderen menschlichen Beziehungen ist es wichtig, daß man in der Stieffamilie ein positives Gefühl für die eigene Person entwickelt, daß man

Wertvorstellungen hat und einen Sinn in seinem Leben sieht, der nichts mit der Stellung in der Familie zu tun hat. Ein solches Selbstbewußtsein ist besonders für die Stiefmutter wichtig, die sich in der Familie häufig vor die Frage gestellt sieht: Wer bin ich eigentlich und was soll ich hier?

22. Im Mittelpunkt die Stiefmutter

In dem komplizierten, unkonventionellen Verband einer Stieffamilie ist es häufig die Stiefmutter, um die sich alles dreht, obgleich sie oft völlig unerfahren diese Rolle übernommen hat und ihr Einfluß auf die einzelnen Mitglieder der Familie nur begrenzt ist. Ohne sie wäre da nur der geschiedene Mann und seine Kinder, durch sie gibt es da wieder eine Ehe, eine Stieffamilie und den Familienclan, in den sie hineingeheiratet hat. Reibungspunkte und Spannungen sind bei diesen unterschiedlichen Verwandtschaftsverhältnissen an der Tagesordnung.

Kraft und Geduld ein Leben lang

Es ist für die Stiefmutter nicht selten ein Schock, wenn sie feststellt, welch zentrale Position sie in dieser neuen Familie einnimmt; es sollte ihr Ziel sein, jedem so weit es geht gerecht zu werden, ohne dabei aber ihre Persönlichkeit aufgeben zu müssen. Jede Mutter steht vor einem ähnlichen Problem, wenn sie versucht, ihre eigene Person über den Anforderungen durch Mann und Kinder nicht zu vernachlässigen. Aber für sie ist die Beziehung zu ihren eigenen Kindern durch die biologische Bindung von Anfang an vorhanden und selbstverständlich; sie braucht nicht soviel Energie in den Aufbau einer solchen Beziehung zu investieren. Die Stiefmutter muß sich mit vielen zwischenmenschlichen Schwierigkeiten in der Stieffamilie auseinandersetzen, eine wie sie manchmal findet unfaire Belastung für sie und ihre Ehe. Die erste Frau hatte diese Probleme nicht!

Es ist völlig normal, daß eine Stiefmutter oft frustriert, wütend und ärgerlich reagiert und sich am Ende ihrer Kräfte fühlt. Auch eine erwachsene Frau ist keine Heilige und kein Supermensch. Sie ist nicht unverletzlich, aber sie kann sich bemühen, realistisch zu sein und zu lernen, mit Schwierigkeiten fertig zu werden, ohne daß sie ihr zu sehr unter die Haut gehen. Manche Tage mag sie ihre Stiefkinder einfach nicht, und manche Tage will sie sich auch nicht in die Gefühle anderer hineinversetzen müssen. Es ist völlig normal und sogar gut, wenn sie manchmal nur an sich selbst denkt. In Büchern und Artikeln über Stiefmütter wird immer wieder betont, daß sie die Situation oft negativ sehen und häufigem Stress ausgesetzt sind. Keine Frau sollte es unnatürlich finden, wenn sie manchmal wünscht, sie wäre keine Stiefmutter und es gäbe ihre Stiefkinder nicht.

Es gibt kein Patentrezept gegen die Schwierigkeiten des Stiefmutterdaseins, es gibt keine Impfungen gegen problematische Stiefkinder und keinen Trank, der einen die Mühen der gemeinsamen Ferien vergessen läßt. Jede Stiefmutter wird hin und wieder Probleme haben, und sie kann nur lernen, wie sie möglichst effektiv und schnell damit fertig wird.

Stiefmutter ist man nicht nur für eine begrenzte Zeit, sondern bleibt es wahrscheinlich sein ganzes Leben lang. Die meisten Frauen, die für dieses Buch befragt wurden, hatten noch Stiefkinder zu Hause, aber auch diejenigen, deren Stiefkinder erwachsen waren und nicht mehr zu Hause lebten, hatten noch manchmal Schwierigkeiten. Man sah sich seltener, und es gab weniger Möglichkeiten, sich zu streiten, aber ebenso wie Eltern immer Eltern ihrer Kinder bleiben, kann die Stiefmutter ihre Beziehung zu den Kindern ihres Mannes nicht abstreifen wie eine alte Haut.

Eine Frau lernte den Sohn ihres Mannes erst besser kennen, als er schon erwachsen war und findet es nicht leicht, ihn zu akzeptieren. «Er kommt mir und meinem Mann wie ein Fremder vor», meinte sie. Sie sah mit Entsetzen, wie der Sohn, der im warmen Kalifornien lebte, barfuß im Schnee herumlief, als er sie und seinen Vater an der Ostküste besuchte. In diesem Jahr brachte er seine Frau und sein Baby mit. Er hatte sich einer neuen protestantischen Sekte zugewandt und betete jetzt jedesmal laut, wenn seine Frau das Kind stillte. «Es war nicht leicht für mich, diesem ganzen Theater zuzusehen», fuhr seine Stiefmutter fort, «aber auf der anderen Seite war es auch irgendwie sehr komisch. Wenn ich das Leben nicht ein bißchen mit Humor nehmen könnte, dann wäre ich schon manches Mal verzweifelt.» Sie findet es überhaupt sehr wichtig, daß man sich seinen Humor bewahrt, wenn man mit älteren Stiefkindern zu tun hat.

Einer Stiefmutter sollte ihre Ehe immer wichtiger sein als ihre Beziehung zu den Stiefkindern; Zeit und Energie, die sie in ihre Beziehung zu ihrem Mann investiert, lohnt sich immer. Es ist besser, wenn man sich erst um eine gute Ehe bemüht und dann gemeinsam mit dem Partner die Schwierigkeiten der Stieffamilie meistert, als wenn die Frau meint, daß sie nun möglichst schnell zum Mittelpunkt einer großen harmonischen Familie werden muß.

Wir haben gesehen, daß Stiefkinder einem das Leben nicht unbedingt verschönern, sondern zweifellos manchmal ausgesprochen erschweren. Da ist es doch nur gerecht, wenn die Frau dafür entschädigt wird.

Ferien von der Stieffamilie

In diesem Buch haben wir den Frauen immer wieder geraten, nicht zuviel von ihrer Aufgabe als Stiefmutter zu erwarten. Sie müssen sich bewußt werden, was sie erreichen wollen und können und wie sie am besten vorgehen, ohne sich Enttäuschungen zu sehr zu Herzen zu nehmen. Aber selbst wenn alles gut läuft, braucht die Stiefmutter hin und wieder einmal Urlaub von der Familie. Mehr noch als die Mutter braucht eine Stiefmutter Zeit für sich, damit sie sich auf ihre eigene Person besinnen kann und nicht das Gefühl bekommt, daß diese Familie mit all ihren Forderungen sie allmählich auffrißt.

Eine solche Unterbrechung kann ein gemütliches, ausgedehntes Bad sein, während der Rest der Familie sich mit einem Spiel amüsiert. Einen richtigen Urlaub von der Familie kann sie haben, wenn der Mann einmal ein Wochenende allein mit seinen Kindern fortfährt und sie tun und lassen kann, was ihr Spaß macht. Ein solches Wochenende wird den Lebensstil der Stiefmutter nicht besonders verändern, aber sie kann sich während ihres langen oder kurzen Urlaubs vom Stiefmutterdasein psychisch erholen und den Stress der kommenden Wochen wieder besser ertragen. Auch eine kurze Reise allein oder mit einer guten Freundin kann ihr neue Energien für ihre Stiefmutterpflichten geben.

Sie spielt auch lieber die Gastgeberin für das nächste große Familientreffen, wenn sie sich selbst dafür eine Belohnung verspricht, ein gemütliches Abendessen mit ihrem Mann allein in einem schönen Restaurant, einen interessanten Kinobesuch, eine ausführliche Massage im Schönheitssalon, die neuen teuren Schuhe, etwas, was sie nur allein für sich will. Das klingt zwar alles ein bißchen berechnend, aber es wirkt Wunder; eine Belohnung versüßt die schwierige Aufgabe, die vor einem liegt.

Sie wird sicher ein schlechtes Gewissen haben, wenn sie ihre Stieffamilie sich selbst überläßt. Mütter wissen, daß sie das Recht haben, sich hin und wieder einmal Zeit für sich zu nehmen; sie sind in ihrer Rolle sehr viel sicherer als die Stiefmutter, deren «Rechte» auf diesen Gebieten überhaupt nicht festliegen. Dennoch braucht sie diesen Abstand von ihrer Familie mindestens so sehr wie eine Mutter. Vielleicht kann sie diese Zeit ohne Familie als Kompensierung dafür ansehen, daß sie in der Familie doch nie das letzte Wort hat. Wie der Vizepräsident einer großen Firma, darf sie keine endgültigen Entscheidungen treffen, und dafür hat sie auch das Recht, gewisse Pflichten und Probleme dem Boß zu überlassen und einmal Ferien von der Familie zu machen.

Manche Frau stürzt sich total in ihre neuen Aufgaben als Stiefmutter und hofft, auf diese Weise ihre Identität und einen Sinn für ihr Leben zu finden. Das endet für die Frau meistens in einer Katastrophe, weil sie als Stiefmutter nie dieselbe Stellung in der Familie einnehmen wird wie eine Mutter. Das gilt auch für den Fall, daß eine Frau ihre eigenen Kinder mit in die Familie des Mannes bringt. Eine schon vorhandene Familie kann ihrem Leben nicht auf dieselbe Weise Sinn geben, wie das Großziehen eigener Kinder. Das Verhältnis von Frau und Stiefkindern baut sich auf keiner biologischen Bindung auf, wie sie zwischen Mutter und Kind besteht und durch die die Mutter motiviert ist, für das Kind zu sorgen. Sie muß sich damit zufriedengeben, daß sie vielleicht auf andere Weise das Leben ihres Stiefkindes beeinflussen kann.

Die Tatsache, daß sie nicht die Mutter ist, sollte der Stiefmutter eigentlich Enttäuschungen leichter erträglich machen. Ein Familientherapeut warnt alle Stiefmütter: «Erwarten Sie nicht zuviel, wenn Sie dem Stiefkind etwas zukommen lassen. Erinnern Sie sich immer daran, daß es nicht Ihre Kinder sind und daß Sie zwar geben, aber nichts erwarten können.» Eigentlich sollte es die Stiefmutter erleichtern, daß sie für die Entwicklung der Kinder nur begrenzt verantwortlich sein kann.

Eine Frau wünschte sich, daß ihre Stieftochter ein Jahr in Europa studierte. Sie hatte es in ihrer Jugend getan, es als große Bereicherung für ihr Leben empfunden und wollte nun dem Mädchen die gleiche Möglichkeit geben. Als die Stieftochter dann aber vor die Wahl gestellt wurde, entschied sie sich, nicht ins Ausland zu gehen. Anfangs reagierte die Stiefmutter wie eine Mutter und war unglücklich über diese, wie sie fand, falsche Entscheidung. Sie lag nachts wach und überlegte, wie sie das Mädchen vielleicht doch noch überreden könnte. Sie sprach oft mit ihrem Mann darüber. Aber dann erinnerte sie sich, daß sie damals im Ausland studiert hatte, weil sie selbst es unbedingt wollte; ihre Mutter hatte nichts dagegen gehabt und sie sogar in ihren Plänen unterstützt. Aber dieser Fall lag ja ganz anders, ihre Stieftochter wollte nicht gehen, und es war albern, sie zu etwas zu überreden, was sie gar nicht wollte.

Diese Stiefmutter war realistisch und nicht feige. Sie hatte etwas versucht und verloren. Es war ihr klar, daß sie sich mehr bemüht hätte, das Mädchen zu überreden, wenn es ihre Tochter gewesen wäre. Aber das ist nur das Vorrecht der Eltern.

Eine solche Erkenntnis läßt eine Stiefmutter zweierlei empfinden, einmal eine gewisse Trauer darüber, daß sie diesen Einfluß nicht hat, dann aber auch Erleichterung, daß sie nicht die Verantwortung der Mutter tragen muß. Als Mutter hätte sie die Ablehnung sehr viel persönlicher genommen. Eine erfahrene Stiefmutter drückte es so aus:

> «Das Erziehen von Kindern ist mit dem Malen eines Bildes zu vergleichen. Bei Stiefkindern kann man nur ein Bild fertigmalen, was ein anderer schon angefangen hat. Es wird nie so aussehen wie das Bild, was man selbst gemalt hätte, wenn man mit einem leeren Blatt begonnen hätte.»

Eine Frau, die sich über das Verhalten der Stiefkinder sehr aufregt, hat im allgemeinen zuviel von der eigenen Person in sie investiert. Eine Frau war entsetzt, was ihr Stiefsohn aß, wenn er bei ihr und ihrem Mann zu Besuch war. «Er ißt nur ungesundes Zeug», klagte sie. Sie wollte ihn unbedingt von seinen schlechten Eßgewohnheiten abbringen und kochte nun immer ganz gesund, wenn er da war, und hielt ihm außerdem noch Vorträge, wie er sich ernähren sollte. Als es allmählich wegen dieses Themas nur noch Streit gab, mußte sie sich eingestehen:

«Ich wollte ihm damit eigentlich nur sagen, daß ich ihn wie meinen eigenen Sohn liebte, und ich wollte nicht wahrhaben, daß er eigentlich schon eine Mutter zu Hause hatte. Also stürzte ich mich auf seine Eßgewohnheiten; es schien das einzige Gebiet in seinem Leben zu sein, wo ich ein bißchen Einfluß nehmen konnte.»

Zurückhaltung schafft Einfluß

Stoische Ruhe ist sicher auch nicht immer die richtige Methode, aber wenn sich die Stiefmutter zu sehr mit den Belangen des Stiefkindes beschäftigt und sich sein Verhalten zu sehr zu Herzen nimmt, kann sie das ihre psychische Gesundheit kosten, und außerdem macht es meistens die Beziehungen zum Stiefkind nur noch schwieriger. Wenn man von einem Stiefkind zuviel verlangt, muß es versagen und wird wahrscheinlich auf denjenigen böse sein, der diese Forderungen gestellt hat. Liebe hat oft wenig damit zu tun; eine Frau kann sich übermäßig mit ihrem Stiefkind beschäftigen, ohne daß sie es besonders gern hat.

Natalie störte das schlampige Aussehen ihres Stiefsohns und seine negative Ausstrahlung so, daß sie schon vor und auch jedesmal nach seinem Besuch von nichts anderem sprechen konnte und ihre eigene Stimmung darunter litt:

«Ich breche schon in kalten Schweiß aus, wenn ich nur von dem Kind spreche, so unwohl fühle ich mich immer in seiner Gegenwart. Ich wollte ihn ändern; ich wollte, daß mein Mann ihn ändert; er sollte nur nicht so bleiben, wie er war.»

Ihr Wunsch war verständlich, aber es ist ungesund, wenn die eigene Zufriedenheit davon abhängt, ob ein Stiefkind sich so verhält, wie man es für richtig hält. Natalie ging zu einer Psychologin, die ihr riet, von den eigenen Frustrationen etwas Abstand zu gewinnen.

«Sie sagte mir, daß ich aufhören sollte, mich verrückt zu machen, wenn meine vernünftigen Vorschläge absolut nichts fruchteten; ich sollte mich zurückziehen. Ich sollte zwar meinen Stiefsohn nicht ignorieren, aber meine Aufgabe sei es, meinen Mann in seiner Rolle als Vater zu unterstützen, statt die Aufgabe für ihn zu definieren. Wenn der Junge meinen Rat nicht will, dann sollte ich mich um ihn nur da kümmern, wo er unmittelbar mit meinem Leben etwas zu tun hatte. Ich kann ihn zum Beispiel bitten, sich die Hände vorm Essen zu waschen, aber ich kann nicht von ihm verlangen, daß er sein Leben ändert.»

Eine Stiefmutter kann natürlich ihre Hilfe anbieten, und manchmal hat das, was sie sagt, auch großen Einfluß auf das Stiefkind. Wenn eine gute Kommunikation aber in ihrer Beziehung zu dem Kind selten ist und all ihr Bemühen einseitiger wird, dann ist es besser, sich mit Ratschlägen und Hilfsangeboten zurückzuhalten.

Das Leben von Kindern, die sich dem Einfluß der Stiefmutter nicht verschließen, kann durchaus bereichert werden. Jeder erinnert sich doch an eine erwachsene Person, die ihn besonders beeinflußt hat; manchmal war es ein Lehrer, ein Freund der Familie oder eine Tante dritten Grades, die uns durch ihre starke und attraktive Persönlichkeit beeindruckt haben. Warum sollte nicht auch eine Stiefmutter zu einem solchen Vorbild werden? Aber ihr wichtigstes Ziel sollte nicht sein, daß sie das Kind beeinflußt, sondern daß sie ein unkompliziertes Verhältnis zu ihm aufbaut und sich beide miteinander wohlfühlen. Die Beeinflussung kann später kommen, falls sich eine Gelegenheit dazu ergeben sollte; rechnen darf man damit nicht.

Kinder von geschiedenen Eltern, die eine Stiefmutter bekommen, sind in der glücklichen Lage, daß sie jetzt zusätzlich noch einen erwachsenen Menschen in der Familie haben, der sich um ihr Wohlergehen kümmert. Eine Stiefmutter braucht sich nicht dafür zu entschuldigen, daß es auch sie noch im Leben des Kindes gibt. Es ist gut für Kinder, wenn sie lernen, wie man mit verschiedenen Persönlichkeiten zusammenlebt und zurechtkommt. Außerdem öffnet die Stiefmutter den Kindern die Augen für eine andere Lebensweise, für neue Werte, mit denen sie vorher noch nicht in Berührung gekommen waren. Eine berufstätige Frau stellt einen nützlichen Kontrast dar zu der Mutter, die nicht außerhalb des Hauses arbeitet. Eine künstlerisch begabte Stiefmutter kann dem Kind eine ganz neue Welt öffnen. Man könnte noch vieles aufzählen. Das Beispiel der Stiefmutter, ihre besonderen Eigenschaften, ihre freundliche Art, ihr Temperament, ihre Ziele, all das hat Einfluß auf diejenigen, die damit in Berührung kommen. Eine Stiefmutter berichtet:

> «Ich glaube, Alice hat viel von mir gelernt. Ich habe ihr die Augen für die wirkliche Welt geöffnet. Ihre Familie hat Geld, ich nicht. Sie hat gesehen, wie weit ich mit meiner eigenen Arbeit gekommen bin; sie weiß, daß ich als Sekretärin arbeitete und abends zur Schule ging, und ich glaube, sie bewundert mich dafür. Sie versteht jetzt, daß man für sein eigenes Leben verantwortlich ist und den Erfolg nicht auf einem Teller serviert bekommt. Ich bin darüber sehr froh.»

Eine andere Stiefmutter dagegen hilft ihrem Stiefsohn auf andere Art und Weise.

> «Seine Mutter ist zur Zeit zu sehr damit beschäftigt, ihr Leben wieder in die Reihe zu bekommen. Sie muß herausfinden, was sie eigentlich will, ist ständig unterwegs und hat nicht sehr viel Zeit für ihren Sohn. Also schicke ich ihm die Päckchen ins Internat und führe lange persönliche Gespräche mit ihm, wenn er in den Ferien hier ist. Ich bin nicht seine Mutter, und das wissen wir auch beide. Aber seine Mutter und ich ergänzen einander.»

Stiefmütter geben sich selbst selten die Anerkennung, die ihnen zusteht. Eine wichtige Untersuchung zeigt, daß Stiefmütter sich in ihrer Effektivität meistens geringer einschätzen, als die Kinder es tun. Das Kind ist häufig mit seiner Stiefmutter ganz zufrieden, während sie glaubt, völlig ungenügend zu sein.

Es lohnt sich

Es ist schwer zu sagen, wodurch eine Stiefmutter für all ihre Mühe belohnt wird. Eltern wie auch Stiefeltern handeln nicht mit den Kindern um Beweise ihrer Liebe. Zuneigung kommt und geht und wächst wieder. Eine Stiefmutter sollte versuchen, ein Verhältnis zu dem Kind aufzubauen, das nichts mit der Eltern-Kind-Beziehung zu tun hat, sie darf kein Rivale für die Mutter werden.

Stiefkinder, wie alle anderen Kinder auch, sind dem Einfluß ihrer Eltern ausgesetzt. Eine Stiefmutter sollte sich nicht aufdrängen und darf nicht vergessen, daß Kinder zwar im allgemeinen ihre Eltern lieben, aber nicht immer mit ihnen gut auskommen. Stiefmutter und Kind befinden sich gefühlsmäßig auf neutralem Gebiet, und es kann für das Kind unter diesen Umständen leichter sein, eine Zuneigung zu der Stiefmutter zu entwickeln.

Eine 33jährige Stiefmutter hatte viele Fragen: «Wie wird unser Verhältnis aussehen, wenn ich alt bin? Werden meine Stiefkinder mir beistehen und mir helfen, ein Altersheim zu finden? Werden sie mich je besuchen? Soll ich sie in meinem Testament bedenken?» Auf diese Fragen gibt es keine eindeutigen Antworten. Stiefmutter und Kinder haben keine rechtliche Bindung, außer wenn die Stiefmutter die Kinder adoptiert. Und in ihrem Testament werden sie nur stehen, wenn sie es will.

Es ist ermutigend, daß manche Stiefmütter ein enges vertrauensvolles Verhältnis mit ihren Stiefkindern entwickeln. Eine berichtet:

> «Ich bin jetzt 62 Jahre alt und fühle mich meiner Stieftochter enger verbunden als meinen eigenen zwei Töchtern. Wir lebten alle zusammen; aber an meine Mädchen stellte ich besonders große Erwartungen, und ich glaube, das war nicht immer leicht für sie. Sie leiden heute noch darunter. Meine Stieftochter und ich sind Freundinnen; sie war diejenige, die mich darauf hinwies, was ich bei meinen Töchtern falsch machte. Ich liebe meine Töchter mehr als meine Stieftochter, aber wir kommen nicht so gut miteinander aus.»

Eine andere Frau hat in ihrem Testament festgelegt, daß eine ihrer Stieftöchter die Vormundschaft für ihre zwei kleinen Kinder übernehmen soll, falls ihr und ihrem Mann etwas zustoßen sollte:

> «Ich glaube, deutlicher kann ich wohl nicht sagen, was ich von ihr halte. Ich würde ihr mein Liebstes anvertrauen. Meine anderen Stiefkinder bedeuten mir nicht soviel, aber mein Verhältnis zu diesem jungen Mädchen ist etwas ganz Besonderes.»

Heute weiß eine Frau schon eher als in vergangen Zeiten, was sie erwartet, wenn sie einen Mann mit Kindern heiratet. Die moderne Stiefmutter läßt sich von der Klischeevorstellung der bösen Stiefmutter nicht mehr so leicht schrecken und hat auch gelernt, sich vor allzu großen Enttäuschungen zu schützen. Sie weiß, daß ihre Beziehung zu ihren Stiefkindern nicht nach einem bestimmten Schema ablaufen muß, sondern daß es an ihr und dem Kind liegt, eine für beide befriedigende Beziehung aufzubauen. Allmählich können wir sogar einen gewissen Sinn in unserer Aufgabe als Stiefmutter sehen! Wir haben gelernt, wie man mit Schwierigkeiten in Stieffamilien umgehen kann, ohne daß man sich selbst dabei aufopfert.

Die Zufriedenheit als Stiefmutter hängt davon ab, wie gut sie sich an ihre neuen Aufgaben gewöhnen und auch mit ihnen wachsen kann. Wenn Psychologen von wichtigen Charakteristiken einer erfolgreichen Stiefmutter sprechen, fällt häufig das Wort «Reife». Damit ist nicht die unkindliche, ernste Lebensauffassung des Erwachsenen gemeint, sondern eher eine gefühlsmäßige Reife, die es einem Menschen ermöglicht, Situationen realistisch einzuschätzen, sich neuen Aufgaben zu stellen und Hindernisse zu überwinden.

Manchmal zeigt sich eine Wärme in der Beziehung zu den Stiefkindern, wenn man es am wenigsten erwartet. Eine Frau hatte oft Schwierigkeiten mit ihrer Stieftochter, und beide kamen jetzt nur einigermaßen gut miteinander aus; sie war deshalb sehr überrascht, als ihre Stieftochter eine unerwartete Zuneigung zeigte:

> «Ich traf sie zufällig auf der Straße, als ich gerade vom Tod meines Lieblingsonkels erfahren hatte und in Tränen aufgelöst war. Sie sagte nicht viel; ich war offensichtlich sehr mitgenommen. Am selben Nachmittag aber rief sie mich in meinem Büro an, wollte wissen, wie es mir geht und mir sagen, daß sie sich um mich sorgte. Und dann fügte sie noch hinzu: ‹Ich möchte dir noch sagen, daß ich dich liebhabe.›»

Der Stiefsohn einer anderen Frau blieb mit ihr in Kontakt, auch als ihre Ehe mit seinem Vater geschieden war.

> «Ich war immer für ihn dagewesen, als er Schwierigkeiten hatte, ob in der Schule oder zu Hause. Ich war immer diejenige, die ihn vom Flugplatz abholte, wenn er uns besuchen kam. Das hat er nicht vergessen.»

Die Reaktion eines Kindes auf seine Stiefmutter hat häufig mehr damit zu tun, was für ein Mensch es ist, als damit, was die Stiefmutter falsch oder richtig macht. Eine Stiefmutter (und das gleiche gilt für leibliche Eltern auch) kann nur ihr Bestes tun und dann hoffen, daß alles gut geht. Mehr noch als die Mutter sollte sie aber die eigene

Selbstachtung nicht davon abhängig machen, was das Stiefkind von ihr hält. Das Urteil eines Stiefkindes ist selten fair, zuviele negative Faktoren belasten sein Verhältnis zu der Frau des Vaters.

Es fällt den meisten Stiefmüttern sehr schwer, die Probleme des Stiefkindes nicht persönlich zu nehmen, aber manchmal ist ein gewisser emotioneller Abstand aus Selbstschutz unbedingt nötig. Gerade die Kinder, die sich ihrer Stiefmutter gegenüber unmöglich benehmen, haben wahrscheinlich ein sehr problematisches Verhältnis zu ihren eigenen Eltern. Die Stiefmutter kann zwar ihr feindseliges Verhalten nicht ignorieren, sollte es aber nicht zu persönlich nehmen.

Aber auch im Leben einer Stiefmutter gibt es glückliche Momente. Sie lassen sich nicht leicht definieren, denn solche Gefühle passen in kein festes Schema. Es sind Augenblicke, in denen Kind und Stiefmutter sich einander nah fühlen, wenn sie wissen, daß sie beide in ihrem Bemühen um eine gute Beziehung erfolgreich waren. Emily Visher beschreibt ihre eigenen Erfahrungen:

> «Ich freue mich über einen Geburtstagsgruß meiner Kinder, aber wenn ich eine Karte von einem meiner Stiefkinder bekomme, dann bedeutet das noch etwas ganz Besonderes für mich. Unsere Beziehung ist nicht selbstverständlich vorhanden wie die zu meinen Kindern, sondern wir haben sie selbst geschaffen.»

Eine Stiefmutter wird sich im Laufe der Zeit bewußt, was es bedeutet, eine Beziehung aufzubauen und zu unterhalten. Man kann nichts für selbstverständlich nehmen. Die Umstände der Stieffamilie zwingen uns dazu, uns jeden Aspekt der verschiedenen Beziehungen bewußt zu machen.

Stiefmütter sind heute mit ihren Stieffamilien häufig zufrieden, wenn sie auch selbst anfangs viel mehr erwartet haben. Sie lernen aber mit der Zeit, unrealistische Vorstellungen und zu hohe Erwartungen über Bord zu werfen, und können dann, ohne sich gefühlsmäßig allzusehr zu engagieren, eine gute Beziehung zu den Mitgliedern ihrer Stieffamilie aufbauen. Was die Frau für ihre neue Aufgabe als Stiefmutter mitbringt, ist sehr wichtig. Sie sollte sich selbst gut kennen, sollte flexibel, aber fest entschlossen sein, diese Aufgabe erfolgreich zu meistern, eine Aufgabe, die anders ist als alles, was sie bisher kannte.

Mit Kindern leben

Dr. Donald H. McKnew/Dr. Leon Cytryn/
Herbert Yahraes
Warum kann Michael nicht weinen?
Depressionen bei Kindern (7934)

Napier/Whitaker
Die Bergers
Beispiel einer erfolgreichen
Familientherapie (7652)

Paul und Jean Ritter
Freie Kindererziehung in der Familie
Selbstbestimmung als Erziehungsprinzip
– ein mutiges Experiment (7162)

Ewa Rossberg
Einzelkinder (7452)

Sorosky/Baran/Pannor
Adoption
Zueinander kommen – miteinander leben.
Eltern und Kinder erzählen (7483)

The Boston Women's Health Book
Collective
Unsere Kinder – Unser Leben
Ein Handbuch von Eltern für Eltern
(7441)